普通高等教育"十一五"国家级

U0694473

高职高专市场营销专业系列教材

MARKETING

市场营销综合实训教程

主　编　侯贵生

副主编　梁儒谦　高　芳

主　审　武　鸣　游为民

重庆大学出版社

内容提要

本书立足于高等职业教育,以就业为导向,以服务企业营销一线应用能力要求为宗旨,针对专业应用能力训练,在体系上围绕"一条主线,三个层面"进行了创新探索。其中"一条主线"是指以营销专业技术应用能力为主线;"三个层面"为营销专业职业基础综合素质训练、营销专业技术应用能力执行训练和营销专业技术综合能力策划训练。

本书作为高职高专市场营销专业的学生教材,也可作为市场营销人员综合实训的设计与组织、实施与考核的培训用书。

图书在版编目(CIP)数据

市场营销综合实训教程/侯贵生主编.—重庆:重庆大学
出版社,2007.2(2023.7重印)
(高职高专市场营销专业系列教材)
ISBN 978-7-5624-3509-9

Ⅰ.市…　Ⅱ.侯…　Ⅲ.市场营销学—高等学校:
技术学校—教材　Ⅳ.F713.50

中国版本图书馆 CIP 数据核字(2007)第 104727 号

高职高专市场营销专业系列教材
市场营销综合实训教程
主　编　侯贵生
副主编　梁儒谦　高　芳
责任编辑:马　宁　　版式设计:马　宁
责任校对:邹　忌　　责任印制:张　策

*

重庆大学出版社出版发行
出版人:饶帮华
社址:重庆市沙坪坝区大学城西路 21 号
邮编:401331
电话:(023) 88617190　88617185(中小学)
传真:(023) 88617186　88617166
网址:http://www.cqup.com.cn
邮箱:fxk@ cqup.com.cn(营销中心)
全国新华书店经销
POD:重庆新生代彩印技术有限公司

*

开本:720mm×960mm　1/16　印张:22　字数:395 千
2007年2月第1版　　2023年7月第8次印刷
ISBN 978-7-5624-3509-9　定价:49.00 元

前　言

　　高职高专市场营销实践教学的质量和规范化程度,直接制约着专业的教学质量。在现有的高职高专市场营销专业教材中,用于指导高职高专市场营销专业实践教学的、系统性的专业实训教程又很短缺,各校都在呼唤着这样的专业教材面市。为此,在重庆大学出版社的热情支持下,结合编写教师多年的市场营销专业实践教学的体会,我们编著了这本教材。

　　本书努力体现立足于高等职业教育,以就业为导向,以服务企业营销一线应用能力要求为宗旨,强化应用性训练,在体系上围绕"一条主线,三个层面"进行了创新探索。其中"一条主线"是指以营销专业技术应用能力为主线;"三个层面"为营销专业职业基础综合素质训练、营销专业技术应用能力执行训练和营销专业技术综合能力策划训练。本书如能满足高等职业教育营销专业教学的一些需要,我们将非常高兴。

　　参加本书编写的单位与人员:

　　贵州商业高等专科学校:侯贵生、彭澜、罗玉婵;

　　广西财经学院:梁儒谦;

　　贵阳学院:胡颖;

　　昆明大学:宋志涓;

　　昆明冶金高等专科学校:高芳。

　　全书由侯贵生副教授任主编,负责确定教材体系、编写大纲,以及修改、总纂与最后定稿。梁儒谦、高芳同志任副主编。本书在编著过程中参阅了近年来有关市场营销人才综合素质方面的教材、著作、研究成果,在此对这些教材、著作、研究成果的作者表示感谢。

限于作者的水平、实践教学经验与编写时间紧迫,书中难免存在不足之处,欢迎读者批评指正。

侯贵生

2005 年 5 月于贵阳

目 录

第一篇　营销专业职业基础综合素质训练

第三篇　营销专业技术综合能力策划训练

第一篇

营销专业职业基础综合素质训练

第1章 营销职业礼仪与自我时间管理训练

礼仪是一种典章、制度,包括人的仪表、仪态、礼节等,用以规范人的行为、举止,调整人与人之间的关系。营销人员是否懂得和运用现代商务活动中的基本礼仪,不仅反映出其本身的素质,而且折射出其所在公司的企业文化水平和经营管理境界。仪容仪表是指个人的形象。言谈举止是指每一个人在商务活动中的职业表现。赢家从形象力开始,在营销活动中,懂得形象包装,给人良好的第一印象者,将获得由两分钟的时间投入而创造的巨大财富。

时间是无法更新的资本,任何一个制定出来帮助我们高效率地安排时间的计划,都必须从我们对时间宝贵性的认识入手,管理好你的时间是管理好你的生活、学习与事业的重要基础。

1.1 营销职业礼仪训练

1.1.1 营销职业礼仪实训的目的

1)通过实训,纠正不正确的个人习惯,掌握正确的仪容修饰技巧与要求,建立与职业行为要求一致的仪容表现,形成精神饱满、整洁高雅的面部形象。

2)通过实训,掌握服装穿着的规范、领带的系法以及上下、里外装束色彩的搭配,形成协调、简捷的职业装束形象。

3)通过实训,纠正不正确的见面礼,掌握正确、优雅的见面礼姿势,形成儒雅商人的礼节风范。

1.1.2 营销职业仪容仪表状态自测

①坐下时,大腿跷二郎腿,摇来晃去。　　　　有( )偶尔有( )没有( )
②随地吐痰。　　　　　　　　　　　　　　有( )偶尔有( )没有( )
③走路时,屁股、腰肢扭来扭去。　　　　　有( )偶尔有( )没有( )
④经常不加掩饰地用手挖鼻孔。　　　　　有( )偶尔有( )没有( )
⑤交谈时过于频繁地眨眼。　　　　　　　有( )偶尔有( )没有( )
⑥高兴起来,手舞足蹈。　　　　　　　　有( )偶尔有( )没有( )
⑦一边蘸着唾沫,一边数钱。　　　　　　有( )偶尔有( )没有( )
⑧当漂亮的姑娘从身边走过时,回头直盯盯地目送她的背影。

　　　　　　　　　　　　　　　　　　　有( )偶尔有( )没有( )
⑨用完餐后,一直用牙签在嘴里捣来捣去。

　　　　　　　　　　　　　　　　　　　有( )偶尔有( )没有( )
⑩抽烟时不停地将烟从鼻孔中喷出。　　　有( )偶尔有( )没有( )
⑪搔抓头皮。　　　　　　　　　　　　　有( )偶尔有( )没有( )
⑫在公共场所,一边听音乐,一边用脚打拍子。

　　　　　　　　　　　　　　　　　　　有( )偶尔有( )没有( )
⑬走路时把手插进裤袋。　　　　　　　　有( )偶尔有( )没有( )
⑭抽烟或喝水时嘴里经常发出响声。　　　有( )偶尔有( )没有( )
⑮不择地方,倒头便睡。　　　　　　　　有( )偶尔有( )没有( )

说明:(选择"有"得2分,"偶尔有"为1分,"没有"不加分,累计得总分)

分数为0~10:基本上没有令人讨厌的举止,你给大家的是良好的第一印象。

分数为11~20:有些不文明不文雅的举止,但尚属可改正之列。只要你改掉了这些缺点,你将会获得大家的好感。

分数为21~30:仪态丑陋、令人生厌。你虽然很渴望得到大家尤其是女性同事的好感,但你难看的举动使大家对你敬而远之。你必须深刻反省,注意自己在社交场合的举止,留给大家一个文明的形象。

1.1.3　营销职业礼仪实训的内容

实训项目一:正确认识职业礼仪

1. 正确认识职业礼仪

在日常生活和工作中,我们经常会提到商务职业礼仪,那么,什么是商务职业礼仪? 它的核心问题是什么?

商务职业礼仪是在商务活动中体现相互尊重的行为准则。商务职业礼仪的核心是一种行为的准则,用来约束我们日常商务活动的方方面面。商务职业礼仪的核心作用是为了体现人与人之间的相互尊重。这样我们学习商务职业礼仪就显得更为重要。我们可以用一种简单的方式来概括商务职业礼仪,它是商务活动中对人的仪容仪表和言谈举止的普遍要求。仪容仪表是指个人的形象。言谈举止是指每一个人在商务活动中的职业表现。

2. 职业礼仪的主要应用范围

(1)电话礼仪

电话在现代商务活动中,应用范围非常广。我们在用电话进行沟通的时候需要注意哪些细节呢? 我们分成电话接听和主动拨打两部分来介绍。

1)电话接听。在电话接听的时候要特别注意,电话铃响时间不要过长,一般是三声,我们就要接听电话,同时报出自己的称谓,最标准的方法是说:"您好"。根据不同企业的特点,可能会要求报你的姓名,部门的名称,或者公司的名称,一定要避免的是,拿起电话之后,说:"喂,说话。"避免使用不标准的用语。

要注意声音的控制。我们在社交活动当中,面对面地进行交流,可以充分地利用你的肢体语言来表达你要传达的这种职业表现,而电话只能听到你的声音,没法表达你的肢体语言,所以在这个时候要特别的注意自己的声音、语速,以及准确表达。

2)主动拨打。主动拨打电话的时候,也就是电话拜访的时候,需要注意什么问题呢? 在主动拨打电话之前,先打一个腹稿,有所准备,这样可以节省打电话的时间;同时,这也是一个非常好的商务习惯。因为你并不知道接电话的人正在忙什么,在通话之前做到心里有数,可以有效地节省时间,并能够提高电话沟通的效率。

腹稿打好之后,应该做一个简单的寒暄,然后迅速直奔主题,不要闲聊,东拉西扯,偏离你要表达的主要意思。

3)其他电话礼仪。通话结束时要有所提示,如"再见"、"咱们下次再谈"等。

还有一方面是日常的商务活动中容易忽略的,就是在正常情况下先听到对方挂断电话之后,我们再挂断电话,这是一个很好的商务礼仪的表现。

同时在用电话进行沟通的时候,一般应该把时间控制在3min以内,最长也不要超过5min。即便这一次沟通没有完全表达出你的意思,最好约定下次打电话的时间或面谈的时间,而避免在电话中占用的时间过长。

(2)办公室礼仪

在办公室进行沟通的时候,我们应该注意哪些礼仪习惯? 最重要的一点是,你要对他人,包括你的同事、上级和下级,表现出你对他们的尊重,尊重他人的隐私,尊重他人的习惯。我们应该如何注意办公室礼仪呢?

1)分清哪里是公共的区域,哪里是个人的空间。

2)岗位的整洁。在办公室中要保持你的岗位整洁、美观大方,避免陈列过多的私人物品。

3)谈话声音和距离的控制。在和他人进行电话沟通,或者是面对面沟通的时候,你的音量尽量要适当控制,两个人都能够听到就可以了,避免打扰他人工作。哪怕当电话的效果不好时也应该这样。

4)尽量避免在办公区域用餐。有些公司员工中午是在自己的岗位上进餐的,这不是一个良好的商务习惯。我们应该尽量避免在自己的岗位上进餐。实在不能避免的情况下,尽量节省时间,或者就餐完毕之后迅速通风,以保持工作区域的空气流通。

(3)会议礼仪

在会议当中应该注意哪些礼仪。

按参会人员来分类,会议基本上可以简单地分成公司外部会议和公司内部会议。公司外部会议,可以分成产品发布会、研讨会、座谈会等。

内部会议包括定期的工作周例会、月例会、年终的总结会、表彰会,以及计划会,等等。

我们以外部会议为例,讲一讲商务礼仪中需要关注的一些细节。我们将会议分成会议前、会议中、会议后。

1)会议前。在会议前的准备工作中,我们需要注意以下这几方面:

When——时间,你要告诉所有的参会人员,会议开始的时间和要进行多长时间。这样能够让参加会议的人员很好地安排自己的工作。

Where——地点,是指会议在什么地点进行,要注意会议室的布局是不是适合这个会议的进行。

Who——人物,以外部客户参加的公司外部会议为例,会议有哪些人物来参加,公司这边谁来出席,是不是已经请到了适合外部的嘉宾来出席这个会议。

What——会议的议题,就是要讨论哪些问题。

Others——会议物品的准备,就是根据这次会议的类型、目的,需要哪些物品。比如,纸、笔、笔记本、投影仪等,是否还需要用咖啡、小点心等。

2)会议中。在会议进行当中,我们需要注意以下这几方面:

①会议主持人主持会议要注意:

a. 介绍参会人员;

b. 控制会议进程;

c. 避免跑题或议而不决;

d. 控制会议时间。

②会议座次的安排:

一般情况下,会议座次的安排分成两类:方桌会议和圆桌会议。

一般情况下会议室中是长方形的桌子,包括椭圆形,就是所谓的方桌会议,方桌可以体现主次。

在方桌会议中,特别要注意座次的安排。如果只有一位领导,那么他一般坐在这个长方形的短边的这边,或者是比较靠里的位置。就是说以会议室的门为基准点,里侧是主宾的位置。如果是由主客双方来参加的会议,一般分两侧就坐,主人坐在会议桌的右边,而客人坐在会议桌的左边。

还有一种是为了尽量避免这种主次的安排,而以圆形桌为布局,就是圆桌会议。在圆桌会议中,则可以不用拘泥这么多的礼节,主要记住以门作为基准点,比较靠里面的位置是比较主要的座位,就可以了。

3)会议后。在会议完毕之后,我们应该注意以下细节,才能够体现出良好的商务礼仪。主要包括:

①会谈要形成文字结果,哪怕没有文字结果,也要形成阶段性的决议,落实到纸面上,还应该有专人负责相关事物的跟进;

②赠送公司的纪念品;

③参观,如参观公司、厂房等;

④如果必要,合影留念。

（4）商务用餐礼仪

一般在正式的商务会谈当中，往往中间会穿插商务用餐，那么在商务用餐的时候，我们应该注意哪些细节呢？

首先有一个前提，是以商务活动为主。就是说在商务用餐当中，进餐只是一种形式，真正的内容，是继续谈商务话题，占的比重超过了50%。

商务用餐的形式分成两大类，一类是比较松散的自助餐，或者是自助餐酒会。另一类是正式的宴会，就是商务宴会。商务宴会通常还有中式宴会和西式宴会两种形式。

1）自助餐酒会：

自助餐酒会有它自己的特点，它不像中餐或者西餐的宴会，大家分宾主入席，直接就开始用餐的过程，而是一般会有嘉宾，或者主办方，由他们先即席发言。在嘉宾发言的时候，应该尽量停止手中的一切活动，如取食或者是进餐，都应该停止下来。通常自助餐不牵扯到座次的安排，大家可以在这个区域中来回地走动。

在和他人进行交谈的时候，应该注意尽量停止口中咀嚼食物。

一般公司采用商务自助餐这种形式，它最突出的一点也是体现出公司的勤俭节约。所以在我们用餐的时候，要特别注意尽量避免浪费。

2）中餐宴会：

使用公筷。给其他人夹菜的时候，要特别注意用公筷。

敬酒。在商务用餐中经常会遇到这种情况：主办方非常热情，不停地夹菜，不停地劝酒。在正式的商务用餐中，应该尽量避免这种情况的出现。也就是说，我们作为参与者，要客随主便，但是我们作为主办方的话，要特别注意其他人的习惯，有可能对方不胜酒力，或者说这个菜他并不是很喜欢吃，那么在让菜的时候，应该尽量地为他人着想，尊重他人的习惯。

喝汤。在喝汤的时候，声音要尽量小，不要影响他人。

座次。在商务用餐的时候，一般也牵扯到座次的问题。在这里教大家一个最简单的方法：你可以从餐巾的折放上，看出哪个是主位，哪个是客位。一般主宾位的餐巾纸的桌花和其他人的是不太一样的。如果你不了解情况，也可以问一下餐厅的服务员，哪个位置是主位。如果餐巾纸是折好放在你面前的，没有桌花的话，我们应该看什么呢？主要是以门为基准点，比较靠里面的位置为主位。

3）西式宴会：

主菜都需要用刀切割，一次切一块食用；

面条用叉子卷食;

面包需用手撕下小块放入口内,不可用嘴啃食;

喝汤时不可发出声音;

水果是用叉子取用;

正确使用餐具:左叉固定食物,右刀切割。餐具由外向内取用,每个餐具使用一次。

不要在没有进餐完毕的时候,就把刀和叉向右叠放在一起,握把都向右,这样的话服务员会以为你已经就餐完毕,会把你的饭菜撤下去。

实训项目二:仪容训练

①发:洁净、整齐,无头屑,不染发,不做奇异发型。男性不留长发,女性不留披肩发,也不用华丽头饰。

②眼睛:无眼屎,无睡意,不充血,不斜视。眼镜端正、洁净明亮。不戴墨镜或有色眼镜。女性不画眼影,不用人造睫毛。

③耳朵:内外干净,无耳屎。女性不戴耳环。

④鼻子:鼻孔干净,不流鼻涕。鼻毛不外露。

⑤胡子:刮干净或修整齐,不留长胡子,不留八字胡或其他怪状胡子。

⑥嘴:牙齿整齐洁白,口中无异味,嘴角无泡沫,会客时不嚼口香糖等食物。女性不用深色或艳丽口红。

⑦脸:洁净,无明显粉刺。女性施粉适度,不留痕迹。

⑧脖子:不戴项链或其他饰物。

⑨手:洁净,指甲整齐,不留长指甲,不涂指甲油,不戴结婚戒指以外的戒指。

实训项目三:仪表训练

①帽子:整洁、端正,颜色与形状符合自己的年龄与身份。

②衬衣:领口与袖口保持洁净。扣上风纪扣,不要挽袖子。质地、款式与颜色与其他服饰相匹配,并符合自己的年龄、身份和公司的个性。

③领带:端正整洁,不歪不皱。质地、款式与颜色与其他服饰匹配,符合自己的年龄、身份和公司的个性,不宜过分华丽和耀眼。

④西装:整洁笔挺,背部无头发和头屑。不打皱,不过分华丽。与衬衣、领带和西裤匹配。与人谈话或打招呼时,将第一个纽扣扣上,上口袋不要插笔,所有口袋不要因放置钱包、名片、香烟、打火机等物品而鼓起来。

⑤胸饰与女性服装:胸卡、徽章佩带端正,不要佩带与工作无关的胸饰。胸部不宜袒露。服装整洁无皱。穿职业化服装,不穿时装、艳装、晚装、休闲装、透明装、无袖装和超短裙。

⑥皮带:高于肚脐,松紧适度,不要选用怪异的皮带头。

⑦鞋袜:鞋袜搭配得当。系好鞋带。鞋面洁净亮泽,无尘土和污物,不宜钉铁掌,鞋跟不宜过高、过厚和怪异。袜子干净无异味,不露出腿毛。女性穿肉色短袜或长筒袜,袜子不要褪落和脱丝。

⑧全身着装限制在三种颜色以内。

实训项目四:交往礼仪训练

①自我介绍。在不妨碍他人工作和交际的情况下进行。介绍的内容:公司名称、职位、姓名。给对方一个自我介绍的机会。

②介绍他人。顺序:把职位低者、晚辈、男士、未婚者分别介绍给职位高者、长辈、女士和已婚者。国际惯例敬语(姓名和职位)。介绍时不可单指指人,而应掌心朝上,拇指微微张开,指尖向上。被介绍者应面向对方。介绍完毕后与对方握手问候,如:您好! 很高兴认识您! 避免对某个人特别是女性的过分赞扬。坐着时,除职位高者、长辈和女士外,应起立。但在会议、宴会进行中不必起立,被介绍人只要微笑点头示意即可。

③称呼。国际惯例:称男性为先生,称未婚女性为小姐,称已婚女性为女士、夫人和太太。中国特色:同志、大爷、大叔、大妈、大娘、大哥、大姐(内地与北方)。根据行政职务、技术职称、学位、职业来称呼。称呼随时代而变化,服务业(酒店、餐饮)人员过去称服务员,现在大都称先生、小姐。

④致意。点头:适合于肃静场合(图书馆、音乐厅、电影院)和特定场合(酒会、舞会)。经常见面的人相遇时,可点头相互致意,而不必用有声语言来问候。在社交场合遇见仅有一面之交者,也可相互点头致意。点头的方式:面带微笑,头部微微向下一点即可。

⑤与女性交往的礼仪:

a. 行路时:并肩则女士在右(考虑安全。下同),前后则女士在前(除非前面有障碍物或危险),上楼则女士在前,下楼则女士在后。

b. 乘车时:给女士让座。乘坐火车和巴士时,如不拥挤,男士应先上车,接应女士或为女士找座位。到站后,男士先下,接应女士。乘出租车时,男士后上先下,拉开和关闭车门,协助女士上下车。男士坐在女士旁边,或坐在司机旁边。

c. 餐饮时:在餐馆约会,男士不能迟到。同时到餐馆时,女士先进门、入座,男士在旁协助。点菜应先征求女士意见,但叫菜、买单由男士负责(女士做东除外)。用餐时照顾身边的女士。用完餐后,协助女士拿东西,并走在前面开门。

d. 社交活动时:先向女主人问候。女主人走来时,应当起立。与站着的女士交谈时不能坐着。与陌生女士交谈要有分寸。

⑥交换名片的礼仪:

a. 名片放在衬衣左侧口袋或西装的内侧口袋。口袋不要因为放置名片而鼓起来。不要将名片放在裤袋里。会客前检查和确认名片夹内是否有足够的名片。

b. 递出名片时右手的拇指、食指和中指合拢,夹着名片的右下部分,使对方好接拿,以弧状的方式递交于对方的胸前。接过名片时双手接拿,认真过目,然后放入自己名片夹的上端。同时交换名片时,可以右手递名片,左手接名片。

c. 禁忌:无意识地玩弄对方的名片。把对方名片放入裤兜里。当场在对方名片上写备忘事情。先于上司向客人递交名片。

⑦电话礼仪:

a. 电话铃响,迅速接听,首先"自报家门";

b. 迅速给出答案:回答、拒绝或转其他同事;

c. 适当记录细节;

d. 拨通前先打好腹稿;

e. 迅速切入主题;

f. 使用电话敬语;

g. 等对方挂断后再挂电话;

h. 同事不在时帮助接听电话,并留言记录;

i. 电话时间控制在3min以内,最长不超过5min。

1.1.4　实训的组织形式与控制要求

1)实训地点:教室或形体实训室。

2)实训组织形式:在教师指导下,学生分为若干模拟业务小组(公司),以平时各小组进行分散性基础训练,给定时间内集中各小组进行交互式对抗演练的方式组织实训。

3)实训要求:基础训练在本组内进行,按规范操作结束后由教师随机抽出每组中的一至两位同学,各组间进行交互式对抗演练评比打分,以参加对抗演练同学的成绩作为小组的综合成绩。

1.2　营销职业形体训练

1.2.1　营销职业形体训练的目的

1)通过仪态的训练,纠正不正确的姿态,掌握正确的、高雅的仪态。

2)通过形体语言训练,学会正确运用形体语言准确进行信息的传递。

3)结合仪容、仪表实训形成综合的职业营销人精干、洒脱、自信的外在形象。

1.2.2　营销职业仪容仪表状态自测

本节与 1.1 合并自测。

1.2.3　营销职业形体训练的内容

实训项目一:站姿、坐姿、蹲姿项目训练

①站姿:抬头,目视前方,挺胸直腰,肩平,双臂自然下垂,收腹,双腿并拢直立,脚尖分呈 V 字型,身体重心放到两脚中间。也可两脚分开,比肩略窄,双手合起,放在腹前或背后。

开晨会时,男职员应两脚分开,比肩略窄,双手合起放在背后;女职员应双脚并拢,脚尖分呈 V 字型,双手合起放于腹前。

②坐姿:男性一般从椅子的左侧入座,紧靠椅背,挺直端正,不要前倾或后仰,双手舒展或轻握于膝盖上,双脚平行,间隔一个拳头的距离,大腿与小腿成90°。如坐在深而软的沙发上,应坐在沙发前端,不要仰靠沙发,以免鼻毛外露。忌讳:二郎腿、脱鞋、把脚放到自己的桌椅上或架到别人桌椅上。

女性双脚交叉或并拢,双手轻放于膝盖上,嘴微闭,面带微笑,两眼凝视说话对象。

③蹲姿:一脚在前,一脚在后,两腿向下蹲,前脚全着地,小腿基本垂直于地面,后脚跟提起,脚掌着地,臀部向下。就如拾起地上的钥匙。

实训项目二:行走、鞠躬、视线、距离

①行走:男士抬头挺胸,步履稳健、自信,避免"八字步"。

女士背脊挺直,双脚平行前进,步履轻柔自然,避免做作。可右肩背皮包,手持文件夹置于臂膀间。

②鞠躬:鞠躬时,应从心底里发出向对方表示感谢和尊重的意念,从而体现在行动上,给对方留下诚恳、真实的印象。鞠躬的场合与要求:遇到客人或表示感谢或回礼时,行15°鞠躬礼;遇到尊贵客人来访时,行30°鞠躬礼。行礼时面对客人,并拢双脚,视线由对方脸上落至自己的脚前1.5 m处(15°礼)及脚前1 m处(30°礼)。男性双手放在身体两侧,女性双手合起放在身体前面。

③视线:与顾客交谈时,两眼视线落在对方的鼻间,偶尔也可以注视对方的双眼。恳请对方时,注视对方的双眼。为表示对顾客的尊重和重视,切忌斜视或光顾他人他物,避免让顾客感到你非礼和心不在焉。

④距离:

a. 0.7~0.8 m(熟悉);

b. 1.0~1.2 m(陌生);

c. 2个手臂长(站立);

d. 一个手臂长(坐着);

e. 一个半手臂长(一站一坐)。

实训项目三:手势项目训练

①指引:需要用手指引某样物品或接引顾客和客人时,食指以下靠拢,拇指向内侧轻轻弯曲,指示方向。

②招手:向远距离的人打招呼时,伸出右手,右胳膊伸直高举,掌心朝着对方,轻轻摆动。不可向上级和长辈招手。

③握手:手要洁净、干燥和温暖。先问候再握手。伸出右手,手掌呈垂直状态,五指并用,握手3 s左右。不要用左手握手。与多人握手时,遵循先尊后卑、先长后幼、先女后男的原则。若戴手套,先脱手套再握手。切忌戴着手套握手或握完手后擦手。握手时注视对方,不要旁顾他人他物。用力要适度,

切忌手脏、手湿、手凉和用力过大。与异性握手时用力轻、时间短,不可长时间握手和紧握手。掌心向上,以示谦虚和尊重,切忌掌心向下。为表示格外尊重和亲密,可以双手与对方握手。要按顺序握手,不可越过其他人正在相握的手去同另外一个人握手。

④共乘电梯的手势:先按电梯,让客人先进。若客人不止一人时,可先进电梯,一手按"开",一手按住电梯侧门,对客人礼貌地说:"请进!"进入电梯后,按下客人要去的楼层数。侧身面对客人。如无旁人,可略做寒暄。如有他人,应主动询问去几楼,并帮忙按下。到目的地后,一手按"开",一手做请出的动作,说:"到了,您先请!"客人走出电梯后,自己立即步出电梯,在前面引导方向。

1.2.4 实训的组织形式与控制要求

1)实训地点:教室或形体实训室。

2)实训组织形式:在教师指导下,学生分为若干模拟业务小组(公司),以平时各小组进行分散性基础训练,给定时间内集中各小组进行交互式对抗演练的方式组织实训。

3)实训要求:基础训练在本组内进行,按规范操作结束后由教师随机抽出每组中的一至两位同学,各组间进行交互式对抗演练评比打分,以参加对抗演练同学的成绩作为小组的综合成绩。

1.3 自我时间管理训练

1.3.1 自我时间管理训练的目的

1)通过自我管理训练,掌握时间管理的方法,提高学习、工作效率。

2)通过自我管理训练,发挥使用时间管理计划成本的最大效力。

3)通过自我管理训练,学会将轻重缓急的概念贯穿于日常学习与工作之中。

1.3.2 时间管理基础能力自测

1. 测试

下面用最简单的办法测试你是否会进行时间管理,你只需回答"是"与"否"。

①你通常学习很长时间吗?

②你通常此时事彼时做吗?

③你感到很少有时间去做你想做的事吗?

④如果你没有完成你所希望做的事,你是否有负罪感?

⑤即使没有出现严重问题或危机,你也经常感到学习有很大压力?

⑥你的案头有许多并不重要但长时间未处理的事情?

⑦你时常在做重要事时被打断吗?

⑧你在教室里用餐吗?

⑨在上个月里,你是否忘记一些重要的约会?

⑩你时常把事情拖到最后一分钟,然后很努力地去做完它们?

⑪你觉得找借口推延你不喜欢做的事容易吗?

⑫你总是感到需要做一些事情而保持繁忙吗?

⑬当你长休了一段时间,你是否有负罪感?

⑭你常无暇阅读与专业有关的书籍?

⑮你是否太忙于解决一些琐碎的事而没有去做与专业目标一致的大事?

⑯你是否有沉醉于过去的成功或失败之中而没有着眼于未来?

2. 评价

表1.1

12～16 选"是"	极差! 你在时间管理上需改进
8～12 选"是"	较差! 你需要重新审视你的时间行动指南
4～8 选"是"	及格! 方向正确,但需要提高冲劲
0～4 选"是"	恭喜! 坚持并保留你的方法

1.3.3 自我时间管理训练的内容

实训项目一:正确认识时间价值

时间具有有形和无形的价值。浪费自己的时间,等于是慢性自杀。浪费别人的时间,等于是谋财害命。

1)时间价值。时间的价值基本上分两种,一种叫做无形的价值,另一种叫做有形的价值。

时间的无形价值是把时间投资于你的工作、家庭、社交的功能方面,建立工作关系、家庭关系、人际关系等。你为此花掉时间,但它带给你的收获可能是无法用金钱来衡量的,这叫做无形的价值。

时间的有形价值是指你所苦心开拓的许多家庭关系、社会关系,会在以后带来有形的报酬。例如,你是一名销售人员,拜访客户,跟客户建立关系,最后与客户达成交易,你定会有报酬。

2)时间价值的特性。时间对每个人都是平等的;每个人都有相同的时间;但时间在每个人手里价值却不同。

你的时间价值是多少,请根据下表来计算一下你的时间价值。

表 1.2 你的时间价值

年收入 /万元	年工作时间 /天	日工作时间 /小时	每天价值 /元	每小时价值 /元	每分钟价值 /元
1	250	8	40	5	0.08
2	250	8	80	10	0.16
3	250	8	120	15	0.25
5	250	8	200	25	0.42
10	250	8	400	50	0.83

你的时间价值:

每天＿＿＿＿＿＿＿＿元;

每小时＿＿＿＿＿＿＿元;

每分钟＿＿＿＿＿＿＿元。

那么,人们该如何管理时间,让自己的时间增值,让自己更有成就?

实训项目二:设立目标能力训练(目标是时间管理的依据)

1)认识自我。回答以下问题:

你是谁? 有什么才干和天赋? 什么东西能做得最出色,或比你认识的人都做得好?

你曾经做过些什么? 你的经历有什么与众不同的地方,能给你特别的洞察力、经验和能力? 你能做出什么不寻常的事情? 你所处的时代和环境有什么特别之处?

你是个怎样的人? 你的激情在哪一方面? 有什么东西特别使你内心激动,使你分外有冲劲去完成? 如果有,是什么?

最喜欢什么样的人? 你与哪些人有较多来往? 你能与之合作的那些人的才干、天赋与激情会带给你靠单独工作所找不到的机会?

你来这里预期的目的是什么? 你希望看到何种需要得到满足? 想像自己做出的最伟大的事情是什么?

2)确立目标。回答以下问题:

你的目标(近期、中期、远期)是什么?

提示:目标必须是长期的、特定的、具体化的、远大的(在展开迈向目标的行动之前,永远别放弃设立目标或作决定。这是你动力的源泉,也是启动你体内强大力量的关键)。

3)订立目标技巧的训练:

①目标描述:

你对学习结果的期望是什么?

你对未来的工作期望是什么?

你对未来的家庭期望是什么?

你对未来你的社交群体的特征有何期望?

②寻找并组合资源:

a. 个人资源要素:

生理:性别、外表、年龄、健康。

心理:性格、心态、自我认识。

能力:社会技能(交际、协调、学习能力等)。

专业技能(专业知识、经验、技能)。

b. 社会资源支援系统:

家庭背景、社会关系、财富……

③分析资源组合的价值：

帮助你了解个人的竞争力及所包括的要素；帮助你认识提升个人的社会竞争力的重要性；帮助你判断出哪些因素是你个人能够加以控制的，哪些是要通过个人进行创造的，并学会进行优势与不足分析。

④设定目标并分解：

先构思再行动（按自己的想法来构建）；

身体健康目标；

个人事业发展目标；

人际关系目标；

心智发展目标；

家庭责任目标；

收入发展目标；

社会责任目标。

订立的目标应具有以下特征：确定的、能够衡量的、可达成的、现实的、有时间限制的。

提示：以终为始，先将焦点放在期望的目标再开始做；先订立目标然后寻找与目标相关的信息；先订立目标然后准备达成该目标所必备的能力；先定目标后有动力，以逆向思维定目标。

实训项目三：时间管理训练

1）以目标为依据写出你在一天、一周（或一月）内想做的事：

身体健康；

个人事业发展；

人际关系；

心智发展；

家庭责任；

收入发展；

社会责任。

2）按照计划中要做的事具体实施并记录下具体的做法和所花费的时间。

3）将以上信息归类到图1.1中：

4）小结：这样的时间安排正确吗？

_____

_____。

重要

紧急

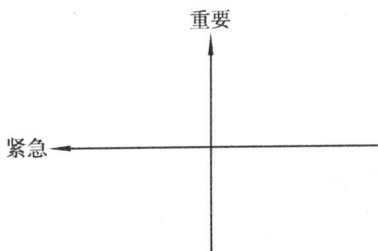

图 1.1　时间管理象限图

5)正确的时间管理方法(图 1.2):

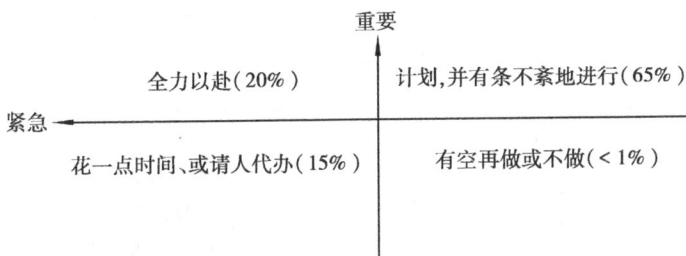

重要

全力以赴(20%)　　　计划,并有条不紊地进行(65%)

紧急

花一点时间、或请人代办(15%)　　　有空再做或不做(<1%)

图 1.2　时间科学管理象限图

实训项目四:区分事件重要性训练

1)按时间顺序和重要性顺序排出你一天要做的事:

时　间	事　件	重要性	事　件
6:00 ~ 12:00		非常重要	
12:00 ~ 18:00		重要	
……		……	

启示:时间管理的关键不是排出你日程表上的优先次序而是排出你要的那个优先次序。

2)建立要事第一的习惯:

提示:什么是要事?(你个人认为最值得去做的重要的事情,它有利于你价值观的体现,有利于达成你的目标。重要事情是来自你的内在需求包括:工作、学习、家庭、个人。每个人的价值观不同,因此对"要事"的判断也会存在差异。)

请用 3 min 的时间整理你明天要做的重要事情。按照你的优先顺序排好。把你的焦点关注在重要的事情上。

非常重要：_____

重要：_____

一般：_____

不重要：_____

3）有效管理有限时间：

提示：重要和紧急的不同之处在于重要的事来自内在的需求，是对自己而言。要事有时并不紧急，但需要更多的时间，并且天天做。紧急的事来自外界，有突发性并影响你的安排（见表1.3）。

表1.3 事件/时间分类管理表

重要性　　　　　紧急程度	紧　急	不紧急
重要	Ⅰ. ◈危机； ◈急迫的问题	Ⅱ. ◈防患未然； ◈改进产能； ◈建立人际关系； ◈发掘新机会； ◈规划、休闲
不重要	Ⅲ. ◈不速之客； ◈某些电话； ◈某些信件与报告； ◈某些会议； ◈必要而不重要的问题； ◈受欢迎的活动	Ⅳ. ◈烦琐的工作； ◈某些信件； ◈某些电话； ◈浪费时间之事； ◈有趣的活动

4）学习上表内容并阅读以下的这段话，然后写下你的感受。"时间就是金钱，昨天就像一张作废的支票，我们对它已无能为力，而明天又像是一张借条不可信赖，惟一可以运用的现金就是宝贵的今天，请珍惜今天！"

1.3.4 实训的组织形式与控制要求

1）实训地点：教室或专业实训室，市场实战演练。

2）实训组织形式：在教师指导下，学生分为若干模拟业务小组（公司），在教师讲解的基础上提出任务目标,各小组(公司)成员自行行动,而后由小组组织测评,在给定时间内集中各小组(公司)进行交互式对抗评议的方式组织实训。

3)实训要求:基础训练在本组内进行,按规范操作结束后由教师以各组个人成绩和该组成绩加权评分为基础,组合小组间交互式对抗评议评比打分,计算个人综合成绩。

第2章 营销职业品格与潜能提升训练

职业者良好的职业品格是个人赖以成功的基本条件。每个人在一生当中都必须选择这种或那种职业,但无论从事哪一种职业,都需要具备良好的职业品格,否则,很难取得职业上的成功。"以此为业,精于此业",准确地表达了一个成功的职业者对职业所采取的态度和寄予的情怀。以此为业,就是要真诚、严肃、执著地对待自己所从事的职业,把职业当作自我发展的基础,当作施展自己才华的舞台。精于此业,就是要对自己职业范围以内的各项工作进行不断的钻研、不断的改进和不断的创新。"以此为业"与"精于此业"具有不可分割的联系。"以此为业"引导我们"精于此业",而"精于此业"则保证我们能够"以此为业",两者互相促进、互为因果,共同构成了职业者完美的职业品格。

2.1 职业意识与营销理念训练

2.1.1 职业意识与营销理念训练目的

1)通过实训,了解没有专业就没有职业,专业意识是职业意识的保证。事情做得专业,工作才能做得职业。

2)通过实训,了解只有把工作当成事业来干,才能长久,才能卓越。对待工作不是一般努力就可以,而是虔诚;不是尽力而为,而是全力以赴;没有敬业的态度,就不会有优秀的业绩。

3)通过实训,了解心理素质训练是为了提高人的非智力因素,即 EQ(情商)。生存是生命的前提,生存是职业的基础,生存意识是职业意识的出发点。

2.1.2　职业意识与营销理念自测

阅读下面的问题,仔细思考你的行为。评估在这些方面你自己的表现,一定要诚实地看待你自己。你不用让别人看到这个表格。这样就能做一个比较准确地对自己的评估,也可以确定哪些方面还有待于提高。这对你的职业想法,你的职业行为举止,你的职业目标有很大的影响(每题可以从 1~5 分,1表示程度低,5 表示程度高)。

①我对自己和自己的能力很有自信。

②我相信自己。我知道我能为我的公司和客户做很多的事情。

③我很乐观。我可以将问题变成机会。

④我具有创造力,想像力。

⑤我很主动。我能把事情提前做好,减少压力。

⑥我会善始善终。

⑦为了达到目标,我会冒一定的风险。

⑧我是一个果断的决策者。

⑨我创造和吸引机会。我从来都不觉得烦躁。

⑩我对人诚实,同时也希望别人这么对我。

⑪我有很好的自我形象。

⑫我对于交流很热情。人们喜欢跟我在一起。

⑬我很优秀而且可以信任。

⑭我可以是一个成功的推销人员。

⑮我对自己要求严格,也对同事严格。

⑯我很高兴,而且各方面平衡。

⑰我很清楚自己的目标。

⑱我知道我所需要的东西和怎么去得到它。

⑲无论做什么,我都希望自己成功。

⑳我每天计划时间,为了完成那些帮助我实现目标的活动。

㉑我会遵守我的计划,从而达到我的目标。

㉒我在我的工作上很敬业。

㉓我在工作上有能力和实力,也会不断地进步。

㉔我希望大部分的时间都很成功。

㉕我全心全意相信我的产品和服务。

㉖我是一个好的倾听者。

㉗我总是很有条理,准备充分。

㉘我希望人们喜欢我。

㉙我对我的态度负责,始终保持自制。

㉚我能理解别人的观点,具有同情心。

㉛我的公众形象是比较专业、整洁。

㉜我喜欢使用现在流行的技术,以取得高效。

㉝我很容易跟人们相处,制造舒适的氛围。

㉞我精通于提各种对别人表示理解的问题。

㉟我在没有完全理解问题的情况下不会提出解决方案。

你现在应向最高分冲击。分数高,营销职业适应性强。

在大学的学习生涯中每个人都面临 4 种发展任务,这 4 种任务的核心是形成个人的职业意识和职业价值观念。如图 2.1 所示。

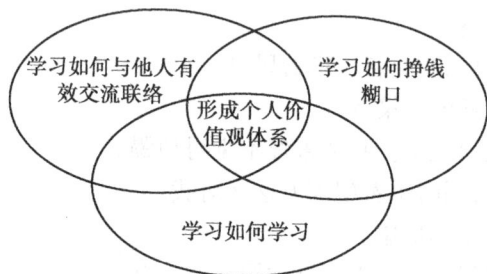

图 2.1

2.1.3 职业意识与营销理念实训内容

实训项目一:了解职业人的概念

(1) 对职业人的认识

从经营人生的角度来考虑,也可以把人分成四类:不经营自己,也不经营别人;不经营自己,由别人来经营自己;经营自己;经营自己,也经营别人。

第一类人无任何经营之意义,其没有人生可言;第二类人碌碌无为,可称为"活着的人";第四类人就是我们称之为"老板"的人;而第三类人称为"职业人"。因此,简单说"职业人"就是懂得如何为自己创造美好生活的人。

(2)职业人的特点

1)合作精神。"职业人"是企业的合作者,他们总是积极参与企业的运作。

2)拥有良好的资质。资质是能力被社会认同的证明,如营销师、策划师等就是一种资质。获得一定的资质,必须具有一定标准的能力。作为一个职业人,必须具有良好的资质。职业营销人的资质是:具备为客户提供满意的服务的能力,其行为目标是使客户感觉到比期望值更高的意外惊喜。

实训项目二:建立职业意识,并掌握正确实践的方法

(1)学习如何进行学习,并学习进行职业意识定义

所谓职业意识,可以认为是对职业问题的思考,对职业劳动的认识和评价,是根据自身条件和社会需要确定职业意向,积极作好就业准备的心理过程。职业意识一经形成,对学生未来的职业生涯有强大的能动作用。

学习并建立职业意识,将按照以下步骤进行:

定义问题、寻求信息策略、找到并取得信息、分析信息、整合信息、评估信息等六个步骤来完成这个主题学习活动。

(2)定义市场营销职业

问题:我们营销职业的未来展望

确定问题所需要的信息:

1)市场营销职业的种种称呼。

2)市场营销职业的具体表现形式? 包括文字说明与图形呈现。

3)这种职业的起源表现为什么形式?

4)这种职业首先在哪些国家受到重视? 它给个人和社会带来些什么?

5)在我国人们如何认识这种职业? 社会的进步是否需要这种职业?

6)从事这种职业有无特殊的知识和个性品质要求?

7)完成我们未来的营销职业展望演讲稿,出一期市场营销专业的招生宣传专辑。附加目录,装订成册送交系资料室典藏。

(3)信息搜寻策略

1)向学校图书管理员请教图书馆内有哪些可用的资源,及学习如何利用资源。

2)访问专家、学者、企业家,请提供相关信息。

3)参加相关主题的聊天室或讨论群(视学生计算机操作能力实施)。

4)利用图书馆馆藏目录查询。与学生讨论适当的「关键词」。

①键入营销项目名或「市场」或「某某年」为关键词。

②查看该书属于哪一个图书分类,便于到架上查看内容是否符合需要。

5)利用网络检索相关的电子资源。键入关键词,指导简易的布尔表达式查询法,如 and,or,not 的运用,以免找到太多不必要的资料。如:「"营销" and 职业 and 选择」。

(4)取得信息

查到的资源可能是印刷品,也可能是网络信息,要先知道它们的典藏或陈列的位置,再透过借阅、影印、打印等取得信息。经同学合作整理出与本主题相关信息如下:

1)学校图书馆馆藏;

2)其他公共图书馆馆藏;

3)电子资源;

4)实地调查资源。

(5)利用信息

取得信息后,经浏览、阅读、组织、分析选出与主题有关的部分,编辑成电子资料。在此阶段,进行学习和阅读信息,并做好阅读笔记。

(6)整合信息

1)将组员搜集到的资料分门别类,找出各定义问题所需的信息。

2)小组讨论如何以最吸引人的海报设计来呈现研究的成果,彼此分工用计算机文书处理成海报,展示在教室内,并做口头介绍。

(7)评估信息

1)请学生填写学习单,学生得在学习单元回答相关信息来自哪些资源。以及相关书目的索书号等问题,强调使用各类信息的相关法律、礼节与道德。

2)组织学生以团队为单位进行报告。

3)由学生完成评价量表。

实训项目三:适应环境、克服困难、把握机遇

(1)学习了解环境,适应环境,建立在环境中寻求机遇的意识

市场营销的职业要求从业者对环境应有极强的敏锐的感受能力。市场营销在企业的整体运作是在动态的环境中进行的,构成环境的因素相互联系,相

互制约,不断变化。只有将学生置身于这样的动态条件下,才能使学生将学习的抽象理论知识与实际需要解决的问题相联系,培养出学生对变化的各个环境因素所产生的机会与威胁,善分析、会思考、能处理的综合能力。

(2)利用环境因素实现自身目标

成功的人可以无数次修改方法,但绝不轻易放弃目标;而不成功的人总改目标,就是不改方法。学习适应是一个主动探索过程,即不断地尝试和发现各种可能性,通过各种反馈机制,从而主动作用于环境,使变化变得对自己有利,或创造机会和趋势。让我们在实践中试试驾驭环境的能力。

1)了解环境从身边开始。向环境学习适应,为未来做准备,知道面对逆境,去创造,去爱。以目标为转移活跃思想、创新思维,寻找有利因素,对个人行动负责。这是市场竞争对营销职业提出的客观要求。

2)确立一个以学期为时间单位的奋斗目标,如友谊、工作、学习、金钱、兴趣、成就感,等等。

3)进行环境资源信息搜寻,建立环境资源信息库。

4)寻找过去的生存环境中的价值(天时、地利、人和),并与今天的目标之间进行强制联系,寻找支撑点。

5)以自己及自己所在团队为中心向外延伸,寻找同学、专业、年级、系、学校及社会商业活动中的环境价值,发现实现目标的积极因素并进行有效的整合。

6)依托在环境中整合资源,策划并发起一次与自己的目标相关的活动,并以活动的结果检测目标实现的情况。

2.1.4 实训的组织形式与控制要求

1)实训地点:教室或专业实训室,校园第二课堂活动、社区商务活动、市场实战演练。

2)实训组织形式:在教师指导下,学生分为若干模拟业务小组(公司),在教师讲解的基础上提出任务目标,各小组(公司)成员自行行动,而后由小组组织测评,在给定时间内集中各小组(公司)进行交互式对抗评议的方式组织实训。

3)实训要求:信息搜集与分析训练在本组内进行,按规范操作结束后由教师以各组策划方案与活动实施结果为依据,结合小组间交互式对抗评议评比打分,计算个人综合成绩。

2.2 职业生涯发展计划

2.2.1 职业生涯发展计划训练目的

1)通过实训使学生更深入地认识自我,探索自己的兴趣、爱好、特长,分析社会环境,确定自己的成长目标。

2)通过实训使学生学会规划自己的职业生涯。

3)通过实训使学生学会按照自己的职业生涯规划。明确学习努力的方向,修正自身的行为,使学生赢在起跑点。

2.2.2 职业倾向测试

为了确定适应你的最佳职业,这里介绍两种简单的测试办法。

(1)职业倾向测试

1)测试目的:看你对哪种职业的工作有极大的倾向值或有潜力,以便帮助你选择和确定自己的最佳职业。

2)测试方法:以下前 10 题为 A 组,后 10 题为 B 组。每组各题你认为"是"的打 1 分,"不是"的打 0 分,然后,比较两组答案分值。

①当你正在看一本有关谋杀案的小说时,你是否常常能在作者未交代结果之前知道作品中哪个人物是罪犯?　　　　　　　　　　　　　( )

②你是否很少写错别字?　　　　　　　　　　　　　　　　( )

③你是否宁可参加音乐会而不愿呆在家里闲聊?　　　　　　　　( )

④墙上的画挂歪了,你是否想去扶正?　　　　　　　　　　　( )

⑤你是否常论及自己看过或听过的事物?　　　　　　　　　　( )

⑥你宁可读一些散文和小品文而不愿看小说?　　　　　　　　( )

⑦你是否愿少做几件事一定要做好,而不想多做几件事而马马虎虎?
　　　　　　　　　　　　　　　　　　　　　　　　　　　( )

⑧你是否喜欢打牌或下棋?　　　　　　　　　　　　　　　( )

⑨你是否对自己的消费预算均有控制?　　　　　　　　　　　( )

⑩喜欢研究是否能使钟、开关、马达发生效用的原因？ （ ）

⑪你是否很想改变一下日常生活中的一些惯例，使自己有一些充裕时间？

（ ）

⑫闲暇时，是否较喜欢参加一些运动，而不愿意看书？ （ ）

⑬你是否认为数学不难？ （ ）

⑭你是否喜欢与比你年轻的人在一起？ （ ）

⑮你能列出五个你自己认为够朋友的人吗？ （ ）

⑯对于你能办到的事情别人求你时，你是乐于助人还是怕麻烦？ （ ）

⑰你是否不喜欢太细碎的工作？ （ ）

⑱你看书是否很快？ （ ）

⑲你是否相信"小心谨慎，稳扎稳打"是至理名言？ （ ）

⑳你是否喜欢新朋友、新地方和新东西？ （ ）

3）测试分析：

①若 A 组分值比 B 组高，则表明你是个精深的人，适合从事具有耐心、谨慎和研究等琐细的工作，诸如医生、律师、科学家、机械师、修理人员、编辑、哲学家、工程师等。

②若 B 组分值高于 A 组，则表明你是广博的人，最大的长处在于成功地与人交往，你喜欢有人来实现你的想法。适合做人事、顾问、运动教练、服务员、演员、广告宣传员、推销员等工作。

③若 A、B 两组分值大体相等，就表明你不但能处理琐碎细事，也能维持良好的人缘关系。适合工作包括护士、教师、秘书、商人、美容师、艺术家、图书管理员、政治家等。

（2）职业与个性吻合度测试

1）职业与个性吻合测试题：

①下面4种职业中，你会选择：

　A. 记者　　　　　B. 运动员　　　　　C. 医生　　　　　D. 诗人

②下面4种职业中，你会选择：

　A. 律师　　　　　B. 探险家　　　　　C. 图书管理员　　D. 画家

③下面4种职业中，你会选择：

　A. 演员　　　　　B. 机师　　　　　　C. 翻译　　　　　D. 哲学家

④下面4种职业中，你会选择：

　A. 公关　　　　　B. 改革先锋　　　　C. 教师　　　　　D. 科研人员

⑤下面4种职业中，你会选择：

  A. 经理   B. 推销员   C. 工人   D. 作家

⑥下面4种职业中,你会选择:

  A. 歌星   B. 投资者   C. 会计师   D. 心理学家

⑦下面4种职业中,你会选择:

  A. 模特儿   B. 消防员   C. 打字员   D. 音乐家

2)测试分析:

  ①在你选择的答案中,选择 A 最多的是热血青年,个性活泼、热情,反应快,适合做一些抛头露面和人际交往的工作,如记者、律师、公关、秘书等。

  ②选择 B 最多的是火暴青年,个性直率、冲动,精力旺盛,适合做竞争激烈、富冒险性的工作,如运动员、探险者、机师等。

  ③选择 C 最多的是温柔婉约型,个性沉着,反应较慢,情绪不易为人所知。适合的工作包括医务人员、翻译、图书管理等。

  ④选择 D 最多的是多愁善感型,个性孤僻,感情比较细腻和敏感,适合工作包括诗人、作家、画家、音乐家等。

  ⑤如果四种答案都差不多,那就是混合型。

2.2.3 进行职业生涯发展规划训练的内容

实训项目一:进行职业生涯规划的信息准备与分析

1)职业与职业资格认证信息。与本专业对应职业群有关的职业资格。例如,营销专业的学生不但应了解与营销有关的职业资格,还应了解物流、零售、保险、证券等职业资格。仅就营销而言,就应让学生知道至少有四类证书与职业生涯有关:一是推销员或营销员资格证。这是具有从业资格的基本条件;二是营销师、营销经理资格证。这是今后说明职业能力与水平的证明;三是专业技术职务证书,如助理经济师、经济师。这是专业水平的体现;四是跨职业的能力水平证书,如外语、计算机、普通话和汽车驾驶等。这或者是与取得第二、三类证书有关的证书,或者是与提高求职成功率有关的证书。

对于这些证书,学生应分清种类和功能,更要知道取得这些证书应具备的学识、技术和能力即资格标准,学生才能结合自己的专业方向进行生涯设计奠定基础。

2)就业与择业运行机制信息。"双向选择、自主择业、竞争上岗"既是大学生就业的大政策,又是人才市场的人力资源的客观要求,学生应了解人才市场、劳动力市场及其运作机制,树立竞争上岗、多次就业的观念。

3)社会大环境的相关信息——组织环境的信息。一是组织特色:组织规模、组织结构、组织文化、人员流动等。二是经营战略:组织的发展战略与措施、竞争势力、发展态势等。三是人力评估:人才的需求预测、升迁政策、培训方法、招募方式等。重点了解相关组织未来需要什么样的人才,需要多少,对人才的具体要求是什么,升迁政策有哪些规定。四是人力资源管理:包括人事管理方案、薪资报酬、福利措施、员工关系等。

社会环境的信息。一是社会政策。人生发展与社会政策密切相关。要分析哪些事情可以做,哪些事情不能干。不仅要分析现在,而且要预测未来。二是社会的变迁与价值观念。重点是信息社会对职业生涯发展的影响,分析信息社会对人才成长的要求与挑战。还要注意人的价值观念的变化。三是科学技术的发展。科学技术日新月异,知识更新的周期日趋缩短。因此,在职业生涯规划中要充分考虑到知识的补充、理论的更新、观念的转变、思维的变革,等等。

经济环境的信息。经济环境对人的职业生涯发展有一定的影响,诸如经济增长率、经济景气度、经济建设的重点转移,等等。经济振兴时,新的行业不断出现,新的组织不断产生,机构增加,编制扩容,为就业及创业创造了条件。反之,就带来不利条件。

实训项目二

(1)职业生涯发展计划制定

1)四项准则:

准则一:择己所爱。从事一项你喜欢的工作,工作本身就能给你一种满足感,你的职业生涯也会从此将变得妙趣横生。兴趣是最好的老师,是最初的动力,兴趣是成功之母。调查一再表明:兴趣与成功机率有着明显的正相关性。你在设计职业生涯时,务必注意:考虑自己的特点,珍惜自己的兴趣,择己所爱,选择自己喜欢的职业。

准则二:择己所长。尺有所短,寸有所长。你也许兴趣广泛,掌握多种技能,但所有技能中,总有你的长项。有些人善于与人打交道,有些人则更适于管理机器物品。你在设计自己的职业生涯中时,千万要注意:选择最有利于发挥自己优势的职业,即择己所长。

比较优势原理同样适用于职业生涯设计。当你长处较多时,不妨观察一下周围人群,研究一下别人的长短,如果你的长处也正是别人的长处,不妨放弃这种选择,尽量寻找一个你非常拿手,而别人却感到棘手的职业,这种选择往往让你平步青云。因为在这一领域内,很少有人能和你竞争,只有你一枝独秀。

准则三:择世所需。社会的需求不断演化着,旧的需求不断消灭,同时新的需求不断产生。昨天的抢手货今天会变得无人问津,生活处于不断的变化之中。你在设计自己的职业生涯时,一定要分析社会需求,择世之所需,否则,只会自食苦果。

准则四:择己所利。职业生涯设计,首先考虑的将是自己的预期收益,这种预期收益要求你实现最大化的幸福,也就是使收益最大化。马斯洛将这种需求按先后次序排列成五个层次:生理需求、安全需求、爱的需求、自尊需求以及自我实现的需求。个人预期收益在于使这些由低到高的基本需求得到最大的满足,而衡量其满足程度的指标表现于收入、社会地位、职业生涯稳定感与挑战性等,不同的人有不同的偏好,每个人都会尽可能满足其所有的需求。你通过在职业领域内的奋斗造福社会,社会则赐给你由收入、地位、自我实现等调制而成、贴上幸福标签的美酒。只不过有人喜欢甘甜,有人偏爱干烈,众口不一罢了。

2)三个步骤:

一是"定向"。方向定错了,则南辕而北辙,距离目标会越来越远,还要重新走回头路,付出较大的代价。因此,职业生涯决策,决不能犯"方向性错误"。

职业方向由本人所学的专业确定。但尚需认真考虑,选择适合自己的职业岗位。学生在学校里读书时,就应多拿几种职业等级证书,拓展自己的岗位适应能力,拓展自己的岗位选择面。

二是"定点"。所谓"定点"就是定职业发展的地点。学生应该综合多方面因素考虑,不可冲动,心血来潮,感情用事。综合考虑竞争强弱、观念差异、心理承受能力,甚至于气候、水土等因素,一开始就选准方向,就可以在一个地方,围绕一个职业长期稳定发展,对自己的资历和经验都会有助益和长进。

三是"定位"。择业前要对自己水平、能力、薪资期望、心理承受度等进行全面分析,做出较准确的定位。不可悲观,把自己定位过低。更不要高估自己,导致期望值过高。确立从基层做起、从基础做起,逐步积累经验,循序渐进,谋求发展的思想理念。这是一生都会有好处的。

3)两条途径:

一是突破思考盲点、建立正确的心态。心若改变,你的态度跟着改变;习惯改变,你的性格跟着改变;性格改变,你的人生跟着改变。

二是选择学习的领域,把握学习的渠道,采取有效的方法进行学习。

4)一套实施表格:

表 2.1　自我评价表

姓名		性别		年龄		所学专业	
价值观							
兴趣							
特长							
能力							
性格							
品德							
学业情况							
身体素质							

续表

姓名			性别		年龄		所学专业	
优势分析	曾经做过什么							
	学会了什么							
	最成功的是什么							
弱势分析	遇到的挫折							
	经历中所欠缺的							

表 2.2　社会信息分析表

对你人生发展影响最大的几个人	称谓	姓名	单位、职业、职务
	父亲		
	母亲		

父母、亲戚、朋友、老师、同学对你的看法与期望	父母	
	亲戚、朋友	
	老师	
	同学	

人际关系分析	

校园环境对你成才的影响	学校、学院	
	专业	
	班级	
	寝室	

续表

	称谓	姓名	单位、职业、职务
对你人生发展影响最大的几个人	父亲		
	母亲		
社会需求与就业形势分析			
社会对人才的素质要求分析			

表 2.3　个人目标分析表

总目标	职业发展方向	
	职业发展地域	
	职业发展期望值	
目标的素质要求	德	
	识	
	才	
	学	
	体	
目标分析	实现目标的优势	
	实现目标的弱点障碍	

表2.4 实现目标的步骤、措施及衡量标准

步　骤		措　　施	标　志
大学期间	大学总体目标		
	第一学期		
	寒假		
	第二学期		
	暑假		

步　骤		措　施	标　志
	第三学期		
	寒假		
	第四学期		
	暑假		
大学期间	第五学期		
	寒假		
	第六学期		
大学以后			

表 2.5　职业生涯计划执行检查评价表

		综合测评排名		德育成绩		成绩排名		身体素质	
自我评估	测评	发展性素质测评							
	获奖								
	规划落实								
	经验与教训								
父母评价与建议									
同学朋友评价与建议									
教师评价与建议									
成才外因评估									
目标修正									
步骤措施标志修正									

（2）职业生涯的忠告

1）无论你现在或将来从事的职业是什么，对职业要负责这一点切切不可忘记。你一定要对自己的职业认真敬业，勇承重担，兢兢业业，恪守职德。

2）切记和谐融洽的人际关系非常重要。实践证明与同事间人事关系融洽将使工作效率倍增。

3）要优化你的交际技能。优良的交际技能可为你谋职就业提高成功几率。

4）要善于发现变化并适应变化。不管周围环境及你人生某一阶段出现何种的变化，你都应该善于发现其中的各种机遇并驾驭这些机遇。

5）要灵活。未来时代的工作者们可能必须要经常转换职业角色，这就是说你要善于灵活地从一个角色迅速转换到另一个角色，方能适应时代环境的变化。

6）要善于学用新技术。或许你想当一名作家，但在当今时代作家欲获成功也必须不断学用并掌握新技术技能才行，比如，作家必须同时成为一名计算机文字处理员，打字员，网上发行员才能获得成功。

7）要舍得花钱、花时间学习各种指南性知识简介。目前各大学、社会研究机构、其他组织开办了各式各样的实用性半日、一日或两日即可学完的知识简介科目，这类指南性知识简介科目的试学可能是预探新领域"水深度"的最简便易行之方法。

8）摒弃各种错误观念。当你考虑某种新职业或新产业时，观念一定要更新，以防被错误思维误导。

9）要不断开拓进取、不断开发新技能。一个复合的社会将不仅需要专业化知识，同时，还需要通用化及灵活的技能。一名专业工作者若能借助于专业知识及通用技能综合武装自己，才更能适应未来年代的挑战和竞争。换句话说，为你未来职业考虑，你绝不应只"低头拉车"专心研究某一种专业知识，你还应同时"抬头看路"，看看这种专业知识在未来社会是否还将为人们所需要。一般说来，以长远眼光看问题，多掌握几种技能要比只精通一门狭窄专业知识更有前景。

2.2.4　实训的组织形式与控制要求

1）实训地点：教室或专业实训室，校园第二课堂活动、社区商务活动、市场实战演练。

2)实训组织形式:在教师指导下,学生分为若干模拟业务小组(公司),在教师讲解的基础上提出任务目标,各小组(公司)成员自行行动,而后由小组组织测评,在给定时间内集中各小组(公司)组织大学生职业生涯设计大赛的方式组织实训。

3)实训要求:个人训练在本组内进行,按规范操作结束后由教师以各组个人成绩和该组成绩加权评分为基础,组合小组间交互式对抗评议评比打分,计算个人综合成绩。其职业生涯设计结果可交由班主任或辅导员督导实施。

2.3　团队合作与个人潜能拓展训练

2.3.1　团队合作与个人潜能拓展训练目的

1)通过实训,帮助学生突破生理、心理障碍,挑战极限、超越自我。让人的信念、意志、身体等潜能得到极大的发挥。

2)通过实训,使整个受训集体凝聚力增加、战斗力提高。

3)通过实训,改善人际关系,形成积极向上的人生观。

2.3.2　学生自我拓展能力自测

①对自己的前途充满信心。

　　A. 非常同意　B. 同意　C. 不同意

②为了最终的目标、我不顾暂时的得失。

　　A. 非常同意　B. 同意　C. 不同意

③我经常花很多时间考虑别人对我的看法。

　　A. 非常同意　B. 同意　C. 不同意

④我做一件事主要是自己觉得应该去做、而不是为了赢得别人的赞同。

　　A. 非常同意　B. 同意　C. 不同意

⑤在好多事情上,我总是瞻前顾后、犹豫不决。

　　A. 非常同意　B. 同意　C. 不同意

⑥凭直觉解决问题对我来说是很少有的,也是不可靠的。

　　A. 非常同意　B. 同意　C. 不同意

⑦美的东西往往能使我长时间激动不已,以至于让旁人感到无法理解。

　　A. 非常同意　B. 同意　C. 不同意

⑧那些经常沉湎于"奇特"念头中的人,是不切实际的。

　　A. 非常同意　B. 同意　C. 不同意

⑨在解决问题的过程中,我常常分析时很快,但综合时很慢。

　　A. 非常同意　B. 同意　C. 不同意

⑩我认为追求尽善尽美是不明智的。

　　A. 非常同意　B. 同意　C. 不同意

⑪我是一个与传统观念格格不入的人。

　　A. 非常同意　B. 同意　C. 不同意

⑫许多人之所以感到烦恼一个重要的原因是他们对好多事情都太认真了。

　　A. 非常同意　B. 同意　C. 不同意

⑬有时我觉得自己真是太孤独了,仿佛一个人被遗忘在世界上。

　　A. 非常同意　B. 同意　C. 不同意

⑭如果某一问题令我一筹莫展,我会很快放弃原来的想法,从别的方面去寻找解决的方法。

　　A. 非常同意　B. 同意　C. 不同意

评分标准:以上各题选 A 得 1 分,选 B 得 2 分、选 C 得 3 分。

诊断结果分析:

30~42 分:没有开拓型人才的能人与智慧、应开阔眼界,多锻炼自己的开拓性。

19~29 分:有新的思想观念和才华但没有开拓型人才所具有的气魄和韧性。

19 分以下:是典型的开拓型人才。

2.3.3　进行团队与个人潜能拓展训练的内容

　　拓展训练起源于二战期间的英国,当时大西洋上有很多船只由于受到攻击而沉没,大批船员落水,由于海水冰冷,又远离大陆,许多年轻海员葬身海底。但人们从生还者身上发现一个令人非常惊奇的事实,就是这些人并不一定都是体能最好的人,但却都是求生意志最顽强的人。当时有个法国人库尔特·汉思提议,利用一些自然条件和人工设施,让年轻的海员做一些具有心理挑战的活动和项目,以训练和提高他们的心理素质。后来其好友劳伦斯在1942年成立了一所阿德伯威海上训练学校,以年轻海员为训练对象,这是拓展训练的雏形,二战以后,在英国出现了一种叫做 OUTWARD BOUND 的管理培训,这种训练棚户外活动的形式,模拟真实管理情境,对管理者和企业家进行心理和管理两方面的培训。活动主题:MBM。"MBM"是创新空前、激情贯注的三维素质拓展训练之英文简称。"M"〔Mind〕代表"心理":知、情、意最佳的心智、最高的情商、最坚强的意志,知、情、意并举。"B"(Body)代表"身体":强、健、敏集于一身的身体素质,最强的体魄、最健的身躯、最敏捷的身手。强、健、敏齐备"M"(Morality)代表"品德":真、善、美融于一体的品德素质。

实训项目一:团队合作项目训练

从高中的普通教育进入大学的职业教育,人生无疑要经历一次改变,在融入职业团队的过程中,让我们去体会绝不能有人恃才傲物,团队的力量才是无穷的。

(1)翻越"职业墙"

1)训练项目形式:建一个 4 m 高墙,一个团队在不得借助任何外力的条件下,必须在 4 min 内全体越过一面高墙。面对高高的墙壁,如果 30 个人每个人单凭个人的力量是在短短的 4 min 内全都能够翻越完毕,根本无法完成的。而团队的力量组合将使问题很容易得到解决。

2)训练方法:组建 10~15 人一组的团队,人员分工,实施翻越。

3)注意事项:指导教师注意安全保护。

(2)背摔——信心跌

1)训练项目形式:建一个 1.6 m 高台,一个人站在一个高台上,将双手捆在胸前,背朝后直直地倒下去,台下的同伴面对面站成两排,伸直双手相接搭成"臂网",倒下来的人倒在臂网上被同伴接住。

2)训练方法:组建 10~15 人一组的团队,人员分工,排序,实施。

3)注意事项:指导教师注意安全保护。完成时间视团队人员多少而定。

(3)举轻若重

1)训练项目形式:准备一根 2~3 m 左右的轻质塑料棍(最好可伸缩);让团队成员站成相对的两列/并排一列亦可,让小组成员全部将双手举到自己的眉头的位置;将轻质塑料棍放在每个人的平行伸出的两个食指上,注意:必须保证每双手都接触到轻质塑料棍的,并且手都在轻质塑料棍下面;要求团队成员将轻质塑料棍保持水平,团队的任务是:在保证每个人的手都在轻质塑料棍下面且接触到轻质塑料棍的情况下将轻质塑料棍完全水平的往下移动。一旦有人的手离开轻质塑料棍或轻质塑料棍没有水平往下移动,任务就算失败。用圈亦可代替做本训练。

2)训练方法:组建10人一组的团队,人员分工,排序,实施。

3)注意事项:指导教师注意安全保护。完成时间视团队人员多少而定。

(4)定向智慧三角

1)训练项目形式:准备一根5 m长的绳,用眼罩将所有学员的眼睛蒙上,在蒙上前先观察一下四周的环境。然后,将双手举在胸前,像保险杆般保护自己与他人。目标是整个团队找到这条很长的绳子,并将它拉成正三角形,且顶点必须对着北方。完成时每个人都能握住绳子。

2)训练方法:组建20~30人一组的团队,人员分工,排序,实施。

3)注意事项:指导教师注意安全保护。完成时间视团队人员多少而定。

(5)排除核弹头

1)训练项目形式:25 m长的绳子一条,20 m长的绳子2条,水桶二只,短棍2条,砖头2块及空地。指导教师让学生把25 m长的绳拉成一个圈,并把水桶装九成满的水放在圆圈的中间,用砖头把水桶垫起来;指导教师开始给学生们讲下面一段故事:"在一个山村中有一枚没有引爆的核弹头,给该地区造成了威胁。你们作为排弹人员将去该地区取出核弹头,并进行引爆。圆圈内为辐射区,所有人员都不得进入圈中,2条20 m长的绳子及2条短棍为防辐射物品,故可以进入辐射区,但不能碰到地上。"团队成员必须在30 min内把水桶提出,水不能洒出来。

2)训练方法:12人一组的团队,人员分工,排序,实施。

3)注意事项:指导教师注意安全保护。完成时间30 min。

(6)极速魔球

1)训练项目形式:所有的人分成三组,每个小组约20人,分别配有1,2,3号球;要求将球按1,2,3号的顺序从发起者手里发出,最后按此顺序回到发起者手里。在传递过程中,每一人都必须触及到球,在规定时间内传递次数最多者胜出。

2)训练方法:集体创意,寻找最佳方案。

3)注意事项:各组可重复进行3次运行,以传递最多一次计算小组成绩。

(7)同在一条船

1)训练项目形式:以团队为单位,围着站成一个向心圈。一人先举起右手,握住对面那个人的手;再举起你的左手,握住另外一个人的手,其他人依次而行,直到全部封闭。现在面临一个错综复杂的问题,在任何人不松开手的情况下,想办法把这张乱网解开。

2)训练方法:组建 10 人一组的团队,由团队研究出解决团队问题方面都有什么步骤,聆听在沟通中的重要性,以及团队的合作精神的重要性。

3)注意事项:指导教师注意计时。完成时间 20 min。

(8)仙人桥

1)训练项目形式:以团队为单位,全体成员依次以不能重复的动作通过一座宽 30 cm,长 10 m 的桥。全体成员不能有完全重复的过桥动作。

2)训练方法:全体成员不能有完全重复的过桥动作。

3)注意事项:指导教师注意安全提示。

(9)仙人指路

1)训练项目形式:每两人一小组,一个人被蒙住眼睛,另一个人用语言引导"盲人"前进,但不能碰到身体。"盲人"的前面可能是平路,可能是台阶,可能是土坡,也可能是水沟。"引路人"将他所看到的情景转化为语言表达出来,同时要求"盲人"将语言转化为头脑中的"地图",继而能顺利地行进。

2)训练方法:每人总路程长为 30 m,全队安全完成后结束。

3)注意事项:指导教师注意安全提示。

(10)极限生存拉练

1)训练项目形式:团队徒步野外拉练,每个队员只能带 1 瓶矿泉水,两个面包,负重 10 kg,完成全程 20 km 行程,无一人掉队地回到起点。

2)训练方法:教师在每 5 km 处设立一个安全检查点,并给予一定救护支持和激励。

3)注意事项:安全、激励。

实训项目二:个人潜能拓展实训

(1)生命呐喊

1)训练项目形式:每人有 5 分钟的发言时间,在距离 50 m 的有一定噪声干扰的环境中,让考查教师听清发言者的每一句话。发言内容:我是谁、我来自哪里、我的优势、我最感兴趣的事、最爱的人,等等。

2)训练方法:组建 20~30 人一组的团队,由团队进行分组排序,组织实施。

3)注意事项:指导教师注意安排场地,并给予必要的指导。

（2）这是谁的作品

1）训练项目形式：在戴上眼罩前每人一份分发纸和笔，将他们的名字写在纸的另一面。然后将眼睛蒙上，听教师用语言描述某一样东西，让学生蒙着眼睛画下他们所听到的，完成作品后将所有的图片挂到墙上，让学生从中挑选出他们自己画的那幅。

2）训练方法：以 20～30 人为一组，分组进行训练和组织讨论。

3）注意事项：指导教师注意安排场地，准备教具并清楚讲述问题。

（3）平安着陆

1）训练项目形式：每人鸡蛋 1 个，小气球 1 个，塑料袋 1 个，竹签 4 根，塑料匙、叉各 2 支，橡皮筋 6 条。将鸡蛋在 3 层楼高的地方落下地面，使鸡蛋保持完好。

2）训练方法：教师把上述所说材料发给学生，为了不使鸡蛋摔破，学生要用所给的材料来设计保护伞。而后让学生准备 25 min 之后到指定的 3 层楼的地点把鸡蛋放下来。

3）注意事项：指导教师注意安排场地，准备教具并清楚讲述规则。

（4）智力闯关

1）训练项目形式：有两间房，一间房里有三盏灯，另一间房有控制这三盏灯的开关（这两间房是分割开的，毫无联系）。现在要你分别进这两间房一次，然后判断出这三盏灯分别是由哪个开关控制。

2）训练方法：教师在事前按训练要求准备训练所必备的备件，然后控制训练进程，保证设备完好。

3）注意事项：每间房每个学生只能进一次。

（5）打开挫折魔盒

1）训练项目形式：由参加受训的每位同学，在一张空白纸上不记名地写出曾经使自己受到挫折的人或事，并尽情地加以责难，然后收集起来装到一个小盒中，放到讲台上。由对抗性的两个团队轮流各派出一名学生，由一方任意抽出小盒中一张写有不满的纸条，以纸条上的内容为题将另一方作为发泄对象尽情发泄。接受发泄一方应保持良好心态，平息对方怒火。

2）训练方法：教师在事前按训练要求准备训练所必备的教具，然后控制训练角色在对抗性的两个团队间轮换，和模拟环境的仿真。

3）注意事项：根据参训人员的多少控制好时间。

（6）陌生访问

1）训练项目形式：由每位受训的学生，按指导教师确定的区域，对特定的陌生对象进行有一定目的的访问。在给定的时间和区域内,让学生经受挫折、克服困难,战胜胆怯,营造出在陌生环境中新的社交资源,获取要求获取的信息并塑造出崭新的职业形象。

2)训练方法:由指导教师根据设定陌生对象的角色,给出访问目的,信息采集的内容,提出完成任务的数量、时间要求和质量标准,并在学生完成任务后进行电话采访复核。

3)注意事项:合理分配任务量,力求学生须经过努力才能实现目标。同时要有限度,避免学生信心丧失。

2.3.4　实训的组织形式与控制要求

1)实训地点:教室或专业实训室,校园第二课堂活动、社区商务活动、市场实战演练。

2)实训组织形式:在教师指导下,学生根据各项目的具体要求在给定的时空条件下,按要求完成实训任务。

3)实训要求:按团体训练与个人训练的不同要求,以规范操作结束后各组单项成绩和项目组成绩加权评分为基础,计算个人综合成绩。

第3章 创意思维与逻辑思维训练

创意是什么？创意就是生存之父！创意就是历史之母！创意就是文明的发端！创意就是文化的源泉！创意就是科学的动力！创意就是命运的契机！创意就是成功的法宝！创意就是艺术的真谛！创意就是生机之闪电。

······陈方

3.1 创意思维能力训练

创意思维是一种思维的创造。是一种心理活动,这一心理过程并不单纯用心理学的理论就能解释,而是要在改变世界中得以体现。创意思维的结果可以在"非客观"和"非全面"的条件下,依赖于创意思维目标的无限性,依赖于人的潜力的开发而不断发展。

3.1.1 创意思维实训的目的

创意思维训练能尽快提高创意思维素质。

让它成为一种思考的习惯性行为,使创意的产生成为经常性的行为,保持思维的活跃性和创新性。

3.1.2 创意思维实训方法

方法一:动脑会议一奥斯本智力激励法

奥斯本智力激励法是针对群体创意思维而言的,帮助群体创意的产生。

实施步骤:

第一步,准备阶段:

准备阶段中,主要是落实组织、人员和任务。

确定与会者、主持人和记录人。一般来说,与会者的人数控制在 5~10 人左右。太多,思路容易分散,难以形成热烈的氛围,容易出现依赖现象;人员太少,知识面较窄,也难以达到激励的状态。

第二步,热身阶段:

所谓热身,是效仿体育活动前的准备活动,在这里指静脑,目的是让与会者在正式开会之前,心思安静下来,尽快进入角色。

第三步,明确问题阶段:

这一阶段的主要目的是使每一位到会者对所要思考的问题有一个明确了解,为自由畅想作好思想上的基础。

第四步,自由畅想阶段:

自由畅想阶段是整个激励法的核心,是迸发出创意火花的关键阶段。

遵循原则:原则一,自由畅想原则;原则二,延迟批判原则;原则三,结合改善原则;原则四,谋求数量的原则。

第五步,评价筛选阶段:

经过以上四步得到的设想很多,但并不都是有用的,因此,必须从中筛选出可用于实现创意的设想并加以完善。

方法二:联结创意思维法

组合 + 联想　联结思维法的根本。

联结思维创意法,简单说来,是打破原有固定事物的顺序、联系方式,如时间序、空间序、功能序等,通过大脑的联想、设想把事物联结起来。有时这种联结表面上看是不相及的。但是通过联结、联想,甚至假想把相关元素组合、联系起来,从中得出打破常规的创意来。

训练:

给你一个情景,如果让你组合一幅画,画的内容可以有小鸟、山、河流,你能说出这有多少种组合吗?

美容院和显像联结起来是什么结果呢?

可口可乐与火车的联结是什么结果呢?

磁卡与学生有什么联结?

方法三:反向创意思维法

反向思维是传统正向思维的相反思维方法。简单来说,反向思维就是在一般的正向思维的基础上"反一反"即不用"正常"的角度去思考问题,而是从事物的反面去解决问题。

方法四:感应创意思维法

感应创意思维法是利用人们的情感与物体相似的特点而产生的。是人们在某种特定的环境下或特定的状态下,由于触景生情或物体事物之间产生感应,也就是通常说的"心有灵犀一点通",而产生新的创意的过程。

方法五:三三两两讨论法

此法可归纳为每两人或三人自由成组,在三分钟中限时内,就讨论的主题,互相交流意见及分享。三分钟后,再回到团体中作汇报。

方法六:六六讨论法(Phillips 66 Technique)

六六讨论法是以脑力激荡法作基础的团体式讨论法。方法是将大团体分为六人一组,只进行六分钟的小组讨论,每人一分钟。然后再回到大团体中分享及做最终的评估。

方法七:希望点列举法

这是一种不断的提出"希望"、"怎样才能更好"等的理想和愿望,进而探求解决问题和改善对策的技法。

方法八:检核表法(Check-list Method)

检核表法是在考虑某一个问题时,先制成一览表,对每项检核方向逐一进行检查,以避免有所遗漏。此法可用来训练员工思考周密,及有助于构想出新的意念。

方法九:何检讨法(5W2H 检讨法)

是"六六检讨法"的延伸,此法之优点是提示讨论者从不同的层面去思考和解决问题。所谓 5W,是指:为何(Why)、何事(What)、何人(Who)、何时(When)、何地(Where);2H 指:如何(How)、何价(How much)。

方法十:目录法

比较正统的名称是"强制关联法",意指在考虑解决某一个问题时,一边翻阅资料性的目录,一边强迫性地把在眼前出现的信息和正在思考的主题联系起来,从中得到构想。

创意是通过调动调节思维方式等途经,发掘自己的潜能。

训练:

①想像一下,五年以后的你,正在做些什么。描绘一下,此刻的你所处的环境,看到的色彩,闻到的气味,你周围的人。

②收集一些旧杂志,并随便剪下一些图片,然后把它们堆成一堆,要求团队排列图片的顺序,并讲一个结尾与组织团队有关的故事。

③说说名画《蒙娜丽莎的微笑》里,微笑脸庞背后的"真正"故事。进行脑力激荡,想出你能想到的所有可能解释。

例:有 9 小袋茶叶,其中有一袋重量不标准,轻了一些。请你用天平,只称 2 次把它找出来。

大强的手表出了毛病,每小时慢 4 分钟。一天早上 8 点半,他把手表按报时台的标准拨准了,工作到中午,他听到收音机正好报 12 点整,就看了一下手表,他的手表在几点几分?要再过多少分钟才能指到 12 点整?

哪 3 个数在相加和相乘时,都得到相同的结果呢?

汽车司机的哥哥叫李强,可是李强并没有弟弟,这是怎么回事?

找出不同内容:

①汽车、飞机、摩托车、电车;

②听、看、哭、尝、摸、嗅;

③精神、爱、善、光、黑、物质、憎恶、热。

3.1.3　实训的组织形式与控制要求

1)实训地点:教室或实训室。

2)实训组织形式:在教师指导下,学生分为若干模拟业务小组(公司),以平时各小组进行分散性基础训练,给定时间内集中各小组进行交互式对抗演练的方式组织实训。

3)实训要求:基础训练在本组内进行,按规范操作结束后由教师随机抽出每组中的一至两位同学,各组间进行交互式对抗演练评比打分,以参加对抗演练同学的成绩作为小组的综合成绩。

3.2　逻辑思维能力训练

逻辑思维能力,它是指人脑通过对客观事物的间接概括反映,获得对于客观事物全面的、本质的与规律性的认识的能力。是借助于概念、判断、推理等思维形式所进行的思考活动,是一种有条件、有步骤、有根据、渐进式的思维方式。

3.2.1　逻辑思维实训的目的

借助于概念、判断、推理等思维形式所进行的思考活动,形成有条件、有步骤、有根据、渐进式的思维方式。

3.2.2　逻辑思维实训的方法

(1)逻辑思维形式结构

1)概念是关于事物本质属性(即该事物矛盾运动的特殊性)的反映,是在分析、综合事物的各种属性的基础上,进一步抽象、概括而成。

2)判断不仅可以对某个(或某类)事物是否具有某种属性做出判定,更重要的是可以对事物之间是否存在某种内在联系做出决断。思维中的判断是由若干个概念构成的。为了说明判断的分类及结构形式,需要先了解事物之间是通过何种关系联系在一起的。众所周知,辩证唯物主义不仅强调事物的运动变化与事物之间的相互联系,而且还强调这些运动变化和相互联系是有条件的,事物总是在一定的条件下产生、发展和衰亡;事物之间联系的性质、结构和特点也随条件的不同而改变。一切以时间、地点和条件为转移。"时间"、"地点"(空间)是物质运动的存在形式,它们与运动不可分割;而条件则是事物运动变化和相互联系的前提或外因,因而其重要性可以与时、空相提并论。总之,一切事物的变化和联系都是有条件的,只有"有条件"这一点才是无条件的。从这个意义上说,辩证唯物主义关于事物的普遍联系论也可称之为"条件论"。条件既是事物运动变化和相互联系的前提或外因,在此前提或外因的作用下,必有相关的效应,即结果。由此可知,条件—结果关系(在绝大多数情况下,表现为因果关系)是客观世界中的一种最普遍的关系。通常所说的事物之间的相互联系、相互作用,就是条件—结果关系在不同情况下的具体体现。

关于推理,则是用于对事物之间更为复杂的相互联系、相互作用做出反映。推理要在判断的基础上进行,推理的前提可以是直言判断、假言判断、选言判断或选言—假设判断,因此,根据推理前提所用判断的不同,推理相应地可分为直言推理、假言推理、选言推理和选言—假言推理等多种。由以上分析可见,通过在语言基础上建立起来的概念、判断和推理系统,即可满足对事物的本质和事物之间内在联系规律这样两个方面做出概括与间接反映的要求。由于概念如何定义,以及判断、推理的形式结构等问题是普通逻辑学研究的内容,所以通常也把建立在语言基础上,运用概念、判断和推理而实现的思维称之为"逻辑思维"。

(2)逻辑思维训练方法

1)实事求是的思维方法。这种方法就是要求我们在写作公文时必须尊重客观实际,一切从实际出发,理论联系实际,坚决克服"唯上"、"唯书"的思维方法。"唯上"、"唯书"思维方法容易限制人的思维的主观能动性。所以必须重视从实际出发的思维方法的培养,要善于从发展中把握客观实际。

2)矛盾思维方法。一切事物中都存在矛盾,所以我们的思维也应从分析矛盾着手。矛盾思维方法训练中,要注重两个内容的训练:一是两点论的分析方法的训练。如写总结类公文时,要同时看到主要矛盾与次要矛盾、矛盾主要方面与次要方面,以及主次之间的辩证关系,不能只看到一面看不到另一面,犯片面性错误。二是要注意矛盾的共性存在于矛盾的个性之中的关系,加强思维训练。

3)系统思维方法训练。这种思维方法的特点之一是整体性。就是将某个特定事物放在这个事物与别的事物之间,放在这个事物与它外在环境的种种联系和关系上去分析这个事物,而不是孤立地去分析这个事物。系统思维方法训练的第二个特点是综合性。比如,文秘工作者要训练从多方面去分析事物的方法,以及对某一事物可以从它的成分、结构、功能、特性、相互联系方式、历史发展情况等多方面进行综合分析,而不是单纯地分析事物的某个方面。

4)辩证逻辑思维方法:

①对立互补思维方法的特征为:整体性、全面性和发展性。它的应用形式常见的有:辩证综合、逆向思维(EG:美国艾士隆公司的丑陋玩具)、换位思维。

②分析与综合统一法。

③发散思维与收敛思维统一法。所谓发散思维是思维主体从不同方法、角度、侧面去思考问题,从多方面寻找解决问题的出路、办法和答案的一种思维方法。其特点是多向性、变通性和开拓性。收敛思维与发散思维是相反的,它是以集中为特点的一种思维方式,人们在思考和处理问题时,当从多方向、多角度、多侧面思考以后,把思考的结果和意见集中起来,从中求一个正确意见和解决问题的最佳方案,这就是收敛思考的过程,它的特点是求同性和有序性。发散思维与收敛思维的辩证统一,发散思维是以"放"为主的思维方

式,收敛思维是以"收"为主的思维方式,"放"和"收"显然是对立的。但是,发散思维和收敛思维又是同一思维过程中的两个不同的阶段,在人们思维过程中互相依存、互相转化,所以是对立统一的。注意举例。

5) 形式逻辑思维方法:

①类比法:类比是根据两个或两类对象在某些属性上相同,把已知其中一个或一类对象还具有另一属性,进而推知另一个或另一类对象也具有该属性的思维方法。例如,富兰克要推想天空中的闪电也可以用导线传导,鲁班造船,牛黄培植。

②枚举归纳法:是根据一类事物中的部分对象具有某种属性,没有遇到相反的情况,从而推出该类事物都具有某种属性的方法。例如,瑞雪兆丰年,月晕而风,等等。

③假说演绎法。例如,大陆漂移说。

④溯因法。

6) 时间逻辑思维方法:

逻辑思维特点:

抽象性、概括性是所有思维的特征,并非只是逻辑思维才具有。在逻辑思维之前冠以"抽象",或干脆称之为"抽象思维",容易使人误认为只有这种思维才具有抽象性,从而不适当地抬高了逻辑思维而贬低了其他形式的思维。而这点恰恰是当前学术界(尤其是哲学界和心理学界)的一大弊病。

由于逻辑思维是建立在语言符号序列的基础之上,如前所述,其本质特征是直线性、顺序性,最适合于反映事物在一维线性时间轴上顺序展开的运动变化过程。

(3) 逻辑思维训练

下面两道题各给出了5个以简短词语来表述的事件,按照你认为符合逻辑顺序的一组正确答案在备选项A,B,C,D中选出正确的排序:

①a. 交通中断　b. 义务劳动　c. 紧急动员　d. 山洪暴发
　e. 恢复交通
　A. a-d-b-c-e　B. b-c-e-b-a　C. d-a-c-b-e
　D. c-d-e-a-b

②a. 检查验收　b. 确定方案　c. 贯彻实施　d. 征求群众意见
　e. 提出草案
　A. e-d-b-c-a　B. e-d-c-b-a　C. d-e-a-c-b
　D. d-a-e-c-b

③A,B,C,D 中选出第二组图形的空缺项：

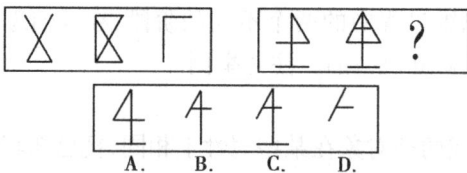

④A,B,C,D 中选出第二组图形的空缺项：

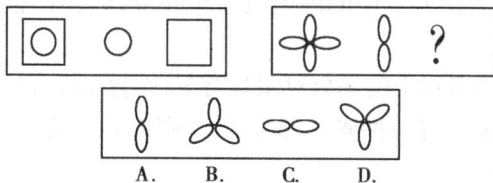

⑤人离开了文化,离开了文化的创造与积累,离开了文化世界的价值和意义,人也就自然丧失了现实文化价值的意义,也就不可能真正实现人的本质。反之,文化若离开了人,也就成了无源之水。可见:

    A.文化与人的本质实现是相互依存的关系

    B.人如没有文化,则其就没有做人资格

    C.文化只能反映人的活动

    D.没有文化,人也能通过其他途径实现人的本质

⑥当代青年应具有现代社会实践所要求的锐意进取、刻意创新等现代精神,又要有鲜明的传统文化的素养与个性。因为:

    A.跨世纪青年要一切向西方看齐

    B.青年要厚古薄今

    C.青年既要继承民族文化的优良传统,又要眼睛向外

    D.青年要投身于社会实践

⑦在一个跑马场上,跑道上有 A,B,C 三匹马。A 在一分钟内能跑两圈,B 能跑三圈,C 能跑四圈。

现将三匹马并排在起跑线上,准备向同一个方向起跑。请问,经过几分钟,这三匹马又能并排地跑在起跑线上。

⑧3 个人去买一个 30 元的游戏,当他们付了 30 元要走的时候,游戏店的经理喊住了他们,说到:"对不起,这个游戏实际上只要 25 元,我退钱给你们。"经理从先前收的 30 元里拿出了 5 元,接着给了他们 3 个人每人一元,然后经理自己留了 2 元。

问题是这样的:当初他们 3 人一共给了 30 元(平均一个人给了 10 元),然

后经理还给他们3人每人1元就是说平均一个人给了9元,然后经理自己留了2元,问题就出来了,当经理还给了他们每人1元以后,理论上他们总共支付是9元×3个人＝27元＋经理留着的2元＝29元,但实际上他们给了30元,那么是谁拿了那不见的一元。

⑨请从题给图形中选择一个正确的(A,B,C,D)填入下边的?处

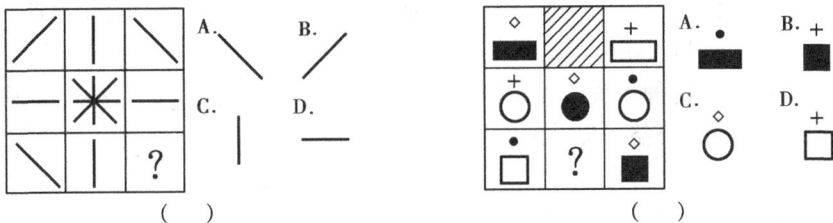

图3.1

⑩第一个事实:

电视广告的效果越来越差。一项跟踪调查显示,在电视广告所推出的各种商品中,观众能够记住其品牌名称的商品的百分比逐年降低。

第二个事实:

在一段连续插播的电视广告中,观众印象较深的是第一个和最后一个,而中间播出的广告留给观众的印象,一般地说要浅得多。

以下哪项,如果为真,最能使得第二个事实成为对第一个事实的一个合理解释?

A.在从电视广告里见过的商品中,一般电视观众能记住其品牌名称的大约还不到一半。

B.近年来,被允许在电视节目中连续插播广告的平均时间逐渐缩短。

C.近年来,人们花在看电视上的平均时间逐渐缩短。

D.近年来,一段连续播出的电视广告所占用的平均时间逐渐增加。

E.近年来,一段连续播出的电视广告中所出现的广告的平均数量逐渐增加。

⑪一个美国议员提出,必须对本州不断上升的监狱费用采取措施。他的理由是,现在,一个关在单人牢房里的犯人所需的费用,平均每天高达132美元。即使在世界上开销最昂贵的城市里,也不难在最好的饭店里找到每晚的租金低于125美元的房间。

以下哪项能构成对上述美国议员的观点及其论证的恰当驳斥?

Ⅰ.据州司法部公布的数字,一个关在单人牢房里的犯人所需的费用,平

均每天 125 美元。

Ⅱ.在世界上开销最昂贵的城市里,很难在最好的饭店里找到每晚的租金低于 125 美元的房间。

Ⅲ.监狱用于犯人的费用,和饭店用于客人的费用,几乎用于完全不同的开支项目。

A.只有Ⅰ　B.只有Ⅱ　C.只有Ⅲ　D.只有Ⅰ和Ⅱ　E.Ⅰ、Ⅱ和Ⅲ

⑫过去的 20 年里,科幻类小说占全部小说的销售比例从 1% 提高到了 10%。其间,对这种小说的评论也有明显的增加。一些书商认为,科幻小说销售量的上升主要得益于促销的作用。

以下哪项如果为真,最能削弱题干中书商的看法?

A.科幻小说的评论,几乎没有读者。

B.科幻小说的读者中,几乎没有人读科幻小说的评论。

C.科幻小说评论文章的作者中,包括著名的科学家。

D.科幻小说的评论文章的作者中,包括因鼓吹伪科学而臭了名声的作家。

⑬在司法审判中,所谓肯定性误判是指把无罪者判为有罪,否定性误判是指把有罪者判为无罪。肯定性误判就是所谓的错判,否定性误判就是所谓的错放。而司法公正的根本原则是"不放过一个坏人,不冤枉一个好人"。

某法学家认为,目前,衡量一个法院在办案中是否对司法公正的原则贯彻好,就看它的肯定性误判率是否足够低。

以下哪项,如果为真,能最有力地支持上述法学家的观点?

A.错放,只是放过了坏人;错判,则是既放过了坏人,又冤枉了好人。

B.宁可错判,不可错放,是"左"的思想在司法界的反映。

C.错放造成的损失,大多是可弥补的;错判对被害人造成的伤害,是不可弥补的。

D.各个法院的办案正确率普遍有明显的提高。

E.各个法院的否定性误判率基本相同。

⑭一位海关检查员认为,他在特殊工作经历中培养了一种特殊的技能,即能够准确地判定一个人是否在欺骗他。他的根据是,在海关通道执行公务时,短短的几句对话就能使他确定对方是否可疑;而在他认为可疑的人身上,无一例外地都查出了违禁物品。

以下哪项如果为真,能削弱上述海关检查员的论证?

Ⅰ.在他认为不可疑而未经检查的入关人员中,有人无意地携带了违禁物品。

Ⅱ. 在他认为不可疑而未经检查的入关人员中,有人有意地携带了违禁物品。

Ⅲ. 在他认为可疑并查出违禁物品的入关人员中,有人是无意地携带的违禁物品。

A. 只有Ⅰ   B. 只有Ⅱ   C. 只有Ⅲ   D. 只有Ⅱ和Ⅲ   E. Ⅰ、Ⅱ和Ⅲ

⑮美国法律规定,不论是驾驶员还是乘客,坐在行驶的小汽车中必须系好安全带。有人对此持反对意见。其理由是,每个人都有权冒自己愿意承担的风险,只要这种风险不会给别人带来损害。因此,坐在汽车里系不系安全带,纯粹是个人的私事,正如有人愿意承担风险去炒股,有人愿意承担风险去攀岩纯属他个人的私事一样。以下哪项,如果为真,最能对上述反对意见提出质疑?

A. 尽管确实为了保护每个乘客自己,而并非为了防备伤害他人,但所有航空公司仍然要求每个乘客在飞机起飞和降落时系好安全带。

B. 汽车保险费近年来连续上涨,原因之一,是由于不系安全带造成的伤亡使得汽车保险赔偿费连年上涨。

C. 在实施了强制要求系安全带的法律以后,美国的汽车交通事故死亡率明显下降。

D. 法律的实施带有强制性,不管它的反对意见看来多么有理。

E. 炒股或攀岩之类的风险是有价值的风险,不系安全带的风险是无谓的风险。

⑯据世界卫生组织 1995 年调查报告显示,70% 的肺癌患者都有吸烟史。这说明,吸烟将极大增加患肺癌的危险。

以下哪项,如果是真的,将严重削弱上述结论?

A. 有吸烟史的人在 1995 年超过世界总人口的 65%。

B. 1995 年世界吸烟的人数比 1994 年增加了 70%。

C. 被动吸烟被发现同样有致肺癌的危险。

D. 没有吸烟史的人数在 1995 年超过世界总人口的 40%。

E. 1995 年未成年吸烟者的人数有惊人的增长。

⑰广告:

本厨师培训班有着其他同类培训班所没有的特点,就是除了传授高超的烹饪技艺外,还负责向毕业生提供确实有效的就业咨询。去年进行咨询的本培训班毕业生中,100% 都找到了工作。为了在烹饪业找到一份理想的工作,欢迎您加入我们的行列。

为了确定该广告的可信性,以下哪个相关问题是必须询问清楚的?

Ⅰ.去年有多少毕业生?

Ⅱ.去年有多少毕业生进行就业咨询?

Ⅲ.上述就业咨询在咨询者找到工作的过程中,究竟起到了多少作用?

Ⅳ.咨询者找到的工作,是否都属于烹饪行业?

A.Ⅰ、Ⅱ、Ⅲ、Ⅳ　B.只有Ⅰ、Ⅱ和Ⅲ　C.只有Ⅱ、Ⅲ和Ⅳ　D.只有Ⅲ和Ⅳ　E.只有Ⅰ和Ⅱ。

⑱清朝雍正年间,市面流通的铸币,其金属构成是铜六铅四,即六成为铜,四成为铅。不少商人出以利计,纷纷融币取铜,使得市面的铸币严重匮乏,不少地方出现以物易物。但朝廷征于市民的赋税,须以铸币缴纳,不得代以实物或银子。市民只得以银子向官吏购兑铸币用以纳税,不少官吏因此大发了一笔。这种情况,明清两朝以来从未出现过。

从以上陈述,可推出以下哪项结论?

Ⅰ.上述铸币中所含铜的价值要高于该铸币的面值。

Ⅱ.上述用银子购兑铸币的交易中,不少并不按朝廷规定的比价成交。

Ⅲ.雍正以前明清诸朝,铸币的铜含量,均在六成以下。

A.只有Ⅰ　B.只有Ⅱ　C.只有Ⅲ　D.只有Ⅰ和Ⅱ　E.Ⅰ、Ⅱ和Ⅲ。

⑲有一种观点认为,到21纪初,和发达国家相比,发展中国家将有更多的人死于艾滋病。其根据是:据统计,艾滋病毒感染者人数在发达国家趋于稳定或略有下降,在发展中国家却持续快速上升;到21世纪初,估计全球的艾滋病毒感染者将达到4 000万至1亿1千万人,其中,60%将集中在发展中国家。这一观点缺乏充分的说服力。因为,同样权威的统计数据表明,发达国家的艾滋病感染者从感染到发病的平均时间要大大短于发展中国家,而从发病到死亡的平均时间只有发展中国家的二分之一。

以下哪项最为恰当地概括了上述反驳所使用的方法?

A.对"论敌"的立论动机提出质疑。

B.指出"论敌"把两个相近的概念当作同一概念来使用。

C.对"论敌"的论据的真实性和准确性提出质疑。

D.提出一个反例来否定"论敌"的一般性结论。

E.指出"论敌"在论证中没有明确具体的时间范围。

⑳许多孕妇都出现了维生素缺乏的症状,但这通常不是由于孕妇的饮食中缺乏维生素,而是由于腹内婴儿的生长使她们比其他人对维生素有更高的

需求。

　　为了评价上述结论的确切程度,以下哪项操作最为重要?

　　A.对某个缺乏维生素的孕妇的日常饮食进行检测,确定其中维生素的含量。

　　B.对某个不缺乏维生素的孕妇的日常饮食进行检测,确定其中维生素的含量。

　　C.对孕妇的科学食谱进行研究,以确定有利于孕妇摄入足量维生素的最佳食谱。

　　D.对日常饮食中维生素足量的一个孕妇和一个非孕妇进行检测,并分别确定她们是否缺乏维生素。

　　E.对日常饮食中维生素不足量的一个孕妇和另一个非孕妇进行检测,并分别确定她们是否缺乏维生素。

　　㉑赞扬一个历史学家对于具体历史事件阐述的准确性,就如同是在赞扬一个建筑师在完成一项宏伟建筑物时使用了合格的水泥、钢筋和砖瓦,而不是赞扬一个建筑材料供应商提供了合格的水泥、钢筋和砖瓦。

　　以下哪项最为恰当地概括了题干所要表达的意思?

　　A.合格的建筑材料对于完成一项宏伟的建筑是不可缺少的。

　　B.准确地把握具体的历史事件,对于科学地阐述历史发展的规律是不可缺少的。

　　C.建筑材料供应商和建筑师不同,他的任务仅是提供合格的建筑材料。

　　D.就如同一个建筑师一样,一个历史学家的成就,不可能脱离其他领域的研究成果。

　　E.一个历史学家必须准确地阐述具体的历史事件,但这并不是他的主要任务。

　　㉒交通部科研所最近研制了一种自动照相机,凭借其对速度的敏锐反应,当且仅当违规超速的汽车经过镜头时,它会自动按下快门。在某条单向行驶的公路上,在一个小时中,这样的一架照相机共摄下了50辆超速的汽车的照片。从这架照相机出发,在这条公路前方的1 km处,一批交通警察于隐蔽处在进行目测超速汽车能力的测试。在上述同一个小时中,某个警察测定,共有25辆汽车超速通过。由于经过自动照相机的汽车一定经过目测处,因此,可以推定,这个警察的目测超速汽车的准确率不高于50%。

　　要使题干的推断成立,以下哪项是必须假设的?

A.在该警察测定为超速的汽车中,包括在照相机处不超速而到目测处超速的汽车。

B.在该警察测定为超速的汽车中,包括在照相机处超速而到目测处不超速的汽车。

C.在上述一个小时中,在照相机前不超速的汽车,到目测处不会超速。

D.在上述一个小时中,在照相机前超速的汽车,都一定超速通过目测处。

E.在上述一个小时中,通过目测处的非超速汽车一定超过25辆。

㉓自1940年以来,全世界的离婚率不断上升。因此,目前世界上的单亲儿童,即只与生身父母中的某一位一起生活的儿童,在整个儿童中所占的比例,一定高于1940年。

以下哪项关于世界范围内相关情况的断定,如果为真,最能对上述推断提出质疑?

A.1940年以来,特别是20世纪70年代以来,相对和平的环境和医疗技术的发展,使中青年已婚男女的死亡率极大地降低。

B.1980年以来,离婚男女中的再婚率逐年提高,但其中的复婚率却极低。

C.目前全世界儿童的总数,是1940年的两倍以上。

D.1970年以来,初婚夫妇的平均年龄在逐年上升。

E.目前每对夫妇所生子女的平均数,要低于1940年。

㉔一个足球教练这样教导他的队员:"足球比赛从来是以结果论英雄。在足球比赛中,你不是赢家就是输家;在球迷的眼里,你要么是勇敢者,要么是懦弱者。由于所有的赢家在球迷眼里都是勇敢者,所以每个输家在球迷眼里都是懦弱者。"

为使上述足球教练的论证成立,以下哪项是必须假设的?

A.在球迷看来,球场上勇敢者必胜。

B.球迷具有区分勇敢和懦弱的准确判断力。

C.球迷眼中的勇敢者,不一定是真正的勇敢者。

D.即使在球场上,输赢也不是区别勇敢和懦弱的惟一标准。

E.在足球比赛中,赢家一定是勇敢者。

说明:(选择正确答案得2分,错误答案不给分)

分数为0~10:基本上逻辑思维算不上好,需要加强进一步的培训和锻炼。

分数为 11~20:逻辑思维算得上一般,虽然知道自己的思维需要改进,但是仍缺乏主动性,需要加强。

分数为 21~30:逻辑思维很强,对工作中的思考有促进作用。

3.2.3　实训的组织形式与控制要求

1)实训地点:教室或专业实训室,市场实战演练。

2)实训组织形式:在教师指导下,学生分为若干模拟业务小组(公司),在教师讲解的基础上提出任务目标,各小组(公司)成员自行行动,而后由小组组织测评,在给定时间内集中各小组(公司)进行交互式对抗评议的方式组织实训。

3)实训要求:基础训练在本组内进行,按规范操作结束后由教师以各组个人成绩和该组成绩加权评分为基础,组合小组间交互式对抗评议评比打分,计算个人综合成绩。

第4章 人际沟通与语言 表达能力训练

一个职业人士所需要的三个最基本的技能依次是:沟通的技巧、管理的技巧和团队合作的技巧。这个就像我们上小学时学的 1 + 1 = 2 一样,是一个职业人士所需要具备的入门的基本课程。世界上很多著名的公司都把这三点当作员工最基本的三个技巧。例如,企业的人事经理在招聘新员工时,对新员工有一个非常重要的要求,就是新员工必须具备良好的沟通技巧。但常常会发生这样的事情,人事经理在面试的时候经常问应聘者:你怎么和上级进行沟通? 怎么和同事进行沟通? 怎么和下级进行沟通? 而面试者总能滔滔不绝地讲出成功的沟通应该怎样做。但是,在实际的工作中,他很可能做不到这些行为,达不到预期的沟通效果,不能保证工作的正常运转。而我们要学的沟通技巧就是教你们如何去做,而不是如何去说。

4.1 人际沟通能力训练

4.1.1 实训目的

1)通过实训,使学生明白有效的沟通是一个意义转化的过程。信息发送者把心中的想法,转化成接受者可以理解的语言,并获得反馈以显示信息是否被接受和理解;接受者必须听得进去说的是什么,懂得其含义是什么。

2)通过实训,使学生明白有效倾听和反馈信息在生活和工作沟通中的重要性,掌握积极倾听的方法和技巧,并在不断的训练中提高自己的倾听效率。

4.1.2 实训内容

实训项目一:单向交流与双向交流对比训练

(1)游戏:单向交流和双向交流

形式:集体参与

时间:15~20 min

场地:教室

程序:

1)指导教师在课前准备如图4.1所示。请一位学生上台来协助进行游戏。

2)告诉大家,这位同学向他们描述这张纸上所画的内容。

3)请大家按他所描述的将该图示画出来。

4)给上台的学生演示。

5)请他背向大家站立以避免任何目光接触。

6)他只能做口头表述,不可以用任何姿势或其他手势。

7)其他学生也不可以提问,简言之,只能进行单向交流。

8)马上请另一位志愿者上台作相似的游戏,但允许进行双向交流。

9)游戏结束后,将正确的图示给大家看,对比每位学生前后所画的看是否相似。

讨论:

1)我们在只能靠听来进行交流时,是否会感到困惑? 为什么?

2)为什么单向交流很难进行?

3)即使双向交流有时也不能保证彻底的理解,这种情况下我们可以采用哪些方法使交流更为有效?

总结与评估:

1)单向交流常常使人感到困惑,讲述不明,有问题不能问,常常会让人无所适从,以至于答案千奇百怪。

2)单向交流只是按照你自己的意思表达意见,你完全不知道对方遇到的是什么样的实际问题,也无法提供具体的指导。

3)有时候连双向交流也不能保证彻底的理解,这时我们就要手把手地进

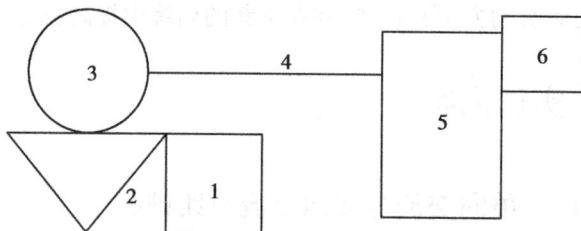

图 4.1　单向交流与双向交流训练图

行指导了。

（2）游戏：撕纸

形式：集体参与

时间：15～20 min

场地：教室

程序：

第一阶段：

1）给每一位学生发一张 A4 纸（可以是废纸）。

2）指导教师发出单项指令：

大家闭上眼睛。

全过程不许问问题。

把纸对折。

再对折。

再对折。

把右上角撕下来，转 180°，把左上角也撕下来。

睁开眼睛，把纸打开。

3）我们会发现有各种各样的答案。

第二阶段：

1）请一位学生上台。

2）重复上述的指令，惟一不同的是，这次学员可以提问。

讨论：

1）完成第一步后可以问大家，为什么会有这么多不同的结果（也许大家的反应是，单向沟通不许问问题就会有误差）。

2）完成第二步后又问大家，为什么还会有误差（希望说明的是，任何沟通的形式及方法都不是绝对的，它依赖于沟通双方彼此的了解，沟通环境的限制等,沟通是意义转换的过程)。

总结与评估:

1)第一步时,造成这么多不同的结果的原因是,单向沟通不许问问题肯定会有误差。

2)第二步时出现误差说明,任何沟通形式及方法都不是绝对的,它依赖于沟通双方彼此的了解,沟通环境的限制等,沟通是意义转换的过程。

实训项目二:有效倾听和信息反馈技巧训练

1. 游戏:信息收发

形式:8~15人

时间:15~20 min

场地:不限

(1)程序

1)游戏开始时,培训师指向任意一个人并说:"你!"让那个人把一只手放到头上,表明"收到"。

2)然后由他指向另一个人并说,"您!"那个人把一只手放到头上,再指向另一个人并说"您。"继续进行,直到最后一个人用手指着您,你也把一只手放到头上。

3)现在,每个人都指着另一个人。你们每个人都在心里记下你的发送者和接收者是谁。然后把双手放下来。

4)重新开始,每个人还是依次说"您!"但这次只用眼睛与接收者进行目光接触。这样做三四次,或更多次,速度要越来越快,直到大家能够非常牢固地掌握这种方式("他传给我,我传给他")。

5)现在,以一个全新的方式开始。告诉大家,这次你打算用蔬菜来做游戏,然后指向一个新的接收者(除了你第一次指的人外的任何人)并说,如"菜花!"那个人把一只手放到头上,再指向一个新的接收者并说,可以是"菠菜!"继续这个过程,直到最后一个人把蔬菜发送给你。

6)按照这种"蔬菜"的方式进行这个游戏三四次,直到这种方式也被牢固地掌握了。

7)回到"您"的方式。大家还记得第一次的接收者吗?

8)按这种方式再进行这个游戏一两次。然后换到"蔬菜"的方式,进行这个游戏。来回切换几次,直到大家能够毫无困难地在两种方式间进行转换。

9)现在到了游戏最有趣的部分了:看着你的第一个接收者并说,"您!"然后立即转向你的第二个接收者,说,"菜花!"两种方式同时进行。当作为组织者的你,即收到一个"您",也收到一种蔬菜,大家就知道游戏成功了。

10)如果确切成功了,带头欢呼。

（2）讨论

1)以两种信息收发方式同时进行游戏为什么变得困难了?

2)在这种游戏中,要成为一名好的接收者,我们应该怎么做? 我们怎样才能成为一名好的发送者?

3)既要密切注意你的发送者,又要密切注意你的接收者,容易吗?

4)要使这种平衡的艺术变得容易点,需要具备什么素质?

5)很明显,在这个游戏中,你们不得不以超常的能力进行交流。如何对这些技巧加以变通,以便在平时的发展中得到运用?

（3）总结与评估

1)好的沟通包括清晰地发送信息和准确地接收信息两个方面。

2)如果我们能把注意力放在对方身上,正确地获得信息,那么我们就是很好的接收者;如果我们能养成检查的习惯,确保我们的信息清晰,那么我们就是很好的信息发送者。

注意:

1)如果大家在游戏过程中把两种方式弄混了,建议说的时候声音更大一些,更清晰一些;目光接触时更强烈一些。

2)更重要的事,在发送完单词后,要注意自己的接收者,确保他们收到了信息,并把它传递下去!

2. 倾听训练

形式:集体参与

时间:5~15 min

场地:教室

（1）程序

1)事先从报纸或杂志上摘录一则2~3段长的故事,不要进行任何介绍,在课堂上很不经心地向学生提起:"也许你们中很多人几天前已经看到了这则报道。"

2)大声朗读这篇文章。

3)结束后,你会看到学生们毫无兴趣,露出十分厌倦的面孔。

4)这时,你拿出一个精致的礼品,说:"好,针对刚才大家都听到的故事,我要提几个问题。谁能全部答对,就能赢得这个礼品。"

5）然后问 8 ~ 10 个问题,(比如故事中涉及的名字,日期,地点,等等)。

6）几乎不会有一个人能全部答对。

（2）讨论

1）既然大家都听到了这个故事,为什么很少有人能记得非常清楚?

2）为什么我们会不听呢? 这是不是一个典型的例子? 我们如何能提高自己的倾听的技巧?（如下所附为一些常见的提示）

3）如果我一开始就告诉大家如果仔细听就有机会赢得礼品,大家会不会听得更认真些? 为什么? 没有奖品刺激时,我们应当如何保证更好的倾听?

（3）总结与评估

1）人们听了,却记不住的原因有,不感兴趣、没有目的、没有事前激励。

2）下面是对做一个好的聆听者的提示:

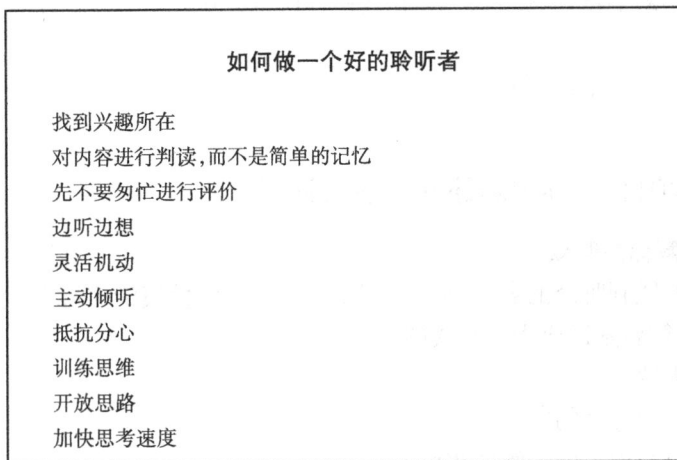

```
如何做一个好的聆听者

找到兴趣所在
对内容进行判读,而不是简单的记忆
先不要匆忙进行评价
边听边想
灵活机动
主动倾听
抵抗分心
训练思维
开放思路
加快思考速度
```

图 4.2　做一个好的聆听者

4.1.3　实训的组织形式与控制要求

1）在教师指导下,学生分为若干模拟业务小组(公司),每组 8 ~ 10 人,设组长 1 人。

2）在教师讲解的基础上各小组进行分散训练。对于需集体参与的个别项目,由教师组织实施之后进行分组讨论。

3）教师抽查参与各小组讨论,收集小组讨论结果并及时给予总结和讲评。

4.2 演讲与口头表述能力训练

4.2.1 实训目的

1)通过实训,使学生掌握简要陈述规划的基本步骤及方法,培养学生有效规划一次简要陈述的能力。

2)通过实训,使学生了解怎样在简要陈述中实现有效的沟通,并能从实施经验中不断学习,以提高学生的演讲与口头表述能力。

4.2.2 实训内容

实训项目一:简要陈述规划能力训练

1. 了解你的听众

为了照顾到听众的各种情况,依照下列问题尽量摸清实际状况,抓住心理,设法使简要陈述成为交互式的。

听众人数?

他们是做什么的?

他们对当前主题了解的程度?

为何来参加?

他们想从简要陈述中获得什么?

听了介绍他们将做些什么?

他们有什么你必须认真对待的先入之见?

有何特殊需要,应事先安排和照顾?

2. 起草一个详细的计划

(1)准备简要陈述的材料

1)回答下面的问题:

①当你将要把材料内容集成时,有多少材料是别人为你准备的? 有多少材料需要你自己准备的? 把你的具体情况填在下面:

自行准备_____　　　　　　　　　　　别人准备_____

②你打算讲多长时间？按照你的计划标出所占的比例：

陈述____%　　　　　　　　　　　　　交流____%

___

你陈述时间长短取决于你的目的、深入程度以及多久之后你希望获得反馈。陈述时间的长短，将影响到你用以进行交流的时间有多长。

2）无论会议的材料是你自己准备的还是别人为你准备的，你都需要：

①计划好讲述哪些内容以达到你预期的目的。

②同时结合抓住听众的各种方式，进行适当的相互交流。

（2）开发内容

简要陈述时你能给出和搜集的信息量，取决于安排给你多少时间。确定预留多少时间，要考虑：

a. 效果对你和整个团队的重要性。

b. 你的听众放下其他事务，参加会议的意愿。

c. 考虑人们离开日常工作的实际情况。

当你有了演讲的核心内容时，检查一下你是否了解需要达到的目的，考虑如何在规定的时间内将规定的内容贯彻到团队。你所要解决的问题就是把核心内容与你的团队实际联系到一起并尽量使内容简明扼要。

1）当演讲的核心内容是别人提供的：

计划中为简述安排了多长时间。

从核心内容中把主要论点抽取出来，并按逻辑顺序加以编排。

使主要论点与本组具体实践结合起来，一定要避免听众对主要论点的理解做出错误的假定。

保持简单明了，不要大量堆积信息把人们淹没在无所适从的茫然中。

2）当自行准备材料时：

①考虑好简述要花费多长时间。

②搜集所需要的信息、事实和数字。

③总揽全部内容。

④找出主要论点使它合乎逻辑。

（3）方法、时间安排和规划

内容整理有序之后，就要考虑如何进行介绍。在一开始就要说明你的意图，这一点非常重要。同时应当了解听众的愿望和需求。还要考虑如何分配时间，每一个论题各占多少时间。

1）考虑运用吸引听众的技术。

2）规划只能起到提示要点和技术的作用。

3）时间安排——每一部分各占多少时间。

4）逐项核查规划有助于你达到目的。

5）使自己对整个规划做到了如指掌。

（4）把零散资料和视觉辅助手段结合到一起

3. 会务和其他基本事项

会务调查表：对简要陈述准备就绪了吗？

1）是否已经邀请了听众中所有成员？

2）是否预定好场地、休息场所、茶点饮料，以及其他的必须设施？

3）是否周到地考虑过听众的特殊需要？

4）座位是否舒适？数量是否够用？桌椅的布置是否利于发言和听取意见？

5）所有的散发材料和视觉辅助手段是否都已准备齐全？

6）散发材料的复制份数是否够用？

7）如果设备出现故障，有没有其他形式的备用手段？

8）如果准备了会前分发的背景材料，是否已经适时地发给每一个人？

实训项目二：简要陈述实施能力训练

1. 实施简要陈述

（1）有效地沟通

1）选择你的话语：

①搞清听众对议题的理解程度，使他们感兴趣愿意听。

②给出的信息清楚、前后协调一致、无歧义，听众容易跟上你的思路。

③讲过的内容及时做出小结。

④对将要讲述的内容给出纲目和概括，强调对听众的实际意义。

2）整个演讲过程中，随时检测听众是否已经理解了你讲述的内容？

①提问或者仔细听取他人的回应。

②仔细地观察听众的反应，以获得反馈。如留意观察听众的形体语言——以获得表情透露出他还没有明白讲述的内容。

3）在演讲中避免紧张和不自在：

①目光对着听众，就像平常谈话时那样看着对方。以目光在听众中间扫视，不时把目光片刻地停留在某个人的脸上，在这短暂的时间内说完一个句子

或者一个论点。切忌一边说着话一边不停地用眼光扫描，或者目光呆滞的盯在某个人脸上总也不动。

②想一想平时谈话的心情，以那样一种心态来讲述，不要受拘束。

③除了要使用辅助工具或手段时，其他时间，不要随意动来动去。如果你觉得两只手放在哪里都不合适，可以把参考材料拿起来，可是千万不要照着念，只不过扫一眼就可以了。说话时，千万不要把手放在嘴的前面。

④把你的话音送到室内的每一个角落，即使坐在最远处的人也能听到，说话不要匆匆忙忙地，要处之泰然，徐缓有致。

（2）与听众建立良好的关系

你与听众之间的障碍越少，你们之间的良好的关系越容易建立。最重要的是能看得见听众，这样有助于建立良好的关系，反过来，也帮助你心态放松。

2. 实施后搜集反馈并加以评价

（1）自评

按照 1~5 的评分，根据如下准则对自己进行评价，1 表示"非常差"，5 表示"非常好"。

1）你是否很好地吸引住听众？

2）预期的目的达到何种程度？

有一些想法，诸如你觉得怎样做还会更好一些，怎样做不好。想一想，"如果要我重做的话，哪些方面应当有些不同做法？"尽量找出原因，为什么当初不能干得更好。

（2）听众反馈

在简述结束时，询问关于如何进行更好，向个别人征求意见如何改进，在比较正式的场合，还可以邀请听众代表填写如下简要陈述调查表，获取听众反馈意见：

简要陈述调查表

要求你给出关于简要陈述的反馈意见。简要陈述之前，请浏览一遍下列问题，熟悉涉及的内容。请你标出评价的级别，其中，1 表示"是"，完全满分；5 表示"否"，一无所有，零分。也可以选择中间的任何等级的评分。

在简要陈述进行期间，请不要填写本调查表。

主讲人是否：

①让听众了解简述的缘由？

是 否

_____

1 2 3 4 5

②考虑到听众的理解程度？

是 否

_____

1 2 3 4 5

③提供的信息的清晰准确？

是 否

_____

1 2 3 4 5

④信息的合乎逻辑，听众可以跟上思路？

是 否

_____

1 2 3 4 5

⑤保持听众有兴趣？

是 否

_____

1 2 3 4 5

⑥运用视觉辅助手段得当，便于理解？

是 否

_____

1 2 3 4 5

⑦鼓励听众提问，适时做出评论？

是 否

_____

1 2 3 4 5

⑧尽量减少精神分散、无故中断？

是 否

_____

1 2 3 4 5

⑨保证符合时间表?

是　　　　　　　　　　　　　　　　否
_____

1　　　　2　　　　3　　　　4　　　　5

（3）分析

运用从听众获得的反馈和你自己对如何实行简要陈述的认识,确认以下两点:

将采取哪些不同的做法?

将来可以运用的普遍经验的要点。

（4）总结

当下次简述来临时,准备工作中,不要忘记参考以前总结出的经验要点。

4.2.3　实训的组织形式与控制要求

1）实训地点:多媒体教室或电教室。

2）实训组织形式及要求:

①在教师指导下,学生分为若干模拟业务小组（公司）,每组 8~10 人,设组长 1 人。

②平时各小组分散进行简要陈述训练,教师抽查各小组训练进行情况。

③给定时间内每组中选出的 2~3 位同学,参加全班范围内简要陈述会议,各组间进行交互式对抗演练评比打分。

④教师以参加对抗演练同学的成绩为主,结合小组简要陈述会议组织情况给出小组的综合成绩。

4.3　书面表达能力训练

4.3.1　实训目的

1）通过实训,使学生初步掌握运用五步规划法对书面文件的内容进行规划的方法与技巧。

2）通过实训,使学生了解怎样构建商务文件的结构和版面以增加可读性,掌握文件写作的要点,提高学生的书面表达能力。

4.3.2　实训内容

实训项目一:"五步法"文件规划能力训练

从头开始着手一份新的文件。沟通时,运用五步规划法按照下表列出若干要点:

表 4.1　五步规划法列表

目的何在?	
受众是谁?	
什么方法?	
什么内容?	
时间安排?	

你可能会发现,你可以凭记忆通过五步规划法,完成一份及时的电子邮件;对于较长的文档应花费一些时间考虑好,并且先写下你的思想要点,然后,着手写全文。

1. 意图目的

一旦人们读到你的文档,你希望他们如何响应?

1)采取行动。

2)考虑你的建议。

3)同意你的提案。

4)运用你所搜集到的信息。

5)告诉你,他们的想法。

目的,也可以是多个目的,构成你书写内容的基础。

2. 受众

当送出一份书面交流材料时,应当考虑:

1)送给哪些人?

2)是否复制若干副本,送给其他人?

3)他们对这个议题事先是否有所了解?

4)他们心中会存在何种疑问?

5)他们会提出何种论局和反驳?

3. 方式方法

下表中列出了几种主要的商务文件及其使用场合。

表4.2　常见的几种商务文件及其使用场合

文件类型	适　于	不太适于
电子邮件	消息简短、快速反应	把多种消息放到一起
函件	保存有正式记录	快速回答
传真	图形图像不具备电子各式的文档	小的彩色打印件,能表现细节的图形
布告栏	很容易与在场的人们沟通	分散的班组和团队
建议书	提出一项带有论点的专案	适于当面交谈的内容
报告书	总结一些信息和观点	非正式的交流内容
图形图像	表达思想(文件形式或 PowerPoint 文件)使大量的信息便于接受和消化	电子邮件——使附件加长,降低下载速度

当选择合适的文件形式时,可利用下列核查表。

何种文件形式适于:

1)你的信息?

2)你的接受对象?

4. 信息内容

筹划文件时,应考虑:

1)你的主要信息是什么?

2)还有哪些信息需要加入其中?

3)需要提出哪些论点、思想、建议?

4)如何组织这份文件?

5)是否需要回应? 如果需要,就提出。

5. 时间安排

寻找最优时间发送信息时,应考虑:

1)你需要什么时间得到回应?

2)对于接受文档的人,什么时间最合适?

实训项目二:商务文件写作能力训练

1. 确定结构和版式

(1)核心要点

1)主题——文件关于什么内容

2）目标——文件希望达到什么目的。

主题的目标通常是合在一起形成标题和副标题。

3）要求采取的行动——你希望读者做什么。

如果你想要读者采取行动，必须明确提出。

实际写作中有多种多样的方式可以把以上三个要素组合到一起。最重要的就是在文件一开始，就要把三个要素都向读者讲清楚。

（2）简短文件

对于像电子邮件、便签、信件和传真之类的短文件，写作时必须理顺你的思想，以便使读者能够很简洁地理解你的意图。

1）电子邮件。写电子邮件，应遵循下列指导：

①维持单一的主题——如果对同一个人，想与他讨论两个不同问题不妨发两份邮件。

②信息要简短——任何超过一页 A4 篇幅的内容都要做成附件发出。

③明确主题、目标和行动，尽量把三项都纳入标题之中。

④开始——文头，开始的称呼可多种多样，注意收件人的不同习惯，对于不同的人采用不同的称呼。如果你回复别人的来件，从发来的电子邮件中仿照其称呼。

⑤介绍你想说的内容，按照逻辑顺序讲清信息、想法和要求——对于提出的每一种新的想法，要重新开始一个段落。

最后，对所要采取的行动和措施来一个概述：要求做什么，何时完成。

结束——方式五花八门，类似于日常信件，可以各取所需。

2）书写便签、信函和传真时，与此略有不同，但基本相同。

（3）较长的文件

建议书和报告书通常都比较长，比起短文件，在编排思路和信息方面难度会大一些。下面给出一些提示。

在陈述不太复杂的信息和思想时，可依照下列三个小标题撰写：

①描述一下现存的问题；

②提出几种改进和解决方案加以比较和评价；

③依照你个人的考虑，推荐一种方案。

然而，对于一些报告书，其中包含大量信息和复杂而且相互关联的思想，比如，一项研究报告，就要采用更为综合、更为周到的章节划分：

简介、概要、方法、效果、讨论、结论和初步建议和附录

如果报告书很长，最好为没有时间阅读全部报告书的人提供一页左右的

概要。有些信息只有部分人员必须阅读，就可以写入附录之中，例如，详细的数据和结果，或者部分人员已经了解的背景知识。此外，还应当有一页目录。

2. 撰写

指导写作的要点

1）对于较长的文件——准备一份纲要。

着手撰写之前，在每一个标题之下标出某些提示和简表，大大有助于写作。

2）从任何地方开始写都可以！

万事开头难。如果利用办公软件写作，落实一点就可以写一点。全部完成以后，你可以任意调换位置和顺序。这时，把至关重要的话移到第一句里，就很容易了。

3）帮读者导航，利于读者浏览。

①对于电子邮件、信函或传真：

a. 使标题赋有含意。

b. 适当分段——每个新论点要另起一段。

c. 并列多条的前面标出醒目的重点符号。

②对于较长的文档：

a. 标题要能点明本节内容

b. 每一节或每一段的开始要提纲挈领所要交待的内容，如果得体的话，在每一节的最后简要归结一下。

c. 把附加的信息放到附录中，以免中断正文的文脉。附录就像网站上的一个按钮，想按就按，不想看就不按。

4）采用简单清晰的版式。

a. 文件愈短愈好，只包括与主题有关的内容。

b. 段落要短——不要超过五六句话。

c. 句子要短——不要超过 15～20 个词。

d. 不要用冷僻的字眼、词汇和啰嗦的套话。

e. 避免重复使用同义词（同意反复）。

5）使用平易近人的语言

a. 避免口头俗语和俚语

b. 避免使用圈子过小的行话和缩略语。

c. 尽量使用主动语气，避免使用被动语气。被动语气往往显得非人性化。

6）运用正确的语法。

7）适当处,插入图示。图形、直方图和饼图都可以使信息易于接受。使用诸如微软 PowerPoint 之类的软件很容易制作这类图示。

8）校对文件。文件写完之后,整个阅读一遍,修改错误,然后才能发出。虽然字处理软件为书写提供了方便,可是也很容易出错。如果有可能,写成后先放置一边,干其他的事,然后返回来,做最后的校对,这样可以消除习惯性的错误,以一种全新的心理去发现问题。

3. 审核

（1）审核要点

1）是否准确地写出你要讲的内容？

2）是否把必须要说得都一项不漏地讲到了？

3）是否给出了优质信息？

4）是否运用了与目的相适应的语言？

5）是否保持着非情绪化态度？

（2）利用"难懂"指数核查一下你写的文件的可读性

为了使难懂指数有一个具体概念,可以想象,难懂指数大致相当于入学读书的年级数,该数是 6,就相当于读懂小学六年级文化程度作文的难度,10 就相当于理解高中一年级文化程度的文章时,所达到的难度。这只是一个笼统的粗略的参考性的类比。

计算难懂指数的步骤：

下列的第 1 和第 2 项是利用微软工具"字数统计"获得的数据。对于长的文件,可以抽样选取一个和几个典型的页面。

表 4.3　常用的难懂指数计算表

序号	类　别	举　例
1	字数	88
2	句子数	6
3	字节为 3 个以上的字数	5
4	平均句子长度（第 1 项/第 2 项）	88/6 = 14
5	长字的百分比（第 3 项/第 1 项）	5/88 = 6%
6	第 3 项/1 项 + 第 5 项	14 + 6 = 20
7	第 6 项 × 0.4,得出难懂指数	20 × 0.4 = 8

（3）寻求改善

写出改进文件写作的三项措施：

1）_____

2）_____

3）_____

4.3.3　实训的组织形式与控制要求

1. 实训地点

教室。

2. 实训组织形式

1）在教师指导下，学生分为若干模拟业务小组（公司）参与实训，每组 8 ~ 11 人，设组长 1 人。

2）学生运用五步规划法每人准备一份文件，文件内容由教师给出或由学生自行确定（如自行命题，须报经指导教师批准）。

如学生可任选如下内容之一（准备一封信函）：

①一封简短的信件，目的是介绍自己、你所在的公司或公司的产品。它应在电话预约之前送出。

②这封信将紧跟着销售电话送出。目的是阐述为什么应该从你这里购买产品，并针对客户的疑问强调产品或服务的独特优势。

③这封信将紧跟一次不很成功的销售电话送出，目的是对客户能抽出时间来听你解释表示感谢，同时强调你的商品的独特卖点。

3）给定时间后，以小组为单位组织评论。

①每个组员依次读出自己所写的文档，并在小组内进行简单的评论。评论提纲如下：

a. 文档的哪部分内容给你留下了特别深刻的印象？

b. 每份文档是怎样写出来的？

c. 这些文档是怎样达到他们的目标的？

②各小组成员整合小组的建议重新编辑、修改自己的文档。

4）可收集所有学生写的全部文档，并给每个人复制一份。

3. 实训要求

基础训练在本组内进行，按规范操作结束后由教师随机抽出每组中的 2 ~ 3 位同学，各组间进行交互式对抗演练评比打分，以参加对抗演练同学的成绩作为小组的综合成绩。

4.4 形体语言能力训练

4.4.1 实训目的

1)通过实训,使学生深入理解通过手势和其他非语言肢体动作完全可以有效实现人与人之间的交流。

2)通过实训,使学生初步掌握沟通中形体语言的运用技巧以及洞察技巧。

4.4.2 实训内容

实训项目一:目光交流技巧训练

1. 训练目标

真诚的凝视对方,在感到压力时,也能保持自信眼神。

在与个人沟通的过程中,正常的目光交流应当是 5～15 s。在群体中的个人进行目光交流,时间就应该是 4～5 s。

2. 训练对目光交流的认识和技巧完善的练习

1)该看哪里。在你接下来的 10 次单独的两人对话中,确定谈话时你的眼睛通常会看哪里。请找到你目光的落点——是右眼呢? 鼻梁呢? 左眼呢? 还是直视两眼之间的地方? 停留在眼部附近的任何位置都可以。注意,不要直视对方的双眼。更不能允许的是眼睛瞧着别处(如地板、听者肩上方的位置,等等)。一旦找到自己目光交流的方式后,就得增强你的意识,让自己感知目光交流的各种情况,接着就试着看看别处,感受一下不和谐感。在自己不想直视对方、但为了沟通成功又得直视对方时,前面的这种训练将帮助你习惯这种尴尬感觉。

2)提高敏感度。对一个同伴说大约一分钟的话。讲话开始后 15 s,让他将目光移开。接下来的练习就是,他在聆听的时候,不看你而是看着别处,你感觉如何？与同伴交换练习，然后讨论一下目光接触在口头会话中的相关性。注意一下在某些社交场合中（如聚会）缺乏正确目光接触的频率。在这些非正式场合中，要练习目光接触的更高技巧并注意它对谈话所产生的影响。

3）消除威慑力。如果你觉得谈话者让你不舒服但又不能不见（如在求职面谈或是与公司老总见面的时候），你就可以试着看他的前额部位。为了实验这个技巧，让你的同伴坐在离你约 1.5 m 之遥的地方跟你交谈。

实训项目二：自觉发展形体语言训练

1. 训练目标
尽量做到自觉运用，并对别人的形体语言做出反应。

2. 训练对形体语言的认识和技巧完善的练习
1）把电视音响关闭到"静音"状态，观察几分钟电视剧。看看其中的角色是如何通过形体语言相互交流的。写下你的认识，恢复音响，核对一下，你的认识是否正确。

2）当一个人与他人面对面谈话时，注意他的形体语言。特别是他在谈话时的姿势、手势和面部表情。自己描写一下，他是如何加强谈话效果的。

3）当你参加会议时，注意发言人的形体语言——表达出什么意思？怎么样？

3. 游戏：让我们谈谈
（1）程序

1）告诉学生接下来的几分钟将用来进行一项简单的游戏。请他们 2 人一组，与邻座的人进行交流。时间为 2～3 min，交谈内容不限。

2）2～3 min 后，请大家停下。

3）请学生说明在刚才的交谈中发现对方有哪些非语言的表现（如肢体语言或表情），比如，有的人不停地摆弄手中的笔，有的人则一个劲地轻敲桌子。

4）当大家说完后，告诉学生我们常常是无意识地做这些动作的。

5）请大家继续交谈 2～3 min。但这次必须十分注意不要有任何形体语言。

（2）讨论

1）在第一次谈话中，我们中大多数人是否意识到自己的形体动作？

2）大家有没有发现对方有什么令人不快或心烦意乱的动作或姿势？

3）当我们被迫在不使用任何肢体活动交谈时，有什么感觉？不做动作的交流是否和先前的一样有效？

（3）总结与评估

1）我们会发现，有时候形体语言比语言本身更富有内涵；我们听不到的真实意义，却可以通过对方的形体语言观察到。

2）在日常社交中，我们应该时刻注意自己的形体语言的表达，好的形体语言会更有助于沟通；反之，会为我们的社交带来阻碍。

实训项目三：综合体态语言技巧训练

1. 训练目标

初步掌握沟通中形体语言的运用技巧以及洞察技巧。

下面所列举的情感词汇及其形体语言表达特征，在某些程度上为你提供了信息：

1）留心：低头，表情多变，身体直立或前倾。

2）漫不经心：以马虎大意为特征，眼睛毫无生气，身体挺立。

3）诚实：以坚定为特征，语言简练，眼睛直视。

4）撒谎：躲避目光，心神不安的样子，不自在。

5）高兴：面部肌肉松弛，全身放松。

6）生气：眼睛冷酷无情，嘴唇紧闭，身体挺直。

7）希望：昂头，眼睛生辉，身体笔直。

8）失望：萎靡不振，垂头丧气，双手紧扣。

9）坚定：拳头紧握，语气连贯，专心致志。

10）害怕：目光游离，嘴唇苍白和颤抖。

11）友好：热烈的表示，轻松愉快的样子，可能握手。

12）敌视：半侧身体，冷若冰霜，目光锐利，双腿挺直。

2. 游戏：一次非语言的自我介绍

（1）程序

1）将组员分成2人一组。

2）本次游戏的目的旨在向对方介绍自己。

3）但是整个介绍期间不可以说话，必须全部用动作完成。

4）大家可以通过图片、标识、手势、目光、表情等非口头的手段交流。

5）如果需要，小组其他成员可以给予适当的暗示。

6）一方先通过非语言的方式介绍自己，2 min 后双方交换。

7）然后请大家口头交流一下刚才通过形体语言交流时对对方的了解。

8）与对方希望表达的内容进行对照。

（2）讨论

1）你用肢体语言介绍自己时,表达是否准确?

2）你读懂了多少对方用肢休语言表达的内容?

3）你的同伴给了你哪些很好的线索使你了解他?

4）看看我们在运用交流方法时,存在哪些障碍?

5）怎么才能消除或减轻这些障碍?

（3）总结与评估

1）当我们运用形体语言进行交流的时候,会存在,比如,缺乏经验、缺乏支持和辅助手段、背景差异,等等,这样一些障碍。

2）为了消除和减轻这些障碍,我们要更多地考虑对方的背景和理解程度。

4.4.3　实训的组织形式与控制要求

1）实训地点:教室。

2）实训组织形式:在教师指导下,学生分为若干模拟业务小组(公司),每组8~10人,设组长1人。以平时各小组进行分散性基础训练,给定时间内集中各小组进行交互式对抗演练的方式组织实训。

3）实训要求:基础训练在本组内进行,按规范操作结束后由教师随机抽出每组中的2~3位同学,各组间进行交互式对抗演练评比打分,以参加对抗演练同学的成绩作为小组的综合成绩。

第5章　挫折环境中的情绪控制训练

挫折是指个体愿望遭受到阻碍之后所引起的心理行为变化。挫折只是超出个体可能经受的不满意程度时才表现出来。挫折是一种主观感受,对某一个人构成挫折的原因,对另外一个人来说并不一定构成挫折,它与每个人承受挫折的能力密切相关。一个人受到挫折的原因主要来自两个方面:

客观原因:包括自然环境与社会的原因。自然环境的原因,如洪水、旱灾等;社会的原因,如社会风气、制度等。

个人内因:包括个人的主观感受。心情比较压抑的人,总是会有一种挫折感,感到自己事事不如意和顺心。

不同的人对挫折的容忍能力也有所不同,有的人灰心丧气,一蹶不振;有的人却能百折不挠,奋发图强。人的这种适应能力受到生理条件、过去的经验与学习、对挫折的认知和判断等因素的影响。营销人员能否正确应对挫折并处理好自己在挫折环境中的情绪变化,不仅反映出其自身的修养,也能够体现出一个企业的管理水平。

5.1　IQ、EQ、态度与情绪

5.1.1　IQ、EQ、态度与情绪

1) IQ 是智力商数,简称智商。通俗地可以理解为智力,是指数字、空间、

逻辑、词汇、创造、记忆等能力。智商是测量个体智力发展水平的一种指标。公式是:智商 =(智龄/实足年龄)×100。

智商的衡量标准:70 以下为低能;70 ~ 80 为迟钝与低能之间;80 ~ 90 为迟钝,偶为低能;90 ~ 110 普通智力;110 ~ 120 智力较高;120 ~ 140 智力优异;140 以上为天才或近于天才。

2)情商(EQ)又称情绪智力,它主要是指人在情绪、情感、意志、耐受挫折等方面的品质。情商包括以下几个方面的内容:一是认识自身的情绪。因为只有认识自己,才能成为自己生活的主宰。二是能妥善管理自己的情绪。即能调控自己。三是自我激励,它能使人走出生命中的低潮,重新出发。四是认知他人情绪。这是与他人正常交往,实现顺利沟通的基础。五是人际关系的管理。即领导和管理能力。

IQ 和 EQ 是两种不同方面上的认识。IQ 是先天就已经具备的智力,是一个人快速学习与研究创新的智能,而 EQ 却是后天培养的能力,是处理事物时的态度与技能。情商的水平不像智力水平那样可用测验分数较准确地表示出来,它只能根据个人的综合表现进行判断。

3)态度是指个人对客观事物采取的立场和看法。它主要受到生活环境、教育程度以及人生观和价值观的影响。

4)情绪是指人们对客观事物所持态度产生的内心体验,也就是每个人在生活中遇到愉快或是痛苦的事而产生的喜怒哀乐之情。情绪有广义、狭义之分。广义的情绪一般又叫情感,情感可分为几类:

①情感活动表露在外的,叫表情;

②情感活动体现在内的,叫感情;

③情感表现出兴奋状态的强弱,如激动、平静,叫狭义的情绪;

④高级的情感,又叫情操。

态度与情绪是一对相辅相成的概念,只有在积极的工作态度下才会有良好的情绪,才会学会在挫折环境中控制自己的情绪。在营销大环境中只有保持乐观、平和、积极、向上的态度才能创造出精彩的生命历程。

5.1.2　IQ、EQ 自测

(1)IQ 自测

1)IQ 自测题:

①英国有没有七月四日(美国独立纪念日)?

②1 个人一辈子有几个生日?

③大月有 31 天,小月有 30 天,那么 1 年中几个月有 28 天?

④棒球比赛每局有几个人出局?

⑤在美国加州,1 个男人可否和他的寡妇的姐姐或妹妹结婚?

⑥30 除以二分之一再加上 10 等于多少?

⑦桌上有 3 个苹果,你拿起 2 个,你还有几个?

⑧医生给你 3 个药丸,要你每 30 分钟吃一个,这些药丸多久后可以吃完?

⑨农民有 17 只羊,除了九只以外都病死了,农民还有几只羊?

⑩摩西将每种动物选了几只带上方舟?

⑪1 打每张三元的邮票共有几张?

2)答案:

①有,每个国家都有;

②1 个;

③12 个,每个月都有;

④6 个,上下半局各 3 个;

⑤不能,他已经死了;

⑥70;

⑦2 个,因为你只拿了 2 个;

⑧60 min;

⑨9 只;

⑩0 只,方舟是诺亚建造的,和摩西没关系;

⑪12 张。

3)测试结果:

答对 0～1 题,你的 IQ——潜能难以估计

答对 2～4 题,你的 IQ——你的运动成绩相当不错

答对 5～7 题,你的 IQ——相当正常的智商

答对 8～9 题,你的 IQ——表现不错,在学校时一定是优秀生

答对 10 题,你的 IQ——哇!你可以去微软公司工作了

答对 11 题,你的 IQ——100 人当中只有 3 个人能得这么高的分

(2)EQ 自测

1)EQ 自测题:

①我能保持镇定、乐观、冷静的态度,即使是在紧要关头也是如此。

(　　)

A. 总是　　B. 经常　　C. 有时　　D. 很少　　E. 从不

②即使是有压力时我也能保持清晰的思维,集中精力处理手头的工作,压力对我而言不是工作的阻力。　　　　　　　　　　　　　(　　)

A. 总是　　B. 经常　　C. 有时　　D. 很少　　E. 从不

③我勇于承认自己在工作中的失误,检查自己的错误。　　　(　　)

A. 总是　　B. 经常　　C. 有时　　D. 很少　　E. 从不

④我能履行承诺和遵守诺言,即使有意外,也全力以赴,绝不轻易食言。　　　　　　　　　　　　　　　　　　　　　　　(　　)

A. 总是　　B. 经常　　C. 有时　　D. 很少　　E. 从不

⑤我对自己的工作目标和任务能负责到底,而不会把自己的工作转嫁给他人完成。　　　　　　　　　　　　　　　　　　　(　　)

A. 总是　　B. 经常　　C. 有时　　D. 很少　　E. 从不

⑥我在工作中条理井然,仔细小心,不会因为粗枝大叶而犯错误。
　　　　　　　　　　　　　　　　　　　　　　　　　(　　)

A. 总是　　B. 经常　　C. 有时　　D. 很少　　E. 从不

⑦我能从各种庞杂的信息中获得新的知识,不断充实自己。　(　　)

A. 总是　　B. 经常　　C. 有时　　D. 很少　　E. 从不

⑧我擅长于出主意,有创新精神。　　　　　　　　　　　(　　)

A. 总是　　B. 经常　　C. 有时　　D. 很少　　E. 从不

⑨我能顺利地处理多方面的要求和变化的工作重点,具有应变能力。
　　　　　　　　　　　　　　　　　　　　　　　　　(　　)

A. 总是　　B. 经常　　C. 有时　　D. 很少　　E. 从不

⑩我注意结果,有实现工作目标的强大韧性和耐力。　　　(　　)

A. 总是　　B. 经常　　C. 有时　　D. 很少　　E. 从不

⑪我喜欢具有挑战性的目标,并愿意为实现这些目标承担风险。(　　)

A. 总是　　B. 经常　　C. 有时　　D. 很少　　E. 从不

⑫我设法学习如何改进自己的工作,包括向比我年轻的同事请教。
　　　　　　　　　　　　　　　　　　　　　　　　　(　　)

A. 总是　　B. 经常　　C. 有时　　D. 很少　　E. 从不

⑬我随时准备为实现一个重要的集体目标做出牺牲,个人服从集体。
　　　　　　　　　　　　　　　　　　　　　　　　　(　　)

A. 总是　　B. 经常　　C. 有时　　D. 很少　　E. 从不

⑭我对团队所面临的工作之艰苦与困难能够予以理解,并尽可能给他们

提供支持。   （ ）

  A. 总是 B. 经常 C. 有时 D. 很少 E. 从不

⑮我所在小组(部门、公司)的价值会影响我的决定和选择。   （ ）

  A. 总是 B. 经常 C. 有时 D. 很少 E. 从不

⑯我积极寻找机会促进组织实现总目标,并争取其他人的帮助,绝不一个人单干。   （ ）

  A. 总是 B. 经常 C. 有时 D. 很少 E. 从不

⑰障碍和挫折会使我耽搁一阵子,但他们阻止不了我的前进。   （ ）

  A. 总是 B. 经常 C. 有时 D. 很少 E. 从不

⑱我认为避开繁文缛节和修改过的规则有时是必需的,不应该因循守旧。

                        （ ）

  A. 总是 B. 经常 C. 有时 D. 很少 E. 从不

⑲我追求新观点,即使那意味着要作全新的尝试,也有勇气接受。

                        （ ）

  A. 总是 B. 经常 C. 有时 D. 很少 E. 从不

⑳在工作时我能控制住我的冲动或情绪,不因个人的私心影响工作。

                        （ ）

  A. 总是 B. 经常 C. 有时 D. 很少 E. 从不

㉑当情况发生变化时我能够迅速的改变策略。   （ ）

  A. 总是 B. 经常 C. 有时 D. 很少 E. 从不

㉒善于获取新信息是使我减少不确定性和把工作干得更好的最佳途径。

                        （ ）

  A. 总是 B. 经常 C. 有时 D. 很少 E. 从不

㉓我不把挫折归于个人的缺点(包括自己的或他人的)而是寻找组织的不严密或不充分等原因。   （ ）

  A. 总是 B. 经常 C. 有时 D. 很少 E. 从不

㉔我怀着期望成功而不是害怕失败的心态做事情。   （ ）

  A. 总是 B. 经常 C. 有时 D. 很少 E. 从不

表 5.1　EQ 自测题各题各选项分值分布表

	1	2	3	4	5	6	7	8	9	10	11	12
A	4	4	4	4	4	4	4	4	4	4	4	4
B	3	3	3	3	3	3	3	3	3	3	3	3
C	2	2	2	2	2	2	2	2	2	2	2	2
D	1	1	1	1	1	3	1	1	1	1	1	1
E	0	0	0	0	0	0	0	1	0	0	0	0
	13	14	15	16	17	18	19	20	21	22	23	24
A	4	4	4	4	4	4	4	4	4	4	4	4
B	3	3	3	3	3	3	3	3	3	3	3	3
C	2	2	2	2	2	2	2	2	2	2	2	2
D	1	1	1	1	1	3	1	1	1	1	1	1
E	0	0	0	0	0	0	0	0	0	0	0	0

2)解析：

①73 分以上：情商很高，说明你目前的状态良好，工作顺手，能够与客户和睦相处。当然，你可以做得更好，不妨再给自己一些压力，使目标更高些，有利于你的发展目的。

②50~72 分：情商一般，你工作中会存在一些缺陷，需要提高自身素养。

③50 分以下：情商低下，你工作会存在许多问题，不妨与同事或是同学进行交流，学习他人的长处，改善自己的不足，千万不可自暴自弃，情商可通过学习提高，实际上每个人的情商都可能在工作中不断提高，多珍惜学习的机会，你会做得更好。

5.2　挫折环境中的心态训练

5.2.1　挫折环境中的心态训练的目的

1)通过实训，认识自己，正确地看待压力和挫折，懂得适应环境和挫折的人才可以获得成功。

2）通过实训，正确地看待挫折和困境，选择积极地面对困难，学会从挫折中发现生命的真谛。

3）通过实训，激励自己，懂得如何控制挫折环境中的心态。

5.2.2 挫折环境心态训练内容

实训项目一：挫折环境中的心态反应训练

游戏：

1）操作：这个游戏最好的效果是将故事演示给大家，让学生亲手，亲口体验。

请阅读下面的小故事：

一个女孩子对父亲抱怨她的生活、工作事事都不顺心。她不知道如何来面对这些压力，好像一个问题刚解决，新的问题就又出现了。在这个巨大的压力下，她甚至想放弃了。

女孩子的父亲是个厨师，在思索了片刻后，他把女孩子带进了厨房。到了厨房，他先往三个锅里放了一些水，然后放在火上烧，不久锅里的水烧开了。他往第一只锅里放了些胡萝卜，第二只锅里放了几个鸡蛋，最后一只锅里放了些粉末状的咖啡豆，然后继续用开水煮。

女孩子纳闷地看着父亲，不耐烦地等待着。

过了大约 15 min，父亲把火关了，他把胡萝卜和鸡蛋分别放在两个碗里，然后把咖啡盛到一个杯子里。忙完之后，他转过身问自己的女儿："宝贝，你看到了什么？"

"胡萝卜、鸡蛋和咖啡豆"，女孩子回答。

父亲让女孩子用手去摸摸胡萝卜，女孩子发现，胡萝卜变软了；父亲又让女孩子剥开一个鸡蛋，女孩子看到的是一个煮熟了的鸡蛋；最后，父亲让女孩子去品香浓的咖啡。

女孩子这时候不解地说："爸爸，你要告诉我什么？"

身为厨师的父亲这时候解释说，这三样都面临同样的逆境——沸腾的开水，但它们的反应却各不相同。胡萝卜开始是强壮的，结实的，毫不示弱的，但进入了开水之后，它就变软了，变弱了；鸡蛋原本是易碎的，但是经过开水一煮，它的内胆却变硬了；而粉末状的咖啡豆却很独特，进入了沸水之后，它倒改变了水,并在高温下发出了最佳的香味。

"哪个是你呢?"父亲问女孩子,"当逆境和压力找上门来时,你如何反应?你是胡萝卜、鸡蛋还是咖啡豆?"

2)问题:

①面对压力和挫折,你通常如何反应呢? 你是胡萝卜、鸡蛋还是咖啡豆?

②挫折和压力下,鸡蛋和咖啡豆不但适应了环境,而且还运用了困境。联系到我们的实际情况,我们如何找到那些隐藏的机会?

③你从这个游戏中还得到哪些其他的收获?

3)游戏的启示:身为厨师的父亲没有用华丽的辞藻,但却用自己的方式,给女孩子讲述了深刻的人生哲理。压力与挫折是一块试金石,它让我们每个人的本质都得以展现。或许有很多事情我们不能选择,但永远可以选择的是我们的态度!

实训项目二:挫折环境中积极心态的训练

游戏:

1)操作:第一次只给学生 10 s 的时间观看,迅速拿走图片,然后问他们看到了什么?

第二次请大家继续看图片,等大家看到真相后再引申游戏的意义。

请仔细看一下下面这幅图片,你看到了什么?

图 5.1　实训项目二附图

2)问题:

①你第一眼看到的是什么? 你最终看到了什么?

②如果永远没有机会看第二次,你会一直认为是什么?

③当你看出真相的时候,你有没有发现再看的时候,更容易看到真相,而不是第一次看到的假象,这意味着什么?

④你从这个游戏中还有哪些其他的收获?

3)游戏的启示:怎么样? 这幅图画是不是挺有趣的?

在生活中,每个人都会有遇到压力和挫折的时候。其实很多时候,压力和挫折就像这幅画一样,如果你被吓倒了,不敢去面对,你就失去了看到真相的机会,失去了找到压力和挫折中隐藏的机会。如果你敢于正视,事情则完全不同。

就像"危机"这个词,本身就包含了"危险"和"机会"。

实训项目三:挫折环境中的激励训练

游戏:

1)操作:在使用这个游戏之前,测验人员最好多演练几次,这样才能将整个过程做得流畅、自然。否则,如果表现得很做作,则效果会相反。另外,在游戏中请不要使用人民币,可以找一些替代物。

请阅读以下的这个小故事:

在一次情商主题的培训课程上,主讲老师从口袋里拿出一张100元的钞票,然后用手高举这张钞票问大家:"各位,谁要这张钞票,免费赠送。"

学员们纷纷举手。

这时候主讲老师继续说:"我打算将这张100元的钞票送给其中的某一个人,但在这之前,请允许我做一件事情。"说到这里,只见主讲老师将钞票揉成一团,展开,再揉一次,然后继续说:"谁还要?"

学员们有些惊讶,但还是有很多人举手。

这时主讲老师接着说:"假如我这样做呢?"学员们看到老师将钱扔到地上,用脚去踩。接着主讲老师将钞票拿起来,将已经变得又脏又皱的钞票展开,继续问大家:"谁还要?"

这时举手的人少了一些,但还是有不少人举手。

主讲老师这时对大家说:"各位,你们已经上了重要的一课。无论我怎么对待这张钞票,你们还是想要它,因为钞票并没有贬值,它依然值100元。在人生的道路上,你们可能会遇到很多次困境,无数次挫折。有时候可能你们都会对自己的价值产生怀疑,但你们生命是不会贬值的。你们是独特出众的,请永远记住这一点!"

2)问题:

①如果你在场,你会一直举手吗? 为什么?

②你认为中途举手的人,是怎么考虑的?

③你从游戏中你还得到什么其他的启发?

3)游戏的启示:100元钱在这个游戏中的遭遇有些坎坷,但重要的是,它向人们揭示:在每个人人生的道路上,可能都会遇到挫折、压力、甚至打击,但每个人生命的价值永远不会改变的。

下次当你不顺心的时候,拿出一张钱,好好看看!

5.2.3 实训的组织形式与控制要求

1)实训地点:教室或专业实训室,市场实战演练。

2)实训组织形式:在教师指导下,将测试学生分成相应的小组,再根据每个游戏的具体要求在小组内进行测试。

3)实训要求:

测试的成绩按照所回答的问题以及能够达到的效果做出评定。(效果:见游戏的启示)

5.3 自我情绪的调节与控制训练

5.3.1 自我情绪的调节与控制训练的目的

1)通过实训,使个体有效的控制注意力,促使个体从多个角度进行思考以调节自身情绪。

2)通过实训,引导注意力到好的、积极的一面去,妥善地管理自己的情绪。

3)通过实训,能调控自己,认知他人情绪,提高迅速浸入或离开某种情绪的能力。

5.3.2 自我情绪的沉稳度自测

(1)测试

下面用最简单的办法测试你是否能够控制自己的情绪,你只需回答"是"与"否"。

1)集中注意力听别人的话?

2)为自己的成就、修养或是天赋绝不自豪不已?

3)言谈举止非常通情达理?

4)在众多人面前公开发表意见不会感到紧张?

5)觉得自己是一个性情稳定的人?

6)情急之下不会有不寻常的举动及表现?

7)对外界的各种刺激没有不寻常感受?

8)当自己做错了时会很真诚地承认自己的错误?

9)并没有觉得自己比周围的人都出色?

10)敢于尝试一些自己从未尝试过的新事物?

11)对琐碎繁杂的事情很有耐心?

12)觉得自己是个理智冷静的人?

13)对自己从事的工作能轻松胜任?

14)做事不会草率冒失?

15)使人感到易于接近?

(2)评价

表 5.2　自我情绪自测评价标准

12 ~ 15"是"	优秀!你很能驾驭自己的情绪,你会成功的
8 ~ 11"是"	及格!有时情绪控制不好,需加大力度
4 ~ 7"是"	较差!情绪管理上需改进
0 ~ 3"是"	极差!你需要好好控制你的情绪

5.3.3　情绪自我控制训练的内容

实训项目一:挫折环境中注意力的控制训练

游戏:

1)操作:请学生用 30 s 的时间,在屋子里面寻找一下所有的黑色,请马上开始行动寻找,记住是所有的黑色,时间到了以后,请继续向下阅读。

……

2)问题:

①屋子里的绿色都在哪里？红色都在哪里？蓝色都在哪里？如果刚才你按照引导去做了,刚才是不是脑子一片黑色？

②闭上眼睛,仔细听这句话:不要想蓝色,不要想天空一样的蓝色。你是否发现你想的还是蓝色,而且是天空一样的蓝色,这说明什么？

③你从这个游戏中还得到哪些其他的收获？

3)游戏的启示:这个游戏说明一件事情的发生,本身不具有任何的意义,关键是你将注意力放在哪里？ 你的注意力会左右你大脑的思考方向。所以在遇到挫折和困境的时候,你一定要控制好你的注意力在积极的心态上,多去看事情中所蕴藏的机会,因为注意力等于事实。

实训项目二:挫折环境中注意力的引导训练

游戏:

1)操作:这个游戏需要两个学生或是模拟小组的两位成员一起来玩。

游戏开始,首先请对方想一个你肯定知道的人名,并写在纸上,写好后将纸翻过来。对方想的人名,只要保证你知道就可以了,范围则不作限定,古今中外都可以。然后要求你通过 20 个问题,将对方想的人名猜出来。对方对于你的每个问题只回答是或否,其他的不做任何解释。

我们来举个例子,比如,对方想的是毛泽东,可能的提问过程如下:

①这个人是中国人吗？　　　　　　　　　回答:是。

②这个人是男人吗？　　　　　　　　　　回答:是。

③这个人是古代的人吗？　　　　　　　　回答:不是。

④这个人是活着的人吗？　　　　　　　　回答:不是。

⑤这个人是名人吗？　　　　　　　　　　回答:是。

⑥这个人是政治家吗？　　　　　　　　　回答:是。

⑦这个人是党和国家的领导人吗？　　　　回答:是。

⑧这个人是周恩来吗？　　　　　　　　　回答:不是。

⑨这个人是毛泽东吗？　　　　　　　　　回答:是。

游戏的基本规则与游戏过程就是这样。根据很多人的经验,如果问题运用得当,20 个问题可以帮助你猜出世界上任何一个古今中外的人(当然,前提是你知道的人)。

2)问题:

①你是否猜到对方想的人名？ 如果没有,问题在哪里？

②问题会引导注意力,在生活与工作中碰到挫折的时候,你常问自己什么

问题?

③你从这个游戏中还得到哪些其他的收获?

3)游戏的启示:在游戏中,你的每个问题都将注意力引导到一个新的方向,影响着最后的结果。其实学会问好的问题,不只在这个游戏中可以得到好的结果,在生活和工作中也是同样。

假如你所从事的是销售行业,在销售过程中客户拒绝了你,这时候你会问自己什么问题呢? 如果你问的是:"我怎么这么笨? 连一个客户都谈不下来,也许我不适合做销售工作。"你的问题将引导你到消极的方向,但如果你问的是:"客户为什么会拒绝你? 原因到底在哪里? 从这件事情中我能学到哪些宝贵的经验?"你的问题将引导你到积极的方向。

在销售中如此,在其他时候道理也是同样的。

要有好的结果,先要有好的行为;要有好的行为,先要有好的心境;要有好的心境,先要有好的注意力;要有好的注意力,先要学会问好的问题!

实训项目三:挫折环境中动作创造情绪的训练

游戏:

1)操作:这个游戏在人多的时候做会非常有趣。游戏开始之前一定要引导好大家,配合下面一系列的行为。因为只有大家全力的配合,才可能真正体会游戏所要让大家明白的道理。

游戏结束后,一定要解释刚才游戏的内涵,让大家重新体会各种状态下的情绪,这样效果才会巩固。

请大家全体起立,然后坐下。再请大家全体起立,不过这次的速度要比刚才快 10 倍,然后再坐下。第三次的起立要求比第二次再快十倍。这时候大家会感到蛮振奋的情绪。

接下来请大家抬头看天花板,张开嘴巴大笑三声,这时候你会听到人们的笑声。请大家保持这个状态,张开嘴巴,看着天花板,然后要求每个人想一件一生中最悲惨的事情。尽管人们努力地想体验,但他们会发现非常的困难。因为在这种亢奋的情况下,是根本不可能体会那种痛苦感觉的。持续 15 s,请大家回到自然状态。

这时候,请你将声音放低,要求大家慢慢地把头低下来,请大家想曾经令他们特别开心的事情,并去体验那份快乐。尽管人们努力地想体验,但他们发现同样非常的困难。因为在这种低沉的状态,是根本不可能体会那份快乐感觉的。持续 15 s,请大家回到自然状态。

2)问题：

①回想一下，当你遇到不顺心事情的时候，你的肢体动作通常是怎么样的？

②你自己有没有什么调整情绪的秘方？

③你从这个游戏中还获得哪些其他的收获？

3)游戏的启示：中国有一句古话——垂头丧气，扬眉吐气。

现代科学研究表明：一个人的心理状态，情绪状态会影响一个人的肢体状态，就像上面的古话所说的一样；但同时，一个人的肢体动作也会反过来影响心理状态和情绪状态。这就是身心的互动原理。

懂得了身心互动原理，我们就可以随时调整情绪在积极的状态。当遇到不好事情的时候，一方面你可以像前面所说的，调整你的注意力，多看事情好的一面；另一方面你要注意调整你的肢体动作，适当运动一下，因为动作同样会创造情绪。

5.3.4　实训的组织形式与控制要求

1)实训地点：教室或专业实训室，市场实战演练。

2)实训组织形式：在教师指导下，将测试学生分成相应的小组，再根据每个游戏的具体要求在小组内进行测试。

3)实训要求：

测试的成绩按照所回答的问题以及能够达到的效果做出评定。(效果：见游戏的启示)

第二篇

营销专业技术应用能力执行训练

第6章　个人创业能力训练

　　个人创业能力是市场营销人员专业技术应用执行能力的一个重要组成部分。通过实训熟练掌握21世纪新的公司运作程序,为将来从事企业经营和自己创业打下基础。

6.1　创业情商训练

6.1.1　创业情商训练的目的

　　情商是指人控制情绪的能力。心理学家研究发现,一个人是否能成功,智商只起到20%～30%的作用,而情商却占到70%～80%。通过实务训练,培养学生坚忍不拔的创业精神。

6.1.2　创业情商训练的基本内容

案例一　没有资金也能赚到钱

　　只要你开动脑筋,做个有心人,遇事善于用"市场眼"扫描一番,也许赚钱的机遇就降临到你的头上了。

　　南昌市有位大学生就利用自己学到的市场营销学知识,做了一桩漂亮的生意。

说来有趣,这桩生意是他在听教授讲《市场分析》这堂课时构思完成的:收购大学生军训后的衣服和鞋子,卖到农村去。消费品市场需求的差异性及层次性决定了这里有买卖学问。大学生军训后的军训服装和鞋子,经济条件稍好的家庭均无用处,而农村经济虽有较大的发展,但这物美价廉的军装和鞋子做劳动服还是受欢迎的。这笔生意既有供应者大学生又有顾客农民,几乎没有竞争者。他以平均单价20元收回来几百套军服,以21~25元的价格卖给家乡的一个村民。这位村民再以25~30元的价格卖给村民做劳动服,仅用了两个月的时间就把军服全部卖完了。

这位大学生的成功得益于他采用了合适的产品策略和价格策略。过去农村有卖旧衣服的,传闻是从医院太平间而来,没人愿意买。他让那位村民把学生的军训标志一并戴在衣服上,衣服尽量不洗,这样买者可仔细检查衣服,揣摩衣服的来龙去脉,让他们相信衣服的本来的面目。

他在收购军服时,分档定价、成本加成定价法和损益平衡定价法交替使用:对于女生的衣服、鞋子,由于保管较好,价格高一点,而对于男生的衣服稍低一点,对破损的,保本就行,盈利更好。

这位大学生靠自己学到的知识做成了这笔生意,而郑州市的黄先生则靠自己的机敏,挖掘商业信息的含金量,也做成了一桩没花钱的买卖。

两年前,黄先生因公差到内蒙古,很偶然他在一个场合接触到一位在内蒙古投资办厂的韩国老板。当他得知这位老板有意到内地投资办厂的信息时,就主动提出愿为她联系合适的投资地点。回郑州后,黄先生广泛联系,最后选定一街道办事处,并拿到了这个街道办事处"对引资中介人予以奖励"的正式承诺合同,几经牵线撮合,居然还真把韩商吸引到了郑州,投资办了一个防水材料公司。因此,黄先生得到了街道办事处奖励的5万元人民币,更令黄先生高兴的是:韩商还把他介绍到韩国公司去工作。

解剖他利用信息发财的做法,可以归纳为:发现信息—订立中介合同—得到奖励承诺—沟通信息—坐收中介费。

身揣母亲给的50元钱到郑州闯天下的尚全海,几经周折找到一家百货商场,给老板打工。在两年多的打工生涯里他热情勤快,而且给老板出了一些生意上的好点子。老板看他诚实而且有经营头脑,决定把商场转让给尚全海。

开始尚全海并不敢接手这家百货商场,因为他没有那么多资金,经过一周的反复考虑,尚全海最终拿定了主意,同意接受这个商场,并要求老板重新装修商场,但他并没有打算要认认真真经营这个商场,因为他的确不具备这个条件,资金、货源、经营管理等对他都是困难重重。然而他明白一点,就凭他与老板画押的协议。他有权支配这个商场经营,他立即花几百元在报上刊出一个"招租"启事,说门面出租,价格面议,有意者找尚先生。

广告刊出后,应招的人络绎不绝。经过激烈竞争,最后达到理想协议。自此,尚全海净赚3万元,而且时间未过一周。初涉商海便做成了第一笔生意,这充分说明:没钱也能做买卖,经商时资金并不是惟一因素,甚至不是决定因素。中外许多大富翁创业时只有几千元,有的仅有几百元甚至分文没有,然而经过多年的努力也成了亿万富翁。可见,经商成功主要决定因素是人,是聪明的头脑。

案例二　香港富豪邱德根白手创业史

邱德根,20世纪50年代初尚是一个穷汉,如今则坐拥巨富,是香港远东集团主席。他的发迹,既有苦干、实干的因素,也有深谋远虑、善于捕捉时机的因素。

邱德根出生在上海,20多岁时还是一个穷光蛋。他为了谋生,在亲友的帮助下,租了一家小戏院来经营度日。1950年,25岁的青年邱德根与妻子一起,身怀几百元钱,告别了上海,奔赴陌生的香港去谋生。这对年轻夫妻在香港荒僻的新区荃湾落脚。

最初,邱德根是在附近一家戏院内做放幻灯片的工作,他感到太苦,就重操了在上海的旧业,租到了荃湾戏院来经营。夫妻俩夜以继日地辛劳,管理戏院的事不分巨细几乎都是他俩包干。经过一段时间,他们攒起了一笔钱,又在沙田租了一家戏院来经营。到1960年,夫妻俩在荃湾经营管理的乡间剧院达到41家。

在香港这个大都市,处处都有机会去挣钱,邱德根看准了乡下这块地盘,赚了钱,就买块廉价的地皮,兴建戏院。荃湾当年在香港是地价最最便宜的地区,每平方米只要200元。1959年,邱氏夫妇还在乡间开设了一个小小的钱庄——远东钱庄,专门吸收农民的存款。后来这个钱庄发展成远东银行。在他们迁到香港的第十年,他们的境遇已经很好了,拥有了一笔财产。但他们雄心勃勃,还想捕捉一些更大的发展机会。

1962年,邱德根买下了荔园游乐场,也是个偶然的机会。荔园的主人是他的好朋友,不想继续经营下去了,而邱氏对娱乐事业一直感兴趣,想在这方面有所作为,就买下了它。

最初,荔园的生意也很好,每年的游客在250万~300万人之间。如今,生意稍差些,因为在荔园附近又开放了海洋公园、游泳池以及其他康乐设施,每年的游客已少于200万人。

邱氏认为,游乐园的潜力是有的。凡是人口稠密的地方,都应该开办游乐场;游乐场建起来以后,他看到成群结队的人群进来,度过快乐美好的时光,自己心头有一种快慰感。

邱氏还去印尼经营游乐场,那里人口多,娱乐设施不够,游乐场具有很大吸引力。中东一些国家也请他办游乐场,人们说:他到印尼经营游乐场以后,大开了财源,金钱滚滚而来。其实这还算不得什么,真正令他发大财,在财富上一日千里的发展的,还是香港政府实行高地价政策以后。现在新界的每平方米土地很昂贵,邱氏在经营戏院、游乐场的过程中,买下了大量的地皮,一下子他就跻身于香港亿万富豪的行列了。如今,他到底拥有多少资产,连他自己也难以估计了,外人就更说不上来了。

到20世纪70年代,邱德根的事业迅猛发展,已经发展到远东集团,集团包括两个大公司,一是远东发展有限公司,一是远东酒店实业有限公司。

案例三　波导是怎样成为国产手机老大的

作为目前销售量上的国产手机老大,年销售额达到30亿元的企业,波导的创业史给人的是几个想不到:

创业十年,波导一直蜗居于浙江宁波地区的奉化市。

创业伙伴五人,不仅十年没有分红,而且团队始终没有人离开。

作为波导股份公司总经理的徐立华,很长时间"工资"只有三四千块,住在奉化市政府奖励的房子里,到目前也没有私用车。

1985年,出生于湖北随州一个农民家庭的徐立华,从西南交通大学计算机系自动控制专业毕业了。他和机械工程系机械电子专业的毕业生蒲杰一起留校担任助教,并同住一间宿舍。两人研究生毕业后,相继来到珠海工作。徐立华认准了做中文寻呼机有前景,自己又有相关技术,于是萌发了为国为己创业的念头。两个带着自己的一份关于研制中文寻呼机的可行性报告,开始寻求投资。

这时,徐立华的同学徐锡广,毅然放弃了到美国留学的机会,从北京赴珠海共商创业事宜。

三人开始在广州等三地寻找投资。在宁波的徐锡广找到了奉化市市长钱志辉,钱市长很支持几个年轻人的创业设想,说:"把你的几个同学都请过来,人来了就可以,事情即使搞砸了也没关系,我们支持你们。"

1992年,徐立华把珠海的家当全部卖了,带着蒲杰等七人,租了奉华市东门口的几间民房,条件简陋,大家吃住都挤在一起。

几经周折,奉化波导公司宣告成立,在1 000万元的总资本中,徐立华等人的技术股为 490 万元,由徐立华任总经理。技术股当时国家还没有相关政策,这被徐立华称为最早的风险投资。

其后,徐立华和徐锡广的好友隋波也加入进来。

波导认定中文寻呼机将成为市场的主流。准备一开始就推出结构和功能相对复杂的中文机。年轻人雄心勃勃,但他们缺乏的是资金、经验,使得从产品设计到生产流程安排,再到成品出炉就花了八个月时间。公司成立不久,正值天气寒冷,大家必须烤电工作。而且液晶显示屏也必须靠近火炉才能正常显示,当显示屏上出现第一个汉字时,大家激动得拥抱在一起。

1993 年 5 月波导寻呼机投产。当时市场形势不错,当年产销量即达一万台,产值 2 100 万,利税 154 万元。然后在销售量不断上升的时候,由于设计和工艺上的问题逐渐暴露出来,退货也纷至沓来。

由于经验不足以及公司没有完善的质量管理体系,造成销售陷入低谷。之后,波导进行了多次重组。

1995 年,苦于到处寻找资金的波导做出了向寻呼服务业拓展的决定,首先成立了上海寻呼台。这样决策主要是希望在寻呼台产生丰厚利润的同时,掌握一个零售的市场,还可以将寻呼台作为新产品试验基地。同样由于缺乏经验,一开始结果并不理想。

经过不断的探索和锻炼,1996 年波导进入高速发展期,先后在北京、宁波、昆明、武汉和成都等地开办寻呼台。1997 年公司寻呼的产销量达到 32.5 万台,产值 2 亿元。成为行业中具有一定规模和地位的公司。

1998 年 9 月,宁波电子信息集团加盟波导。国有资本进入,使得公司的发展与国家政策有了更为紧密的联系,决策层对市场发展趋势也有了更为准确的把握:寻呼机市场即将萎缩,新的业务方向定在手机等领域。

1999 年 2 月,波导确定与法国萨基姆合作生产手机。

1999 年 4 月,波导实施股份制改造,之后开始在全国范围内成立销售公司。10 月,与李玟签约。

2000 年 7 月,波导上市。

2001 年,波导销售量达到 250 万台,居于国产手机前列。

案例四　创业"鬼才"李秉哲

李秉哲 1910 年出生农家,早年留学日本早稻田大学。1938 年,28 岁的李秉哲在大邱西门市场创办三星商会(即贸易公司),从事贸易和酿造业。1947 年,他又在汉城创办了三星物产公司。

经过几十年的奋斗,李秉哲在创业路上创造了奇迹,积累了巨额财富。

1991年,在世界最大的工业公司中,三星集团的销售额位居第15位,李秉哲因此被人称作"创业鬼才"。说起自己的成功诀窍,他认为只有两个字——第一。

创业中:目标第一

三星的发展史,在某种程度上可以说与韩国的经济发展史紧密联系在一起。李秉哲始终以敏锐的目光捕捉着国内外每一个时期的经济发展动向,选择最具挑战性的发展目标。他认为,现代社会的显著特征之一是每个人都在竞争第一,只有这样才能鞭策自己不断努力,这样的企业才会有前途。因此,在创业实践中,李秉哲始终标榜"三星第一主义"。

20世纪50年代初,韩国物资匮乏,经济困难,大多数企业对风险极大的国内制造业持消极态度,大都着手于进口贸易,而李秉哲却独闯险境,于1953年首次以自己的技术力量设计建造了韩国第一家大型制糖企业,为韩国食糖生产国产化立下了头功。以此为基础,他又创立了第一家毛织厂,并很快将其发展为具有国际水平的企业,产品成功"登陆"到了毛织品王国——英国。

20世纪60年代韩国经济处于高增长期,李秉哲针对国内化肥全面依赖进口的情况,于1967年创建了当时世界最大的年产33万吨的化肥厂。那时,正值电子业在西方国家悄然兴起,李秉哲独具慧眼,于1969年创办了三星电子,同年底,又创办了三星——三洋电气。

20世纪70年代,除了继续扩大电子工业,李秉哲又先后创办三星电子管、电子零件和半导体等企业,他还根据政府优先发展重工业的方针,先后创办了三星石化、三星重工业、三星综合建设和三星机械等企业,将业务范围拓展到了石化、造船、航空、金融、通讯等领域。

进入20世纪80年代,李秉哲又提出"为了图谋出路,并开创韩国经济的第二次起飞,他们只有走开发尖端科技这一途径"。由于三星集团投入巨资发展尖端科技,加之引进美国先进技术,使韩国成为了继美、日之后,第三个能独立开发半导体的国家。"三星"由于实力强大,经营有方,被称为"韩国业界的大白鲨"。

总结几十年的艰辛创业史,李秉哲说:"创业者谁不想成为第一?但是,如果他的机缘、力量、智慧不足,就不可能成为第一。"

创业后:人才第一

"人才第一",是李秉哲创业后经营企业的信条,他认为,企业就是靠人才,只要注重培养人才,创业就能守业,"三星"就能永存。他自己勤奋地博览群书,同时也培养属下养成读书的习惯。他常将买来的书作为员工的指定读物,事后检查学习效果,若感到不满意,哪怕是总经理级的,他也严加训斥。

三星集团将选拔人才看作经营好企业的根本,推行"责任经营制"和"因才适用"、"疑人勿用"的原则,在这方面李秉哲甚至对自己的子女也毫不例外。"三星"是韩国最早采用考试取才制度的企业,被韩国企业界誉为"人才学校"。公司设有训练中心,既是兵营,又是商业专科学校,它效法日本三菱公司,每一新聘人员都必须上课24天。课程注重"三星"原则与合作精神,上课期间,每天早上5:50从唱公司歌和跑步开始,每天晚上10:00结束。中心设有语言学校,教授英、日、汉语;中心每年的预算为2 200万美元。李秉哲每年都要亲自与几百名新考入"三星"的人面谈。每一位新来的"三星"人经过培训后,都会牢牢地树立起"他就是三星、三星就是他"的信念。李秉哲训练新职工有一绝招,即在训练结束前,交给学员每人两件三星产品,用汽车把他们送到乡下,让他们分头推销,把货卖掉了才能回来,这样可以提高他们的推销能力以及适应生活能力。

李秉哲正是依靠百折不挠的创业精神推动着三星集团不断前进。他的一生业绩卓著,多次获得国家授予的金塔勋章。1979年,美国巴比森大学授予他最高创业者奖。1982年,美国波士顿大学授予他名誉经营学博士称号。1987年他逝世后,韩国政府追授他一枚"无穷花勋章"。他的生平业绩和经营思想已被写成书,畅销日本和东南亚各国。他一生中形成的一套独特的,颇具东方儒教色彩的创业和经营哲学,在世界各国具有很大的吸引力。

6.1.3 实训的组织形式与控制要求

1)实训地点:教室

2)实训组织形式:在教师指导下,学生分为若干模拟业务小组(公司),各小组分别根据实训要求分散训练,之后在给定时间内集中各小组进行交互式对抗演练。

3)实训要求:认真阅读以上案例,思考下列问题:

①投资是不是只要赚钱就行?

②投资环境起到了什么作用?

③你认为创业时什么问题对你是最重要的?

④成功的创业者应具备什么条件?

假设你是一位中文输入法的发明人。你的发明找过政府推荐、你找过风险投资公司、商家代卖,但都遭致不同程度的失败。你不愿带着你的发明投奔软件开发商,更不愿将发明卖掉。如果要让你的发明为你赚钱,你该怎么做?

6.2 模拟工商登记注册训练

6.2.1 模拟工商登记注册训练的目的

通过实训掌握最新的工商登记注册的操作程序和注意事项。

6.2.2 模拟工商登记注册训练的基本内容

实训项目一:创办新企业怎样注册

他国现行法律,个人创业的法律途径主要有:设立有限责任公司;申请登记从事个体工商业;设立个人独资企业;设立合伙企业。

1. 注册底线

(1)有限责任公司

最低注册资本 10 万人民币。基本要求:1)股东符合法定人数即由 2 个以上 50 个以下股东共同出资设立。2)股东出资达到法定资本最低限额:以生产经营为主的公司需 50 万元人民币以上;以商品批发为主的公司需 50 万元人民币以上;以商品零售为主的公司需 30 万元人民币以上;科技开发、咨询、服务公司需 10 万元人民币以上。3)股东共同制定公司章程。4)有公司名称,建立符合有限责任公司要求的组织机构。5)有固定的生产经营场所和必要的生产经营条件。

(2)个体工商户

对注册资金实行申报制,没有最低限额。基本要求:1)有经营能力的城镇待业人员、农村村民以及国家政策允许的其他人员,可以申请从事个体工商业经营。2)申请人必须具备与经营项目相应的资金、经营场地、经营能力及业务技术。

(3)私营独资企业

对注册资金实行申报制,没有最低限额。基本要求:1)投资人为一个自然人。2)有合法的企业名称。3)有投资人申报的出资。4)有固定的生产经营场所和必要的生产经营条件。5)有必要的从业人员。

（4）私营合伙企业

对注册资金实行申报制,没有最低限额。基本要求:1)有两个以上合伙人,并且都是依法承担无限责任者。2)有书面合伙协议。3)有各合伙人实际缴付的出资。4)有合伙企业的名称。5)有经营场所和从事合伙经营的必要条件。6)合伙人应当为具有完全民事行为能力的人。7)法律、行政法规禁止从事营利性活动的人,不得成为合伙企业的合伙人。

备注:合伙人可以用货币、实物、土地使用权、知识产权或者其他财产权利出资;上述出资应当是合伙人的合法财产及财产权利。

2. 注册步骤

步骤一:到市工商局(或当地区、县工商局)企业登记窗口咨询,领取注册登记相关表格、资料。

步骤二:办理名称预先核准、取得《名称预先核准通知书》。

步骤三:以核准的名称到银行开设临时账户,股东将入股资金划入临时账户。

步骤四:到有资格的会计师事务所办理验资证明。

步骤五:将备齐的注册登记资料交工商局登记窗口受理、初审。

步骤六:按约定时间到工商局领取营业执照,缴纳注册登记费。

步骤七:在规定的报纸上发布公告。

实训项目二:企业名称及预先核准注意事项

1)构成企业名称基本要素:

企业名称由4个基本要素构成:即行政区划、字号、行业特征、组织形式。例如:|南京|创业者|产业资讯|有限公司|行政区划|字号|行业特征|组织形式。①含有行政区划具备下列条件的企业法人可以在行政区划之后;组织形式之前使用控股企业名称中的字号。a.该控股企业名称不含行政区划;b.国务院批准的;c.国家工商行政管理局登记注册的。②字号的构成字号必须由两个以上的汉字组成。

2)企业名称的规范要求:

①企业法人必须使用独立的企业名称,不得在企业名称中包含另一个法人名称,包括不得含另一个企业法人名称。

②企业名称中不得含有另一个企业名称。

③企业名称应当使用符合国家规范的汉字,民族自治地区的企业名称可以使用该地区通用的民族文字。企业名称不得含有外国文字、汉语拼音字母、阿拉伯数字。

④企业名称不得含有有损国家利益或社会公共利益、违背社会公共道德、不符合民族宗教习俗的内容。

⑤企业名称不得含有违反公共竞争原则,可能对公众造成误认、可能损害他人利益的内容。

⑥企业名称不得含有法律或行政法规禁止的内容。

3)企业名称核准的内容:

①符合法律规范的企业名称,必须符合《企业名称登记管理规定》及《企业名称登记管理实施办法》对企业名称规范要求。

②申请在先设立在先的原则。

③规定范围内同行业企业名称不得相同或近似。

4)企业名称预先核准:

企业名称预先核准是企业明证登记的特殊程序,预先核准的企业名称保留期为 6 个月,有正当理由在预先核准的企业名称保留期内未完成企业设立登记的,在保留期届满前,可以申请延期保留期,延长的保留期不得超过 6 个月。

6.2.3　实训的组织形式与控制要求

1)实训地点:教室。如果有条件可以带学生到工商部门进行业务咨询。

2)实训组织形式:在教师指导下,学生分为若干模拟业务小组(公司),各小组分别根据实训要求分散训练,之后在给定时间内集中各小组进行交互式对抗演练。

3)实训要求:请根据下列信息,填写企业工商登记表格。

张超、黎明、王娟、许涛四人拟成立云南省诚隆伟业贸易有限公司。

住址:人民中路 119 号。

注册资本:人民币 150 万元,其中,张超,吴井路 68 号,以现金形式出资人民币 20 万元、实物形式出资折合人民币 40 万元;黎明,建设路 75 号,以现金形式出资人民币 20 万元、实物形式出资折合人民币 20 万元;王娟,护国路 89 号,以现金形式出资人民币 10 万元;许涛,武成路 18 号,以现金形式出资人民币 10 万元。

股资于 2003 年 12 月 15 日缴清。

诚隆伟业贸易有限公司拟定经营范围,零售五金工具、交电、服装、纺织品、日用百货。

表 6.1　公司设立登记申请表

名　称					
住　所		区		街、道、路　号	
法定代表人		电话		邮政编码	
注册资本		（万元）	企业类型		
经营范围					
营业期限	自　　年　月　日至　　年　月　日				
有关部门意见	专项审批				
谨此确认,本表所填内容不含虚假成分。 董事长或执行董事签字					

注：①"企业类型"填"有限责任"或"股份有限"。
　　②市管干部担任法定代表人须报经市委组织部门同意。

表6.2 公司股东(发起人)名录

（A:法人）

法人名称	法定代表人	出资额 /万元	百分比 /%	住　所	备　注

注:①"备注"栏填写下述字母:A. 企业法人 B. 社会团体法人 C. 事业法人 D. 国家授权
的部门

②"住所"栏只填省、市(县)名。

③本表不够填时,可复印续填,粘贴于后。

表6.3　公司住所证明

名　称	
住　所	
产　权 单　位 证　明	本房产产权归_____所有,同意 将_____m² 以_____方式提供给_____企业使用,期 限为_____年。 　　　　　　　　　　　　　　　　　　产权单位(公章) 　　负责人签字:　　　　　　　年　　月　　日
其　他 需　证 明　的 情　况	 　　　　　　　　　　　　　　　　　　证明单位(公章): 　　　　　　　　　　　　　　　　　　　年　　月　　日
说　明	1. 应另附产权证复印件并加盖产权单位公章; 2. 无产权证的由产权单位的上级在其他需证明的情况栏内说明情况; 3. 房产使用期限不得少于一年; 4. 产权提供方式指无偿、租赁等。 　(如系租用私房,应在产权单位证明栏内由产权所有人签字)

表6.4　产权单位房产证复印件粘贴表

产权单位房产证复印件
粘　贴　处

表6.5 公司名称预先核准申请表

（申请人填写）

申请公司名称	
备用名称	
拟设公司的类型	拟设公司的注册资本
拟设公司的住所	
拟设公司的经营范围	

全体股东(发起人)签名

序号	提交文件、证件名称	有关说明	页数

申请人姓名　　　　　　　　　　电话

6.3 创业实务训练

6.3.1 创业实务训练的目的

通过实务训练,使同学们了解个人创业的基本方法,熟悉个人创业的基本程序,为自主创业打下基础。

6.3.2 创业实务训练的基本内容

实训项目一:创业思路分析指南

目前在发达国家创业家圈子中,最为盛行的创业思路分析指南叫"三 C 法"。所谓"三 C",是指顾客们(Customers)、本企业(Company)和竞争对手们(Competitors),即重点做这三个方面的分析。

首先分析第一个 C:顾客们

个人:顾客是谁,在哪里? 顾客对本产品的认识如何? 顾客对本品牌的忠诚如何? 顾客购买本产品的数量多大? 顾客转换品牌的成本如何? 顾客的好处如何? 顾客的爱好如何? 顾客的使用习惯如何?

市场:市场的数量规模有多大? 市场的扩张速度有多快? 市场的细分层隔有多密? 市场的占有份额有多少? 市场的成熟程度有多高? 市场的发展趋势有多好?

产品:产品的价位优势有多大? 产品的特色优势有多强? 产品的生命周期有多长? 产品的替代种类有多少?

其次分析第二个 C:本企业

在经济性方面:成本有多高? 盈利有多大? 产品开发能力有多强? 产品生产能力有多强? 短期经营保本点在何处? 经验曲线有多高? 财务数据有多好? 销售渠道有多少? 组织结构有多简? 无形资产有多少?

在自身方面:具备何种发展战略与远景规划? 拥有何种优势与弱点? 开发出何种企业文化? 能利用哪些资源? 可进行何种结构调整? 创造的品牌价

值几何? 形成了何种激励机制? 握有何种核心业务实力?

第三分析第三个C:竞争对手们

竞争对手剖析:竞争对手的数量、规模与所占市场份额;竞争对手之间竞争的直接性;各企业目前的竞争谋略;各企业产品的战略价值;各企业的发展目标;各企业的核心实力;各企业的规模效益与多元化效益;各企业的成本结构;各企业的经验曲线;各企业的可用资源,包括资金、渠道、组织、无形资产(品牌忠诚与企业文化);各企业的替代厂商;各企业对竞争性举动的反应速度。最后在开发自己的创业方案时,应该通盘考虑如何回答下面的问题:

顾客方面:①本公司的潜在顾客是谁? 他们为什么会想购买本公司的产品或服务? ②能否将这些顾客细分为人数更少的群体? 这些群体各自有哪些特点? 本公司是否应该对这些群体区别对待? ③本公司的产品或服务究竟有多大的市场? 这个市场的扩张速度会有多快? 本公司能够夺取这个市场中的多大份额? ④本公司能对自己出售的产品或服务要价多高? 或者说本公司顾客愿意对他们的产品或服务付款多少?

企业本身:①本公司供货的成本有多高? 供货成本包括投资资本的代价、生产成本、分销成本、售后服务成本、人力成本等。本公司经营保本点在多大的销量上? 本公司产品或服务要具备什么样的特点,才能降低其主要成本? ②本行业企业要经营成功,需要具备哪些核心业务实力? 本公司在这些核心业务方面是否有能力和效率压过竞争对手? 本公司的竞争优势何在,能否持续支持本公司高速发展?

竞争对手:①本公司的竞争对手有哪些? 他们的产品是什么? 他们的发展谋略怎么样? 他们的竞争力如何? 他们的成本有多高? ②本公司要进入他们的市场,他们会有什么样的反应? 如果他们群起反击,本公司能否抵抗得住,并幸存下来?

实训项目二:创业应该了解的法律制度

在你开始创业前,你需要了解我国的基本法律环境。我国尚处于社会主义市场经济的初级阶段,在许多领域仍有很多计划经济的痕迹,政府对经济的管制还比较多,许多经营项目需经审批,行政检查比较多,税外费用也时有发生。随着政府经济管理水平和企业自律能力的提高,上述问题将逐步得到解决。

他国是成文法国家,执法和司法均以法律、法规、规章以及规范性文件为依据,判例不是法律,没有普遍约束力,但具有越来越大的参考意义,特别是最高人民法院公布的案例。

设立企业从事经营活动,必须到工商行政管理部门办理登记手续,领取营业执照,如果从事特定行业的经营活动,还须事先取得相关主管部门的批准文件。我国企业立法已经不再延续按企业所有制立法的旧模式,而是按企业组织形式分别立法,根据《民法通则》、《公司法》、《合伙企业法》、《个人独资企业法》等法律的规定,企业的组织形式可以是股份有限公司、有限责任公司、合伙企业、个人独资企业,其中以有限责任公司最为常见。设立企业你还需要了解《企业登记管理条例》、《公司登记管理条例》等工商管理法规、规章。设立特定待业的企业,你还有必要了解有关开发区、高科技园区、软件园区(基地)等方面的法规、规章、有关地方规定。这样有助于你选择创业地点,以享受税收等优惠政策。

我国实行法定注册资本制,如果你不是以货币资金出资,而是以实物、知识产权等无形资产或股权、债权等出资,你还需要了解有关出资、资产评估等法规规定。

企业设立后,你需要税务登记,需要会计人员处理财务,这其中涉及税法和财务制度,你需要了解企业需要缴纳哪些税? 营业税、增值税、所得税等。你还需要了解哪些支出可以进成本,开办费、固定资产怎么摊销,等等。你需要聘用员工,这其中涉及劳动法和社会保险问题,你需要了解劳动合同、试用期、服务期、商业秘密、工伤、养老金、住房公积金、医疗保险、失业保险等诸多规定。你还需要处理知识产权问题,既不能侵犯别人的知识产权,又要建立自己的知识产权保护体系,你需要了解著作权、商标、域名、商号、专利、技术秘密等各自的保护方法。你在业务中还要了解《合同法》、《担保法》、《票据法》等基本民商事法律以及行业管理的法律法规。

以上只是简单列举创业常用的法律,在企业实际运作中还会遇到大量法律问题。当然你只需要对这些问题有一些基本的了解,专业问题须由律师去处理。下面列出创业应了解的基本法律知识目录,仅供参考:

1)基本法律:民法通则、合同法、担保法、票据法;

2)公司企业法律:公司法、合伙企业法、个人独资企业法、中小企业促进法、企业登记管理条例、公司登记管理条例;

3)劳动法律法规:劳动法;

4)知识产权法律:著作权法、商标法、专利法;

5)公司企业税法:企业所得税暂行条例、增值税暂行条例、营业税暂行条例、税收征收管理法。

实训项目三:吸引创投资金的六个步骤

新兴的产业基金主要以创业资本的形态出现。而其投资对象主要是拥有核心技术,并具有独立自主产权、产品有广阔市场前景的中小型高新技术企业;用高新技术改造的并具有高成长性的传统企业;或者使用新的商业运作模式、发展速度快的第三产业企业。

中小企业如何创造条件,吸引创投基金的投资呢? 一般来说,要经过下述六个方面的步骤:

1)熟悉融资过程。在进入融资程序之前,首先要了解创业投资家对产业的偏好,特别是要了解他们对一个投资项目的详细评审过程。要学会从他们的角度来客观地分析本企业。很多创业家出身于技术人员,很看重自己的技术,对自己一手创立的企业有很深的感情。然而投资者看重的不是技术,而是由技术、市场管理团队等资源配置起来而产生的赢利模式。他们要的是回报,不是技术或企业。

2)发现企业的价值。通过对企业技术资料的搜集,详细的市场调查和管理团队的组合,认真分析从产品到市场从人员到管理、从现金流到财务状况、从无形资产到有形资产等方面的优势、劣势。把优势的部分充分地体现出来,对劣势的部分看怎样创造条件加以弥补。要注意增加公司的无形资产,实事求是地把企业的价值挖掘出来。

3)写好商业计划书。应该说商业计划书是获得创业投资的敲门砖,它能使创业投资家快速了解项目的概要,评估项目的投资价值,并作为尽职调查与谈判的基础性文件。另外,一份好的商业计划书能作为企业创业的蓝图和行动指南。

编制商业计划书的理念是:首先是为客户创造价值,没有客户也就没有利润;其次是为投资家提供回报;第三是作为指导企业运行的发展策略。站在投资家的立场上,一份好的商业计划书应该包括详细的市场规模和市场份额分析;清晰明了的商业模式介绍,集技术、管理、市场等方面人才的团队构建;良好的现金流预测和实事求是的财务计划。

4)推销你的企业。下一步就要与创业投资家接触。你可以通过各种途径包括上网,参加会议,直接上门等方式寻找创业资本,但最有效的方式还是要通过有影响的人士推荐。这种推荐使投资者与创业企业家迅速建立信用关系,消除很多不必要的猜疑、顾虑,特别是道德风险方面的担忧。要认真做好第一次见面的准备,以及过后锲而不舍的跟踪,并根据投资家的要求不断修改商业计划书的内容。

5)价值评估与尽职调查。随着接触深入,如果投资者对该项目产生了兴趣,会准备做进一步的考察。他将与创业企业签署一份投资意向书,并对创业企业进行价值评估与尽职调查。通常创业家与投资家对创业企业进行价值评估时着眼点是不一样的。一方面,创业家总是希望能尽可能提高企业的评估价值;而另一方面,只有当期望收益能够补偿预期的风险时,投资家才会接受这一定价。所以,创业家要实事求是看待自己的企业,努力消除信息不对称的问题。

6)交易谈判与协议签订。最后,双方还将就投资金额、投资方式、投资回报如何实现、投资后的管理和权益保证、企业的股权结构和管理结构等问题进行细致而又艰苦的谈判。如达成一致,将签订正式的投资协议。在这过程中创业企业要摆正自己的位置,要充分考虑投资家的利益,并在具体的实施中给予足够的保证。要清楚,吸引创业投资,不仅是资金,还有投资后的增值服务。

实训项目四:如何成功地编写商业计划

当你选定了创业目标与确定创业的动机之后,而在资金、人才、市场等各方面的条件都已准备妥当或已经累积了相当实力,这时候,就必须提出一份完整的创业计划书,创业计划书是整个创业过程的灵魂,拟写时应注意:

1)循序渐进。商业计划不是一个简单的计划,它是指导企业运行的一个管理工具。在企业建立之初,商业计划的主要功能是吸引投资者,吸引雇员。但这并不是说只要做到吸引投资者和雇员就行了,还应在计划中确定目标和里程碑,以指导未来的工作。例如,每月要获得多少个客户等。商业计划不仅说服投资者,对客户、供应商和雇员都应具有指导作用。

2)清晰明了。最近,一位专家读了一份商业计划。有一位创业者想创建一个介绍西部的门户网站。在这份长达12页的计划书中,作者连篇累牍地列出了许多事实和数据,说明西部省份的经济发展状况,但最后也没有明确说出他的观点、他的点子是什么。所以制定商业计划一定要清晰明了地把观点亮出来。

3)观点要客观。不要用大量的形容词来说明这个市场是多么巨大,要实事求是地说明有哪些市场机会。

4)通俗易懂。一位专家读过一些博士写的商业计划,计划当中充斥了大量的技术术语。技术确实重要,但他们更关心这些计划能为客户创造多少价值,所以一定要把计划写得通俗易懂。

5)风格前后一致。你列出的数据和事实一定要前后一致,互相没有冲突。如果你提出有 10 亿美元的市场,后面又提出要占有 10% 的市场份额,那么他阅读这份计划时,就认为你最后的收入将达到 1 亿美元。如果出现了冲突的话,就会对你的计划书感到怀疑。

6)要严谨周密。如果你的文章让人读起来很难读的话,对你没有好处。

总之,大家要牢记几点:一是这个计划是否能为客户创造价值;二是能否为投资者带来回报;三是要有一个明确的指导原则,在什么时间完成计划。另外,一定要为自己提出一些较难回答的问题,因为投资者会提出各种各样的问题,你自己要做到心中有数。

一个成功的商业计划书通常包括十个重要的要素。

1)纲要。这一部分要明确提出你的想法,要吸引阅读者的注意力,说明你的想法是一个好的想法,会为客户创造价值,这是一个值得去实施的想法。这一部分不需要展开,只要建立一个结构框架,1~2 页篇幅就可以了。

2)公司概要。公司概要指这个公司要做什么,这个公司是一个什么样的公司,不是一个什么样的公司。如果有大量的事你都要去做,那就太泛泛了,因此要规定你不是一个什么样的公司。

3)你的想法。这是计划中最重要的一部分。你的产品和服务是什么?站在客户的角度来看,这个产品是不是有价值?举个例子,有这样一份由医学院学生制定的商业计划。他们的目标市场是为美国医学院的学生提供寻呼机和一些技术类产品。这样的定位还是比较准确的,可是在这份计划书的最后,他们又列举了 10 个网站是出售这些产品的。但是在他们的计划书中就没有明确指出,他们和那 10 个网站有什么不同,他们的价值比那 10 个网站高在哪里。此外,你是不是这个技术领域里惟一的掌握者,或是这个技术领域里较早推出这种技术的人,并获得了一种专利。这部分,你不必非常具体地提出你的产品。但需要指出怎样生产这些产品,如何提供这些服务,需要什么样的雇员,需要他们有什么样的背景。你可以用对比的方法来说明,比如说你的想法是要在网上售书,你就可以说要成为像亚马逊这样的公司,因为大家对这样的公司很熟悉,一下就能明白你的意思。

4)市场和行业。你的想法在市场上能否奏效呢?这个市场的发展有多快?这是一个集中的市场,还是一个分散的市场?你的目标市场是谁?美国公司和中国公司有很大的差别,就是中国的公司认为它需要向每一个人提供自己的产品和服务才能够获得成功,而美国和欧洲的公司则会认清自己的目标市场,然后为特定的目标市场提供专门的服务。所以,这位专家特别建议大家在计划书中一定要明确指出你们的目标市场是谁？这样在执行时会比较容易，你能够针对你的目标市场展开你的营销活动和促销活动。例如某公司生产一种新型的椅子，专门针对大家庭的市场。因为这种椅子使得这种家庭清洁起来十分方便。于是他们在确定目标市场时，就提出一个问题，在美国的城市里有多少 4 个孩子以上的大家庭？通过调查，他们发现在盐湖城等四个城市拥有数量最多的大家庭。于是这个公司把它的产品主要向这四个城市推出，结果非常成功。还有，你对销售所做出的预测一定要让人认为是比较可信的。还是那个椅子的例子，如果你定出的销售目标是 2 亿把椅子，别人一听就无法相信。因为这就意味着美国每人每年都要买一把这样的椅子，这是令人无法相信的。在这部分一定要提到的是你的竞争者，他们在做什么？他们的主要客户是谁？他们是否在盈利？

5）市场营销。你如何将这些产品和服务递交到客户手中呢？例如，如果你面对的客户是消费者，那么你就要注重广告这方面；如果你面对的客户是企业，你就要注重销售人员这方面。在这里，最重要的是如何制定价格。对于新创公司来讲，公司是否盈利很大程度上取决于你的价格。某个商业计划的目标是为经销商建立电子商务平台，使顾客直接向厂商订货，这种方式节省了1% 的花费。而他们订的服务价格是按交易总额取其中 1% 为收入，如果你取其中 0.5% 的话，是无法盈利的。

6）管理队伍。风险投资公司对你投资与否，很大一部分取决于管理人员的素质。你在运营这家公司时需要什么人来管理，你需要付给他们多少报酬。一般来讲，风险投资公司是要付给管理人员 15% 的股权，这样会给他们一个激励，他们尽力发展这个公司，同时他们的工资就会略微降低，因为他们获得了股权的薪酬。实际上，许多非常成功的网络公司在起家时通常是三个人创立的，其中一个人是技术方面的，一个是负责融资的，第三个人是通晓市场营销事务的，这样三个不同背景的人组成的公司比较容易成功。

7）学习途径。任何一个计划在最初都不可能十分完善，需要随着时间的推移而逐步完善。因此你应该指出将会面临哪些挑战及如何应付这些挑战。

8）五年财务计划。这一部分怎么强调也不为过。财务计划并不仅限于财务方面，还包括许多重要内容。举个主机托管的例子，在建立财务模型时，首先问交易量是多少，每一个服务器的交易是多少，每个服务器的价格是多少，这些收入是怎么来的，所占市场份额有多大，每一个服务器的定价是多少等。

9）机会及风险。你的风险有多大？风险来自各个方面，有市场风险，有执行计划中的风险。在计划书中你不仅要一一列出这些风险,还要告诉阅读者面对这些风险你会做出哪些反应,要根据不同风险制订出不同的方案。

10)筹资需要。你需要多少资金?你在什么时候需要这些资金?投资者希望你能逐渐投入这些资金,而不是刚建立公司时就大量投进去。作为一个创业者,在选择投资者时要非常谨慎。在今天,金钱已经成为一种商品,你在任何地方都能得到这种商品,但是更重要的是金钱以外的东西。实际上投资人不仅仅能带来资金,他们还能带来像政府关系和技术这类服务。所以你在一开始就要想清楚你要投资者给你带来什么。

实训项目五:有限责任公司章程实例

××有限责任公司章程

为理顺公司经营管理秩序,建立完善的现代企业制度,适应市场经济需求,依据《中华人民共和国公司法》规定,由 A 和 B 共同出资,设立××有限责任公司,特制定本章程。

第一章　公司名称和住所

第一条　公司名称:××有限责任公司(以下简称公司)

第二条　住所:×市×区×路69号

第二章　公司经营范围

第三条　公司经营范围

主营:旅馆业;理发业;浴池业;洗染业;摄影业;接待国内外旅客;购销针纺织品、百货、五金交电、装饰材料、汽车配件、工艺美术品、食品;饮食服务;木制品加工;家居装饰;承办消费品市场;修理日用品;承办生产资料市场(未经专项审批的项目除外)。

第三章　公司注册资本

第四条　公司注册资本:人民币1 500万元。公司增加或者减少注册资本,必须召开股东会并做出决议,还应当自做出决议之日起10日内通知债权人,公司变更注册资本应依法向登记机关办理变更登记,由公司经营管理部门负责申办。

第四章　股东名称(或姓名)、出资方式、出资额

第五条　股东名称(或姓名)、出资方式、出资额如下:

(一)A:以固定资产形式出资额折合人民币1 199.7万元,占总股本79.98%。

(二)B:出资额300.3万元,占总股本21.02%。

第六条　公司成立后,应向股东签发出资证明书。

第五章　股东的权利和义务

第七条　股东享有如下权利:

(一)参加或推选代表参加股东会并按照其出资比例行使表决权;

(二)了解公司的经营状况和财务状况;

(三)选举和被选举为董事会或监事会成员;

(四)依照法律、法规和公司章程的规定获取股利并转让出资;

(五)优先购买其他股东转让的出资;

(六)优先认缴公司新增资本;

(七)公司终止后,依法分得公司的剩余财产;

(八)股东有权查阅股东会会议记录和公司财务会计报告;

(九)享有其他法定权利。

第八条　股东履行以下义务:

(一)遵守公司章程;

(二)按期缴纳所认缴的出资;

(三)以其所认缴的出资额为限对公司的债务承担责任;

(四)在公司办理登记注册手续后,股东不得抽回投资;

(五)法律规定的其他义务。

第六章　股东转让出资的条件

第九条　股东之间可以相互转让其全部或部分出资。

第十条　股东向股东以外的人转让其出资时,无论数量多少,均应经全体股东过半数同意,不同意转让的股东应当购买转让的出资,如果不购买该转让的出资,视为同意转让。

第十一条　股东依法转让其出资后,由公司将受让人的姓名或者名称、住所以及受让的出资额记载于股东名册。

第七章　公司的机构及其产生办法、职权、议事规则

第十二条　股东会由全体股东组成,是公司的权力机构,行使下列职权:

(一)决定公司的经营方针和投资计划;

(二)选举和更换董事,决定有关董事的报酬事项;

(三)选举和更换由股东代表出任的监事,决定有关监事的报酬事项;

(四)审议批准董事会的工作报告和财务报告;

(五)审议批准监事会的工作报告;

(六)审议批准公司的年度财务预算方案、决算方案;

（七）审议批准公司的利润分配方案和弥补亏损的方案；

（八）对公司增加或者减少注册资本做出决议；

（九）股东向股东以外的人转让出资做出决议；

（十）对公司合并、分立、变更公司形式、解散和清算等事项做出决议；

（十一）修改公司章程。

第十三条　股东会的首次会议由出资最多的股东召集和主持。

第十四条　股东会会议由股东按照出资比例行使表决权。

第十五条　股东会会议分为定期会议和临时会议，并应当于会议召开十五日以前通知全体股东。定期会议应每半年召开一次，临时会议由代表四分之一以上表决权的股东，三分之一以上董事或者监事提议方可召开。股东出席股东会议也可书面委托他人参加股东会议，行使委托书中载明的权力（委托书应存档备查）。

第十六条　股东会会议由董事会召集，董事长主持。董事长因特殊原因不能履行职务时，由董事长指定的副董事长或者其他董事主持。

第十七条　股东会会议应对所议事项做出决议，决议应由代表半数以上表决权的股东表决通过，但股东会对公司增加或者减少注册资本、分立、合并、解散或者变更公司形式、修改公司章程所做出的决议，应由代表三分之二以上表决权的股东表决通过。股东会应当对所议事项的决定做出会议记录，出席会议的股东应当在会议记录上签名。

第十八条　公司设董事会，成员为 7 人，由股东会选举产生。董事任期 3 年，任期届满可连选连任。董事在任期届满前，股东会不得无故解除职务。董事会设董事长 1 人，副董事长 1 人。董事会成员中应有 1 名职工股代表。董事会行使下列职权：

（一）负责召集股东会，并向股东会报告工作；

（二）执行股东会的决议；

（三）决定公司的经营计划和投资方案；

（四）制订公司年度财务预算方案、决算方案；

（五）制订公司的利润分配方案和弥补亏损方案；

（六）制订公司增加或者减少注册资本的方案；

（七）拟订公司合并、分立、变更公司形式、解散的方案；

（八）决定公司内部管理机构的设置；

（九）聘任或者解聘公司总经理，根据总经理的提名，聘任或者解聘公司副总经理、财务负责人，决定其报酬事项；

（十）制定公司的基本管理制度。

第十九条　董事会由董事长召集并主持。董事长因特殊原因不能履行职务时，由董事长指定副董事长或者其他董事召集和主持，三分之一以上的董事可以提议召开董事会会议，并应于会议召开 10 日前通知全体董事。

第二十条　董事会对所议事项做出的决定应由三分之二以上的董事表决通过方为有效，并应做成会议记录，出席会议的董事应当在会议记录上签名。

第二十一条　公司设总经理 1 名，由董事会聘任或者解聘，总经理对董事会负责，行使下列职权：

（一）主持公司的生产经营管理工作，组织实施董事会决议；

（二）组织实施公司年度经营计划和投资方案；

（三）拟订公司内部管理设置方案；

（四）拟订公司的基本管理制度；

（五）制定公司的具体规章；

（六）提请聘任或者解聘公司副总经理、财务负责人；

（七）聘任或者解聘公司其他管理人员；

（八）公司章程和董事会授予的其他职权。总经理列席董事会会议。

第二十二条　公司设监事会，成员 5 人，并在其组成人员中推选 1 名召集人。监事会中股东代表监事与职工代表监事的比例为 3∶2。监事中股东代表监事由股东会选举产生，职工代表监事由公司职工民主选举产生。监事任期每届 3 年，任期届满，可连选连任。

第二十三条　监事会行使下列职权：

（一）检查公司财务；

（二）对董事、总经理执行公司职务时违反法律、法规或者公司章程行为进行监督；

（三）当董事和经理的行为损害公司的利益时，要求董事和经理予以纠正；

（四）提议召开临时股东会；监事列席董事会会议。

第二十四条　公司董事、经理及财务负责人不得兼任监事。

第八章　公司的法定代表人

第二十五条　董事长为公司法定代表人，任期 3 年，由董事会选举产生，任期届满可连选连任。

第二十六条　董事长行使下列职权：

（一）主持股东会和召集、主持董事会会议；

（二）检查股东会议和董事会会议的落实情况，并向董事会报告；

（三）代表公司签署有关文件；

（四）在发生战争或不可抗力的自然灾害等紧急情况下，对公司事务行使特别裁决权和处置权，但这类裁决权和处置权须符合公司利益，并向董事会和股东报告。

第九章　财务、会计、利润分配及劳动用工制度

第二十七条　公司应当依照法律、行政法规和国务院财政主管部门的规定建立本公司的财务、会计制度，并应在第一会计年度终止时制作财务会计报告，依法经审查验证于第二年三月三十一日前送交各股东。

第二十八条　公司利润分配按照《公司法》及有关法律、行政法规执行。

第二十九条　劳动用工制度按国家法律、行政法规及国务院部门有关规定执行。公司成立后，应与在岗职工签订劳动合同。

第十章　公司的解散事由与清算办法

第三十条　公司有下列情形之一的，可以解散

（一）股东会决议解散；

（二）因公司合并或者分立需要解散的；

（三）公司违反法律、行政法规被依法责令关闭的；

（四）因不可抗力事件致使公司无法继续经营时；

（五）宣告破产。

第三十一条　公司解散时，应依据《公司法》的规定成立清算组对公司进行清算。清算结束后，清算组应制作清算报告，报股东会或有关主管机关确认，并报送公司登记机关，申请注销公司登记，公告公司终止。

第十一章　股东认为需要规定的其他事项

第三十二条　公司章程中涉及公司登记事项变更的可修改公司章程，修改后的公司章程不得与法律、法规相抵触。修改后的公司章程应送交原公司登记机关备案，涉及变更登记事项的，同时应向公司登记机关申请变更登记。

第三十三条　公司章程的解释权属于董事会。

第三十四条　公司登记事项以公司登记机关核定的为准。

第三十五条　本章程由全体股东共同订立，自公司设立之日起生效。

第三十六条　本章程一式六份，并报公司登记机关备案一份。

股东亲笔签字：（存档）

法人股东：A

6.3.3 实训的组织形式与控制要求

（1）实训地点

教室。如果有条件可以邀请一商贸有限责任公司总经理结合现代企业制度和自己创业的经历介绍如何创业。

（2）实训组织形式

在教师指导下，学生分为若干模拟业务小组（公司），各小组分别根据实训要求分散训练，之后在给定时间内集中各小组进行交互式对抗演练。

（3）实训要求

1）请根据下列信息，为该公司起草一份公司章程。

张超、黎明、王娟、许涛四人拟成立云南省诚隆伟业贸易有限公司。

住址：人民中路 119 号。

注册资本：人民币 150 万元，其中，张超，吴井路 68 号，以现金形式出资人民币 20 万元、实物形式出资折合人民币 40 万元；黎明，建设路 75 号，以现金形式出资人民币 20 万元、实物形式出资折合人民币 20 万元；王娟，护国路 89 号，以现金形式出资人民币 10 万元；许涛，武成路 18 号，以现金形式出资人民币 10 万元。

股资于 2003 年 12 月 15 日缴清。

诚隆伟业贸易有限公司拟定经营范围，零售五金工具、交电、服装、纺织品、日用百货。

2）请为黄家选择最佳的创业方式。

黄先生 32 岁企业主管，黄太太 29 岁客户经理，儿子 5 岁。

①资产状况：

家庭存款 10 万元。价值 72 万元的房产（在供）。价值 30 来万元的轿车（在供）。

理财状况：

a. 收入：黄先生月收入为 1 万元，黄太太月收入为 6 000 元。

b. 支出：基本生活支出 4 000 元/月。汽车月供 1 500 元。养车支出 2 500/月。房子月供 3 000 元。

c. 投资：15 万元投资股票和外汇。

d. 保险：夫妻都买了终身保障的意外险和医疗险，两人年保费共 1.4 万元。儿子买健康理财险，年保费 4 000 元，保额 10 万元，20 年付清。

②理财目标：

a. 黄太太想在35岁时成立公司，至少投入100万元，如果现金不足会考虑贷款。

b. 让儿子上最好的小学，预计教育费用（包括赞助费、家庭教师、艺术特长培训）每年1.5万元，上小学第一年需7.5万元。

③收支分析：

不考虑金融投资，小孩上学前家庭月收入1.6万元，月支出1.1万元，结余5 000元。黄太太说，按每月5 000元的定额零存整取，加上两人的年终奖金，每年年底约有9万元结余，减去家庭1.8万元保险费用，一年有7.2万元现金结余。

最大难题：黄太太说，开公司是她的职业目标，35岁是最后机会。黄先生表示无论太太有多大雄心他都无条件支持，只是担心6年后能不能筹集足够资金。

3）假设你为黄家找到了一个很好的创业项目，请为他们拟写一份有吸引力的创业计划。

第7章 市场调查、环境研究、机遇风险与优劣势评价分析能力训练

水可载舟,亦可覆舟。如果把企业比作船,市场就好比水,企业只有熟知"水性",才能乘风破浪。市场是企业开展营销活动的基础和条件,市场上存在着各种影响企业营销活动的因素,这些因素的总和构成企业市场营销的外部环境。各种环境因素既能为企业提供市场机会,也可能给企业带来风险。企业只有通过有效的市场调查,全面把握市场营销环境,充分认清企业自身的优势和弱点,才能发现并把握各种市场机会,避开可能出现的风险,制定有效的市场营销战略,实现市场营销目标。因此,市场环境研究实际上是一个寻求市场与企业之间"共谐"的过程,是企业开展市场营销活动的一项重要的基础工作。

7.1 市场调查方法与项目组织实施训练

7.1.1 实训目的

1)通过实训,要求学生了解市场调查策划的内容和方法,培养学生市场调查策划的能力。

2)通过实训,要求学生系统掌握市场调查方案拟订的步骤、内容和技能以及市场调查问卷的基本结构、问卷设计的步骤、方法和技巧。

3)通过实训,要求学生系统掌握市场调查项目组织实施的内容、步骤、方法和要点,培养学生市场调查组织实施的能力。

7.1.2　实训内容

实训项目一:市场调查策划及调查方案拟订训练

1. 选择调查项目

由学生自行选定其较熟悉和感兴趣的一个企业或产品(服务)作为本次实训的研究对象,并尽可能地争取企业的支持,与企业达成合作意向,使本次实训成为一次实战训练。

2. 确定问题和调查目标

1)准确回答如下问题:

①为什么要进行调查?

②本次调查要知道什么?

③知道这些调查结果有什么用?

④谁要知道?

⑤向谁说明?

⑥用什么方式说明较好?

2)按照科学的程序进行分析:

①进行企业情况分析。了解进行市场调查的背景,找出企业生产经营活动中存在的问题。具体分析内容有:企业内部情况、企业所在行业状况及市场环境分析。

②确定调查主题。根据企业市场经营活动中存在的问题和面临的各种环境挑战,确定调查主题。在确定问题时要注意如下事项:

a. 与企业高层主管进行讨论,准确把握调查研究的方向。

b. 调查主题要符合企业发展需要,调查目标要合理可行。所谓合理可行就是目标要切合实际,既不能把范围定得太宽,以避免不必要的浪费;也不能太窄,以防止研究结果不能满足市场营销决策的要求。

c. 在充分掌握有关信息的基础上,根据经营决策的要求将其相应转换为调研问题。

3. 制订调查方案

1)调查方案应包含如下内容:

①调查目标;

②调查内容；

③资料来源；

④调查方法；

⑤调查对象；

⑥抽样方法及样本大小；

⑦访问人员的安排和培训；

⑧访问质量的保证措施；

⑨数据处理及分析方法；

⑩调查日程安排；

⑪经费预算等内容。

2) 编制调查方案的步骤及技巧：

①确定调查内容。确定调查内容就是要明确向被调查者了解什么问题。一般说市场调查的内容是很广泛的，为了能准确列出调研需要的全部内容，首先要召集制订调查方案的有关人员，采用讨论方式，针对调查目标提出调查项目，把可能想到的调查内容详细罗列出来；然后再对调查项目进行分类和重要性分析，并把全部项目按照分类结果列成项目清单。最后按照类别、重要性程度及其资料获取的可能性程度对清单上的各项目排序，选出符合调查目标要求且有可能获取的项目作为调查内容。

②确定资料来源。市场调查的资料来源一般按其获得方式分为两类，即一手资料和二手资料。一手资料是通过询问、观察或实验而搜集来解决特定问题的资料；二手资料是已经搜集并且也许与手头上的问题有关的现成资料或文献。

一手资料调研技巧在于掌握如何针对不同的调查对象询问恰当的问题，资料搜集的过程复杂，耗费时间长，费用大且需要较高的调研技术和方法。

二手资料调研技巧在于掌握何种资料来源可能成为搜索工作开始的关键，基本方法是合理组织和解释结果资料，保证资料的准确性和可靠性，使之不仅有趣而且有用。二手资料搜集方便、省时、成本低。

上述两种资料来源在调查过程中常结合使用。一般来说，在市场调查初期阶段主要搜集二手资料；为了获得专门信息则需要搜集一手资料。

③确定调查对象和调查地点。确定调查对象和调查地点主要是为了落实"在什么地方"、"向什么人"进行调查的具体问题。由于调查地点直接影响调查资料的代表性及调查方法的选择，也影响调查费用预算。故在确定调查地点时，既要符合调查目标的要求，又要考虑调查费用的承受能力。调查对象则

完全要根据调查目标和内容进行选择,以保证调查资料的准确性和代表性。

④选择调查方法。搜集一手资料的方法主要有三种,即询问法、观察法和实验法。

a. 询问法。询问法是根据预先设计好的调查问卷,以面谈、打电话或书面的形式向被调查者提出询问,指导被调查者按照规定完成调查问卷,以获取所需资料的过程。在具体操作过程中,可以采取如下方法(如图7.1):

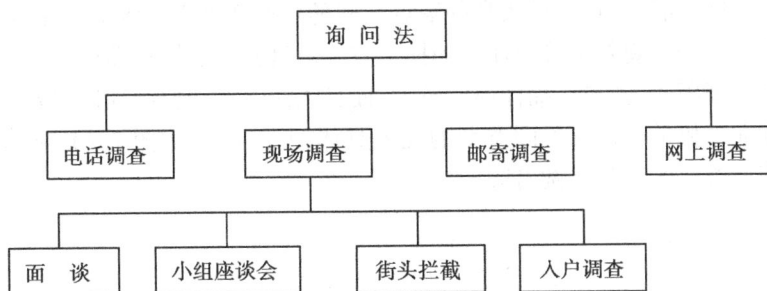

图 7.1　询问法

b. 观察法。观察法是调查人员在调查现场对调查对象的行动与意识采用边观察边记录的方式来搜集信息的方法。这种方法的优点是调查结果比较客观可靠,调查过程简单方便。缺点是只能在现场进行调查,需要的时间较长,而且无法考察被调查者的内在心理变化。

c. 实验法。实验法是在给定的实验条件下,通过试验对比的方法观察分析影响研究对象的各因素之间的因果关系及其变化过程,从中获取有关信息的调查方法。运用实验法获取的信息资料排除了主观估计存在的偏差,数据资料可靠准确,在定量分析中有很重要的作用。但实验法调查需要的时间较长,费用较大。存在一定的风险。

⑤设计抽样方案。抽样方案要解决三个问题,即抽样总体、样本大小和抽样方法。

抽样总体由调查对象总体构成,其具体范围由调查目标和调查特征决定。抽样总体可以是具有某种特征的一群人,也可以是一类事物。无论是哪一种类型的抽样总体,在抽样前都要根据调查目标和要求,对被调查者的特征和属性做出进一步说明,从而明确界定总体范围。

样本的大小对调查结果的准确性有一定的影响。样本越大,调查结果越可靠;反之,则调查结果的代表性就越差。但是,样本越大调查费用也越大。因此,要根据抽样误差的要求合理确定样本数。一般来说,样本数要根据调查费用的限制,允许的抽样误差,以及被调查问题的基本性质等因素来确定。

抽样方法基本分为两大类,即随机抽样和非随机抽样。随机抽样也叫概率抽样,其抽样遵照随机原则进行,即总体中每一个个体都有相同的被抽中的机会。随机抽样排除了人为的主观影响,使样本的分布更接近总体分布,因而增强了样本的代表性;另外,随机抽样还能够通过一定的统计方法判断和控制抽样误差,从而提高了调查的准确程度。但是,随机抽样也存在组织方法复杂,需要的时间较长且费用较高的缺点。非随机抽样也叫非概率抽样,是指按照调查人员的主观判断确定样本的抽样方法。这种方法操作简单,省时省力,但由于主观因素的影响,抽样误差较大,而且无法估计和控制抽样误差。随机抽样和非随机抽样各有不同类型的几种具体抽样方法(如图7.2),在调查中可根据调查目的和要求做出选择。

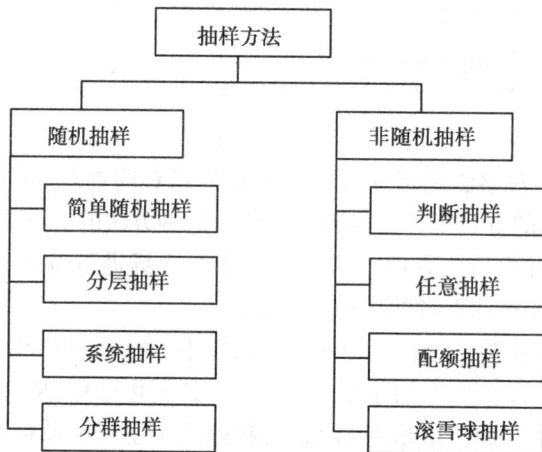

图7.2 抽样方法

⑥提出调查结果的分析标准。在调研方案中要对调查结果的分析方法做出说明,并提出调查报告的形式与主要内容结构,以及根据调查目标要规定有关指标的分析方法和表现形式等,以便于检查调研结果是否达到事先的要求。

⑦市场调查进度及人员安排。调查进度是将调查过程每一阶段需要完成的任务做出规定,避免重复劳动,拖延时间。拟定调查活动进度主要考虑三个方面的问题:一是信息的时效性,二是调查的难易程度,三是样本量的多少。一般从调查方案被委托方认可(签订调查协议)到提交调查报告花费的时间主要有以下几个方面:

a. 问卷设计时间;

b. 问卷印制及调查所需设备购置等准备工作时间；

c. 抽样设计时间；

d. 调查员确定、培训时间；

e. 调查实施时间；

f. 调查资料复核、整理时间；

g. 调查资料分析时间；

h. 撰写调查报告时间。

调查人员决定着市场调查的质量和进度，一个市场调查项目的执行需要一个小组协同工作。如谁负责抽样、谁负责督导、谁负责复查，等等。而且所有工作人员的调度都需要有计划的、科学的、合理的安排。

⑧费用预算。一般来说，市场调查的费用包括以下几个方面：

a. 方案策划费；

b. 问卷设计费；

c. 问卷、附表、卡片等印制费；

d. 被调查者礼品费；

e. 调查员劳务费；

f. 统计处理费；

g. 报告撰写制作费；

h. 电话费、交通费等其他费用。

4. 设计问卷

1) 问卷的基本结构。一份完整的问卷通常包括以下几部分内容：

①前言。具体内容一般包括调查员的自我介绍，调查员代表的组织或机构，调查目的和意义，以及对被调查者的合作表示感谢等。前言部分的文字要简洁明确，语气要谦虚诚恳，能够激发被调查者的兴趣，促进其积极合作。

②被调查者的基本情况。被调查者一般可分为两类，即个人和单位。被调查者的基本情况要根据其类别设计，基本情况中所列出的项目是为了方便对调查资料进行分类和分析，因此，具体要列出哪些项目，应根据调查目的和资料分析的要求确定。

③调查的主题内容。主体部分由一系列问题和相应的答案组成。问卷设计是否合理、能否满足调查目标的要求关键在于这部分内容的设计水平和质量（具体设计方法和技术略）。

④问卷的填写说明。问卷的填写说明是为了帮助被调查者准确顺利地回答问题而设计的，其内容包括填写调查表应注意的事项，填写方法，交回问卷

的时间要求等。

⑤作业证明记录。用以登记调查访问工作的执行和完成情况,内容包括调查时间,调查地点,调查者姓名等。

2)问卷设计的一般步骤:

①把握调查目标和内容。在设计问卷的开始阶段,首先要深入地研究本次调查的总体方案,充分把握本次调查的目标和内容。问卷的设计者最好能参与调查方案的制订。

②分析样本特征,确定问卷类型。不同的调查对象具有不同的特点,需要采用不同的方法进行调查。问卷设计者需对样本特征进行分析,明确调查对象是企业还是个人,是生产商还是经销商,是现实消费者还是潜在消费者等,并了解各类调查对象所处的社会阶层、社会环境、行为规范和观念习俗等社会特征;了解他们的需求动机和潜在欲望等心理特征;以及他们的理解能力、文化程度和知识水平等学识特征等,并针对其特征确定问卷的类型。

③设计问句编制问卷初稿。

a. 列出调查问题的清单,将调查的目标转化为调查内容和调查项目。

b. 对列出的问题进行审核、筛选,审核的标准包括:该问题是否必要,含义是否明确,是否需要细分。

c. 确定问题的类型,以便选择对应的提问方式和问句的形式。

d. 确定提问的方式,针对问题的性质和受访者的特点确定。

e. 根据提问的方式进一步确定问句的具体形式。

f. 对问句的措辞、语气进行推敲。

g. 确定问句排列的顺序,先易后难,先具体后抽象,先一般性问题后敏感性问题,先前提性问题后结论性问题,等等。

④进行问卷的可行性测试。可行性测试的受访对象、询问方式等应当同正式实施的条件相同。

⑤修改并完成正式的问卷。

实训项目二:市场调查项目的组织实施训练

1. 印制问卷、人员培训及设备购置等准备工作

印刷时,要注意选择质量合适的纸张。用质量低劣的纸张印制问卷,容易使被调查者觉得这项调查无足轻重,从而不予以积极配合;而印刷精美的问卷,则往往给以意义重大的印象,进而引起被调查者的重视和主动合作。

在整个调查活动中需要有各种职能的调查人员,应根据各自职能进行不

同层次的培训。

（1）访问员培训

1）访问员培训内容。对访问员的训练分为基本训练和专门训练。基本训练主要是对访问员进行的例行常规的训练，主要包括：

①访问前必须携带的物品，包括问卷、样本计划、身份证明或访问介绍信、纸、笔、赠品、文件夹等；

②如何按照样本计划选择被访问者，如何选择适当的访问时间、访问地点；

③访问的技巧，如何得到被访问者愉快的合作，如何与陌生人开始交谈；

④如何处理访问中发生的特殊情况。

专门训练是针对每个特定的调查项目对访问员进行训练。内容包括：

①该项调查项目的内容和调查目的；

②该项调查项目的问卷结构、问卷内容；

③该项调查项目的调查时间、调查步骤及注意事项。

2）访问员培训方法。访问员培训可以通过集中讲授、个别指导、模拟训练、角色扮演等方法对访问的技巧与艺术给予指导，同时培养受训者处理各种情况的能力。

在市场调查开始之后，需要通过各种方式加强对访问员的监督管理。主要方法是检查他们访问的问卷是否合乎要求，访问是否真实可信。此外还可以通过跟踪现场调查，检查访问员的工作态度和工作质量，作为评价其工作绩效的依据之一。对于完成任务好、工作突出的访问员给予奖励，以激发他们的积极性和热情。对于不能胜任的访问员，应及时予以调整。

（2）督导员的培养

督导员是对访问员进行训练和管理，并且负责问卷的回收与检查工作的人员。督导员主要有如下职责：

1）培训和管理访问员；

2）检查访问问卷是否有漏答、错误、作弊等现象；

3）根据调查时间的安排，及时检查访问员进度，抽查问卷的真实性；

4）编辑整理所有的情报资料；

5）评价访问员的工作业绩，对于不能胜任的，及时提出撤换的建议。

督导员作为高一层次的调查人员，应当熟悉调查的具体步骤，并善于带领和训练访问员，掌握各种调查知识。

2. 实地访问

1）抽取样本。按照抽样方案的要求选取样本,确保调查能够找到符合条件的调查对象,以保证调查质量。

2）访问实施。访问员必须严格按照问卷的要求与顺序进行访问。督导员巡视访问现场并监控访问质量。

3）问卷复核。访问结束后,要对调查问卷进行一定比例的复核工作,目的有二:一是对访问工作进行检查;二是对问卷中不清楚或者不明确的地方进行再确认。

4）效果评价。复核结束后对访问的效果进行评价,如访问的合格率,访问的正确率等。

3. 数据处理

1）编码,即将问卷中的所有项目的回答赋予一定的数字,以便于使用计算机进行分析。

2）录入,按照前面编写好的录入程序进行数据录入工作。通常采用双录系统,即数据录入两遍,以保证数据录入的质量。

3）甄错,对问卷中存在的一些不符合逻辑或者错误的数据进行修正,以保证数据资料的完整性和科学性。

4. 数据资料分析整理

数据资料分析整理一般采用统计软件 SPSS for Win,借助于各种统计方法进行。

1）进行频数统计,频数统计不仅是一种初步分析方法,还可起到数据清理的作用。其操作既简单又易于使人们通过频率分布表清楚了解调查结果。

2）进行交叉统计,将某一个变量与其他变量交叉分组,以观察所要调查的变量与其他变量之间的关系。

3）如有需要可以进行一些较复杂的统计分析,如均值检验、方差分析、因子与聚类分析等。

7.1.3 实训组织

1）学生以自由组合的方式分为若干模拟业务小组(公司)参与实训,每组6~8 人,设组长 1 人。指导教师对各小组作个案跟踪指导。

2）各小组在实训前需向指导教师提交小组实训计划,包括:实训课题名称、选题背景、实训内容、人员分工安排、小组工作制度及绩效考评制度、时间进度安排等。在对实训项目的可行性和科学性进行论证,经指导老师批准后方可实施。

3)各小组按照小组实训计划,分散进行训练并安排1名记录员,编写实训日记,包括时间、重要记事、任务及完成情况等。

4)给定时间,各小组向指导教师提交市场调查方案(含问卷),并就方案内容进行答辩和修改,方案定稿后进入市场调查项目组织实施阶段的训练。

5)调查项目实施时,各小组学生中推举1人作为督导员,其余学生有序分工,分头进行调查。指导教师对各小组项目实施进度进行抽查,对实施过程中出现的问题给予及时的指正。

6)数据处理及分析阶段可由指导教师或计算信息处理人员提供技术支持,以保证各小组调查结果按规范要求完成。

7.1.4　实训考核

1)指导教师根据各小组市场调查计划、小组实训计划及其完成情况(实训日记)和答辩情况综合评定小组成绩。其中市场调查方案(含问卷)占40%,市场调查项目组织实施情况占40%,小组实训计划及其完成情况(实训日记)占10%,答辩情况占10%。

2)小组长根据有关小组工作制度及绩效考评制度对其组员进行考核,并以指导教师评定的小组成绩为均分,依据客观、公正的原则评出小组成员个人成绩(其中优、良、中比例约为2:6:2)。

3)小组长成绩由指导教师根据小组业绩及其个人表现进行综合考核、评定。

7.2　SWOT 分析方法与能力训练

7.2.1　实训目的

1)通过实训,要求学生深入理解 SWOT 分析方法在市场营销环境分析中的重要作用。

2)通过实训,要求学生系统掌握 SWOT 分析方法的步骤、内容和技巧,培养学生市场营销环境研究、机遇风险与优劣势评价分析的能力。

7.2.2　实训内容

1. 市场调研

1)外部因素的研究。包括对经济因素,社会、文化、人口及环境因素,技术因素,竞争对手情况、行业特征及政策情况,顾客特征等外部信息的搜集、分析和研究。

2)内部因素的研究。包括对企业自身管理、营销、财务、生产运作、研究与开发等内部因素的评价与分析。

2. 建立 SWOT 分析模型

(1)SWOT 分析模型示意图(如图 7.3)

SWOT 分析方法是营销环境分析中比较常用的分析方法,SWOT 是英文优势(Strengths)、弱点(Weaknesses)、机会(Opportunities)、威胁(Threats)四个单词的缩写,包括了企业在进行营销环境分析时所需考虑的各方面因素。

SWOT 分析是将企业内部与外部环境中有利与不利的方面放在同一个框架中进行分析,以综合评价企业从事某一行业的可行性及风险。SWOT 分析包括了大量对外部因素的研究,包括竞争对手情况、行业政策情况等等,同时也涉及到大量对企业自身状况的分析。

优势	机会
内部因素:	外部因素:
管理结构,财务状况,	市场需求,技术变迁,
产品质量,市场份额,	政策倾斜,社会热点,
技术实力,人员潜力等	竞争对手出现的失误等
威胁	弱点
外部因素:	内部因素:
竞争对手的发难,	资金缺口,管理能力弱,
行业政策的变化,	人力资源短缺,
突发事件影响,市场变化等	技术老化,设备陈旧等

图 7.3　SWOT 分析模型示意图

（2）联系市场和销售环境，按照研究对象的四个方面做出分析矩阵表

1）建立组织 SWOT 分析矩阵。以实训 7.1——市场调查方法与项目组织实施训练的调查结果为基础信息，采用头脑风暴的方法，分别为你所选择的研究对象建立 SWOT 分析矩阵，在图中列出其优势、弱点、机会和威胁（也可以使训练集中于某个特定的组织）。

2）建立个人 SWOT 分析矩阵。个人与组织在很多方面都很相似。两者都有竞争者，也都应当对未来进行规划。每个个人和组织都面对某些外部机会与威胁，也都有一些内部优势与弱点，个人与组织都要树立目标，也都要进行资源配置。这些及其他相似性使个人也同样可以将 SWOT 分析模型用于对未来的规划。

在纸上建立一个 SWOT 分析矩阵。在其中包括你认为自己所面对的主要外部机会和威胁及自己所具有的主要优势和弱点。将外部及内部机会进行匹配，在矩阵的适当方格中填上可使你发挥优势、克服弱点、利用外部机会、减小外部威胁的供选择的行动方案。

3. 撰写分析报告

（1）对分析要点进行评论总结

1）同一个因素常常既可以是优势也可以是劣势。你也遇到过这类情况吗？如果确实如此，那么，你认为这究竟是什么原因？

2）我们的劣势是由我们自己造成的吗？

3）截至目前所列出或讨论过的内容，你认为哪一项是最大优势？

4）截至目前所列出或讨论过的内容，你认为哪一项是最大劣势？

5）截至目前所列出或讨论过的内容，你认为哪一项是最大风险？

6）截至目前所列出或讨论过的内容，你认为哪一项是最大机遇？

（2）撰写分析研究报告

1）报告中应包括拟研究对象的 SWOT 分析矩阵表，并对表中列出的要点加以适当的注释。

2）将外部及内部机会进行匹配，在报告中尽可能地提出可发挥优势、克服弱点、利用外部机会、减小外部威胁的供选择的建设性意见。

7.2.3　实训组织

1）学生延续 7.1 实训项目的分组（公司）参与实训，每组 6～8 人，设组长1 人。指导教师继续对各小组作个案跟踪指导。

2）各小组以"头脑风暴法"座谈会的形式分散组织小组训练,指导教师分别参加各组活动。

①各小组选出座谈会主持人1名,记录员1名。

②指导教师应成为"头脑风暴法"座谈会的思维动力激发者。

③学生应积极主动参加"头脑风暴法"座谈会,开动脑筋,积极思维,畅所欲言,力求达到良好效果。

④各组学生应对座谈会中激发的各种想法进行认真归纳整理,去粗取精,去伪存真,由表及里,由此及彼地进行精细加工,提炼出有价值的要点,建立SWOT分析矩阵,并撰写分析报告。

3）实训结束后各小组以小组为单位提交一份组织SWOT分析研究报告。

4）每位学生完成一份个人SWOT分析研究报告。

7.2.4 实训考核

1）指导教师批阅各小组提交的组织SWOT分析研究报告,并按一定比例抽查小组成员的个人SWOT分析研究报告,结合小组"头脑风暴法"座谈会的组织情况综合评定小组成绩。其中组织SWOT分析研究报告占50%,个人SWOT分析研究报告占20%,小组"头脑风暴法"座谈会的组织情况占30%。

2）小组长根据有关小组工作制度及绩效考评制度对其组员进行考核,并以指导教师评定的小组成绩为均分,依据客观、公正的原则评出小组成员个人成绩（其中优、良、中比例约为2:6:2）。

3）小组长成绩由指导教师根据小组业绩及其个人表现进行综合考核、评定。

7.3 市场调查报告写作能力训练

7.3.1 实训目的

1）通过实训,要求学生系统掌握市场调查报告撰写的内容、方法和技巧,培养学生市场调查报告写作能力。

2)通过实训,要求学生了解市场调查报告说明的基本流程、组织形式及其准备工作的要点。

3)通过实训,要求学生掌握市场调查口头报告的内容、要点和基本技巧。

7.3.2　实训内容

实训项目一:撰写市场调查报告

1. 市场调查报告的内容及结构形式

(1)导言

主要包括标题、前言和目录表。

1)标题。标题应该醒目、具有吸引力,简明准确地表达调查报告的主要内容。标题应包括:

①该项调查的标题和主题;

②副标题,即该份调查报告提供的具体资料;

③准备调查报告的人员;

④接受报告的部门名称和地址。

2)前言。前言是该项调查项目的简明介绍。这部分内容应包括:

①报告的可靠依据;

②调查的目的和范围;

③资料搜集的基本方法和要求,可以包括调查人员的简要看法;

④表示调查人员对该调查项目的态度,以及对有关方面的致谢。

3)目录表。当调查报告内容较多时,应使用目录形式列出主要内容及页码,编排在前言之后。目录的主要内容包括:

①研究的目的;

②调查的方法;

③调查的结果;

④调查结果的概括和结论;

⑤建议。

(2)报告主体

1)调查的详细目的。在报告主体的开头,调查人员首先应当简明扼要地指出该项调查活动的目的和范围,以便阅读者准确把握调查报告所叙述的内容。

2）调查方法说明：

①资料来源。说明资料的来源,搜集资料所采用的方法及采用这些方法的原因。

②调查步骤。说明采用哪些调查方法,如果采用抽样调查方法,应当简明指出选择什么样本进行调查。同时,应说明采用的调查步骤,并且说明材料采用了哪些统计方法。

③访问员的选择和培训过程。提供选择访问员及其培训过程,并附上访问员名单及其资历说明,以及培训计划的提纲。

3）调查结果的描述与说明。在花费大量的时间和精力分析和解释资料后,应当使用结构严谨和有效的方法呈报调查结果。如果其中采用较多的形象化的方式,如表格和图形,就必须清楚有效地加以分析,以便保证这些形象化的方式能够有效地说明问题。

4）调查结果与结论的摘要。准备概括性的摘要,以便读者能够尽快地了解该项调查的结果。同时,将所作结论同研究目的密切联系起来,这样阅读者可以实现查阅研究目的,然后进一步思考与特定目的有关的结论。调查结果的结论要简短,一般不超过调查报告内容的1/5。

（3）建议事项

调查人员必须先对整个调查项目有深刻的认识,才能做出结论并且提出有价值的建议。建议应当以调查结果为基础,不受个人感情所支配,针对调查获得的结果提出可以采取哪些措施、方案或具体的行动步骤。

（4）附件

附件是调查报告的附加部分,是对正文的补充或更为详细的专题性说明。附件主要包括问卷、样本的分布、图表、附录和其他没能包含在报告主体中的材料。

2. 撰写市场调查报告的要求

一份高质量的调查报告,除了符合调查报告的一般格式外,写作手法是多样的,但也应注意以下问题：

1）调查报告必须真实、准确,要以实事求是的科学态度,准确而全面地总结和反应调查结果。

2）调查报告,应根据调查目的和调查报告的内容确定篇幅的长短。

3）仔细核对全部数据和统计资料,务必使资料准确无误。

4）调查报告所包括的项目应与调查宗旨有关,剔除一切无关资料。

5）调查报告应该用清楚、简洁的语言表达。

6) 充分利用统计图表、统计数据来说明和显示资料。

7) 调查报告版面应合理设计,便于阅读。

实训项目二:市场调查报告说明会

1. 市场调查报告说明会的准备

1) 编写口头报告提纲。口头报告可在书面报告的基础上考虑到口头报告的特殊性改变,写出口头报告提纲。提纲的繁简应根据对内容的熟悉程度而定。内容熟,表达能力强,可以少写些内容;内容不熟,表达能力差,要多写些内容。提纲的字要写得小一些,尽量少占用篇幅,以免因翻页而影响汇报的效果。

2) 明确内容的表达方式。什么内容用表,什么内容用图,如何排序,要一一列清。

3) 对听众可能提出的问题,事先要有所准备。

4) 认真演练口头报告。除此之外,对报告场地、器材设备如:所需的白板、幻灯、录像机、计算机等物品的选择与准备也很重要。

2. 市场调查口头报告应注意的问题

1) 按照书面报告的格式准备好详细的提纲,进行充分的练习。

2) 汇报者要有良好的心态,不要紧张。另外穿着要得体、颜色要协调
在汇报前要充分准备,反复练习。

3) 尽量借助图、表来增加效果。使用图、表,可以增强报告的感染力,节约汇报时间。但要注意三点:

①使用图、表要有权威性,针对性;

②保证图、表清晰易懂;

③图、表可借助黑板、幻灯和计算机等可视物加以表现。

4) 报告要“易听”、“易懂”。由于听比讲更难集中注意力,故要求语言要简洁明了,通俗易懂,有趣味和说服力。

5) 要与听众保持目光接触。汇报时要尽量看着听众,必要时可以向听众发问,这样就能够掌握汇报的主动权,听众就会跟着你的思路转,和你配合,分享你的汇报。

6) 集中时间回答听众提出的问题。

7) 在规定的时间内结束报告。

7.3.3　实训组织

1)学生延续7.1实训项目的分组(公司)参与实训,每组6~8人,设组长1人。指导教师继续对各小组作个案跟踪指导。

2)各小组结合7.1、7.2实训项目的调查分析结果,撰写市场调查报告。

3)各小组根据书面报告的内容准备口头报告及演示文稿,并推选出1~2人作为小组发言人,认真做好市场调查报告说明会的准备工作。

4)在班级中由班团委学生干部或自愿报名的学生组建市场调查报告说明会组委会,负责说明会有关筹备、组织等事务,为说明会提供一切物资及人员准备。

5)说明会有关事项:

①地点:电教室或学校礼堂。

②所需设备:投影仪(幻灯、黑板),电脑等可视物及音响设备。

③参加人员:企业嘉宾,校、系领导,专家,教师及全班学生。

④基本流程包括:

准备阶段:包括主持人自我介绍,与会者各自介绍,简单沟通、调节气氛,介绍说明会目的等内容。

主体阶段:各小组发言人依次进行报告解说,以及听众提问时间。

结束阶段:嘉宾点评和指导教师讲评,对全班所有报告总体上的优长之处和不足之处进行评讲,指出学生的努力方向。

7.3.4　实训考核

1)指导教师根据各小组市场调查书面报告和口头报告综合评定小组成绩。其中市场调查书面报告占60%,市场调查口头报告占40%。

2)小组长根据有关小组工作制度及绩效考评制度对其组员进行考核,并以指导教师评定的小组成绩为均分,依据客观、公正的原则评出小组成员个人成绩(其中优、良、中比例约为2:6:2)。

3)小组长成绩由指导教师根据小组业绩及其个人表现进行综合考核、评定。

第8章 项目开发、项目引进评估谈判和合同签订能力训练

8.1 项目开发方案研究报告写作训练

8.1.1 实训目的

通过实训,使学生初步掌握项目开发方案研究报告撰写的基本方法与技能,培养学生项目开发方案研究报告的写作能力。

8.1.2 实训内容

实训项目一:项目开发方案研究报告写作能力训练

1. 选择研究对象

由学生自行选定其较熟悉及感兴趣的一个项目作为本次实训的研究对象,结合新项目所处行业和项目开发公司或新成立项目公司具体状况,尽可能广泛地搜集相关信息资料,以使本次实训的分析研究可以较深入地进行。

2. 信息搜集

可以从了解以下几个方面入手:

(1)宏观环境状况

如经济、技术、贸易、政治、法律及社会文化等环境因素及其变化趋势。

(2)微观环境状况

1)拟开发项目所处行业及其竞争状况。如行业特征、经营程度、分销结构、主要的原料供给、市场发展前景预测及市场进入信息,等等。

2)市场需求状况,如消费需求、消费动机、购买行为、采购人员、组织及程序、顾客满意程度、对价格接受程度、对售前及售后服务的要求,等等。

(3)项目开发公司或新成立项目公司状况

1)企业的技术力量。即技术人员的多少与技术水平的高低以及技术开发和创新能力的强弱,等等。

2)企业的资金状况。即企业的财务状况和筹资能力,资金雄厚,财务状况良好,有利于企业同各方面的经济合作、新产品的开发以及改善经营。筹资能力强,使企业易于应付外部风险、抓住发展机遇。

3)企业的设备条件。良好的设备条件是保证产品的高质量、适应新产品开发的必要条件。

4)企业的管理能力。管理人员的高素质和管理的规范有序可以保证工作的高效率,可以提高对外界变化的应变能力和反应速度,捕捉到其他企业难以把握的机会。

5)企业的内外部支持能力。企业的内部支持主要是企业员工的凝聚力和向心力,而企业外部的支持,则是企业的外部环境,良好的外部环境使企业的经营更富活力,从而大大增强企业的竞争能力。

把以上直接或间接搜集到的信息通过整理与分析而变成的有用的情报,从而使其成为拟订策划方案的重要参考依据。

3. 开展创意策划

在调研资料的基础上,借助理论知识和实践经验进行一系列智力操作活动,通过项目构思及评价使企业资源与市场机会取得合理的匹配,经过项目策略创意和展开过程的精心设计,使新项目的产品(服务)为客户提供更多的利益,更好地吸引客户或消费者,从而实现企业的商业财务目标(具体内容略)。

4. 撰写项目开发方案研究报告

(1)项目开发方案研究报告的格式及内容

1)封面。封面上要注明项目标题、开发公司名称、电话号码、策划书的编制年月、公司主管名称、文件号码等。

2)摘要。通过摘要将正文中的一些关键性结论摘录其中,一般包括下列内容：

①项目开发公司或新成立的项目公司概述；

②对新项目所开发的产品或服务的界定及销售对象；

③新项目开发的销售或利润目标以及相应的财务预测结果；

④要实现上述目标，现有多少资金，还需要多少资金？投资人如果投入这些资金，将以什么样的方式，在什么时候取得什么样的回报？

必须指出的是，摘要的撰写内容很重要，只有当投资人对摘要所介绍的内容感兴趣，才可能阅读正文。2~3 分钟的摘要阅读是吸引投资人的第一关。摘要的字数应限制在 500~1 000 字范围内，对摘要的撰写方式和信息选择的斟酌是非常必要的。

3）目录。每一个计划都应有目录，目录放在摘要和正文之间，它决定了策划书的内容和结构（参见如下——项目策划书目录范例）。

①公司：

现状；

目标——近期；

目标——远期；

管理团队；

管理当局的目标。

②市场与竞争状况：

当前的市场状况；

使用者的利益；

顾客的其他利益；

市场——近期；

市场——长期；

预期市场概况摘要；

竞争状况；

预计销售量与市场占有率；

具体目标市场；

达到目标的销售策略。

③产品：

操作原理；

应用；

产品成效数据；

产品的经济性与优点；

现有产品概况；

扩充生产能力的条件；

专利权与专利技术。

④销售：

目前的销售策略；

销售策略——近期；

销售策略——长期；

公司内部的销售支持；

预约销售成本；

例行调整的销售要件；

产品定价与保证。

⑤开发与生产。

所需设施；

自制/外购之考虑点；

主要采购问题；

所需第二、第三供应厂商；

制造工程的支持；

品质管制计划；

所需人员要件。

⑥财务资料。

财务历史；

扩充要件、预算；

财务计划；

筹集资金作业优先性摘要；

现有股东、所持股份数。

附录：

管理团队小传；

其他重要资料。

（2）项目开发方案研究报告的撰写技巧

1）如何撰写"公司"？

①项目开发公司的构成是什么？由哪些股东组成？股权结构如何？需再吸引多少资金？这笔资金将占多少股份？

②新公司发展的近期目标是什么？新公司拟就开发什么产品？设计规模如何？投产后的销售额是多少（利税多少）？预计增长率是多少？公司的增长率要和行业的增长率相协调，如果公司的增长率超过行业平均水平，务必有合理的解释并参考同业中的上市公司的资料，加以印证。

③新公司发展的长远目标是什么？新公司发起人对公司的发展有何打算？公司的发展目标是什么？

④为什么需要一个管理团队？该项目的开发由哪些人运作？项目公司如何激励这些主要管理人员将项目开发成功？

2）如何撰写"市场与竞争状况"？

①新产品（服务）为客户提供哪些利益？新产品（服务）为客户提供的利益有哪些？这些利益的特别之处和超越之处是什么？要尽量将新产品为顾客提供的利益数量化。同时，还要提供有关市场兴趣度的证据，例如，顾客推荐函、经销商评价等，或者提供了解情况的渠道与方式等。

②市场状况如何？市场状况包括顾客状况、竞争者状况以及对新产品的机会点和问题点的分析。市场状况是在大量深入市场调研的基础上概括出来的。

a. 顾客状况。哪些特征的顾客会成为新产品的购买者，他们以前主要采购什么产品来满足需求？他们对原有产品有什么看法？他们将如何采购和使用这种产品？影响他们购买决策的因素有哪些？新产品的潜在市场估计有多大？这个潜在市场将会发生什么样的变动，这个变动速率为多少？

b. 竞争状况。直接竞争者或间接竞争者有哪些？它们具有哪些特征或优势（和新产品相比较）？竞争者如何取得今天的市场地位？他们使用哪些产品策略和市场策略？哪些因素是成功的关键因素？

c. 根据市场状况的研究分析，概括出新产品面临的机会点和问题点。

③准备实施哪些新产品策略？

3）如何撰写"销售"？"销售"部分可分为内部支持和外部支持来撰写。

首先，如何取得外部支持？

①取得渠道支持。怎样确定有利的渠道政策（选择条件、折扣及优惠）？选择哪些渠道？投资多少用于渠道建网和渠道宣传以及其他费用？

②取得媒体等方面的支持。利用什么媒体和广告公司将新产品信息有效地传到顾客那里，为此需要多少资金和时间？

③取得其他管理部门和压力集团的支持和认可，需要多少资金和时间？

其次，如何取得内部支持？

①确定产品的价格及毛利,并以此确定销售费用。

②谁来负责销售?销售人员来自哪里?如何将他们组织起来?公司准备用销售额的多少比例作为提成?鼓励销售人员达到什么样的销售额目标?

③如何对销售人员进行培训及管理?

4)如何撰写"产品"?

①新产品的操作原理是什么?要使用什么样的关键技术和辅助技术,这些技术如何取得?需要多少资金和时间?根据什么原理组织产品的生产过程?生产工艺流程是什么?

②产品具有哪些特征?新产品要达到什么样的技术标准,能够运用于哪些领域,具有什么功能等?新产品与现有产品相比有哪些技术或商业方面的优势?新产品还具有哪些延伸特点(服务配套或包装精美等)?新产品未来还可能向哪些方向发展(成本低、质量更高、微型化等)?特别说明,包括专利或者购买技术或品牌等。

5)如何撰写"开发与生产"?

①产品研发处于哪个层次?

②开发与生产有哪些关键问题?

6)"财务资料"的编制有哪些要求?

①需要估算的数据。如总投资估算、总成本与单位成本估算,各年销售量预测、管理费用分摊等。这些数据估算与预测的依据前提、方法和过程,可以放在附录之中,正文中只引用结果。

②正文中仅列出损益表、现金流量表、资产负债表和盈亏平衡表等几个主要表格即可,其余表格可列入附录。

③财务计划是项目策划书的逻辑结果,多数数据都来自于与正文相关的分析部分,不能为了需要而杜撰。

④财务分析表应是标准化、易解读的,应由专业财务人员参与编制,使投资人易于解读。

⑤财务分析所使用数据应该具有较高的可信性。

a. 成本的数据应与同行业平均水平一致;

b. 尽量引用公开发表的数据作为估算之依据或佐证;

c. 所有数据估算和分析都应有依据或假定,不能无中生有;

d. 对一些重要数据或超常数据,应有合理的解释。

⑥对筹集资金的特别说明包括股东比例结构、投资所占股份数和其他优先条件等。

8.1.3　实训组织

1)学生以自由组合的方式分为若干模拟业务小组(公司)参与实训,每组3~5人,设组长1人。指导教师对各小组作个案跟踪指导。

2)各小组在实训前需向指导教师提交小组实训计划,包括:实训课题名称、选题背景、实训内容、人员分工安排、小组工作制度及绩效考评制度、时间进度安排等。在对实训计划的可行性和科学性进行论证,经指导教师批准后方可实施。

3)各小组按照小组实训计划,分散进行训练并安排1名记录员,编写实训日记,包括时间、重要记事、任务及完成情况等。

4)给定时间,各小组提交项目开发方案研究报告并进行提案演说,邀请相关专家、企业来宾及教师作为投资方模拟展开项目论证会。

①小组发言人就项目开发方案研究报告内容作简要陈述,必要时可借助投影仪(幻灯、黑板),电脑等可视物及音响设备。

②各小组就"资方"人员提出的相关问题和疑义给出合理的解释及论证,并及时吸收良好的建议与意见,不断完善项目开发方案研究报告。

8.1.4　实训考核

1)指导教师根据各小组项目开发方案研究报告、项目论证情况和小组实训计划及其完成情况(实训日记)综合评定小组成绩。其中项目开发方案研究报告占60%,项目论证情况占20%,小组实训计划及其完成情况(实训日记)占20%。

2)小组长根据有关小组工作制度及绩效考评制度对其组员进行考核,并以指导教师评定的小组成绩为均分,依据客观、公正的原则评出小组成员个人成绩。

3)小组长成绩由指导教师根据小组业绩及其个人表现进行综合考核、评定。

8.2 项目谈判、合同签订能力训练

8.2.1 实训目的

1)通过实训,使学生深刻领会双赢的真谛和双赢的重要作用,了解什么是最佳的交易,并在合作中本着双赢的理念达到双赢的理想结局。

2)通过实训,使学生系统掌握有效进行谈判准备和计划的方法与技能。

3)通过实训,使学生了解并采取不同的谈判策略,运用一系列谈判技巧和手法,并分辨出动态地存在与谈判双方中的沟通问题。

4)通过实训,使学生了解项目合同签订前审核及签订过程中的注意事项,培养学生项目合同签订能力。

8.2.2 实训内容

实训项目一:双赢模式谈判技巧训练

1. 红蓝游戏

1)学生自由分组,每组 3 ~ 4 人,每两组进行游戏。

2)出示计分标准。

表 8.1 红蓝游戏计分标准表

选 择		计 分	
A 组	B 组	A 组	B 组
红	红	+3	+3
红	蓝	−6	+6
蓝	红	+6	−6
蓝	蓝	−3	−3

3)请每组成员在充分考虑计分标准后,经过讨论决定本组选择红或蓝,并写在记分表上,交给指导教师。

4）由指导教师宣布双方的选择结果，并根据计分标准为每一组计分，计分标准如上图。如 A 选红，B 选蓝，则 A 得 –6 分，B 得 +6 分，如 A 选红，B 也选红，各得 3 分。

5）游戏分 10 轮，在第 4 轮和第 8 轮结束时，双方可作短暂沟通，但只有双方都提出这种要求才行，其他时间双方不能做任何接触，位置保持一段空间距离。

6）第 9、10 轮积分加倍。

7）总分为正值的小组为赢家，负分为输家。两组均是正值为双赢，两组均为负分，则没有赢家。

2. **讨论**

1）计分标准有什么特点？在确定选择之前，是否充分考虑过这种特点可能带来的结局？

2）如果每个小组都想自己赢，这种结局可能吗？

3）当计分表上计分不太理想时，是否考虑过其中的原因？是否想到要与另一组沟通？

3. **总结与评估**

1）计分标准的规律已经限定了两组之间的竞争结局，即只有共赢、共输或一赢一输三种情况，所以最理想的结局是大家双赢。

2）如果相互之间一定要争个你死我活，或讲定合作又违背诺言，那么结果要么是一正一负，要么是双负——都会存在负的危险。

3）在经过两轮游戏后，相对的两组已经意识到如果放弃独赢的概念，大家合作，商定相互间的选择，那么大家都可以得正值，所以有些小组会在第 4 轮结束时马上和对方沟通。

实训项目二：项目谈判模拟训练

1. 项目谈判的准备和计划

（1）信息与资料的研究

1）信息的类型：

①必要的信息。这些信息是你谈判所必需的。在得到必要信息之前不要贸然前去谈判。

②希望得到的信息。这些信息很有用，但没有它们你仍然可以进行谈判。

2）信息搜集列表：

表8.2　信息类型及信息搜集列表

<table>
<tr><th colspan="2"></th><th>必要的信息</th><th>希望得到的信息</th></tr>
<tr><td rowspan="2">关于对方的信息</td><td>组织</td><td>公司的类型,组织的规模,目前的业绩水平</td><td>优势劣势,他们的谈判目标,他们的需要及与其他单位的交易情况</td></tr>
<tr><td>个人</td><td>个人的姓名、角色、头衔和地位</td><td>个人的优点、缺点,偏好,谈判风格,个人阅历,报告的方式</td></tr>
<tr><td colspan="2">关于自己的信息</td><td>产品和服务的特点和优点;
不借助他人你能够将谈判进行到什么程度;
你认为成交的准则是什么</td><td>你在市场中的位置;
竞争者在做些什么?
以前从事过的类似交易</td></tr>
</table>

（2）确定谈判的目标

在谈判之前预测一下谈判的范围会在哪里,确认你谈判的目标、自己理想的目标和回落目标,并估计对手理想的目标和回落目标。

1）理想的目标:这是你想要实现的目标,但为了达成协议你愿意对此让步。

2）现实的目标:这是你在谈判的范围,在此范围内你将愿意成交打算实现的目标。

3）回落目标:这是你必须坚持实现的目标,如果无法实现回落目标,你宁可放弃这笔交易。

（3）拟订详细的谈判计划

计划包括回答每个阶段产生的一系列问题,利用你对下列问题的回答设计一套谈判策略:

1）开始阶段:

我该怎样开始谈判?

我应该怎样利用对手的了解建立一个良好的关系?

我怎样控制谈判的进程?

2）试探阶段:

我该问些什么问题?

他们可能会问些什么问题?

我该如何处理这些问题?

3）交锋阶段:

我该使用什么信号来暗示进展的机会?

我该怎样提出建议?

我该怎样处理断然的"不"？

4)讨价还价阶段：

在哪里可能出现矛盾？

我该怎样处理这些矛盾？

我想做哪些让步？

我通过让步想得到什么？

我怎样包装那些让步？

对方非常希望我做出的,而且我也能轻易做出的让步有哪些？

我怎样让他们能轻易地做出让步？

5)结束阶段：

我想怎样来结束这场谈判？

我能运用哪些结束谈判的手法？

协议将如何被记录下来？

附:项目谈判各阶段及其主要活动列表

表8.3　谈判计划表

阶　　段	主要活动
准备和计划	确定你的目标； 获取相关的背景信息； 决定谈判策略和谈判手法
开始	建立良好的关系； 进行开场陈述
试探	提出问题并仔细倾听； 提供并接收信息
交锋	提出并接受建议； 发出并接受信号
讨价还价	探求问题的解决之道； 处理矛盾
结束	总结和确认； 学习经验； 为下次做准备

2. 正式谈判

(1)开始阶段,营造气氛

1)努力和对方建立良好的关系。

①应做到以下几点：

a. 礼貌行事,态度友好;

b. 清楚地做自我介绍;

c. 显示对谈判对手感兴趣。

②不应该:

a. 流于冗长的闲聊;

b. 做与主题无关的即兴发挥;

c. 吹嘘自己的生活方式、假期等。

2)开场陈述时应注意以下几点:

a. 开始时就概括出你对会谈的理解和会谈的目的,这将使你能够控制谈判的进程;

b. 总是让对方先亮出他们的底牌;

c. 如果你不得不先给出提议,就用非常概括的话表达出来;

d. 开场的提议应该接近你理想的目标,定位要高!

3)当有人做如下行为时,谈判就开始了:

a. 提出建议;

b. 给出报价;

c. 提出一项要求;

d. 提出某些条件,等等。

(2)告示阶段,双方试探

1)在双向沟通时,要把握好保密与泄情的平衡。

①谈判中的保密范围主要涉及:

a. 谈判的目标、方案及服务与目标、方案的手段;

b. 谈判的内部信息,包括己方谈判的价值起点、界点、争取点和谈判的价值起点、界点和争取点的预测;

c. 谈判者的决策和分工,及可削弱己方议价能力或增加对方议价能力的信息、资料等。

②谈判中泄情有两种形式:

a. 一种是为了谈判顺利而必须向对方讲述的己方条件,创造谈判解决问题的前提。

b. 另一种则是谈判策略上的需要,向对方提供不实的资料,使对方被琐碎的资料包围,而忽略了重要的资料,错过了真正的问题,以蒙蔽对方。

泄情的策略应建立在科学预测及充分评估的基础上,统筹兼顾,不可顾此失彼。

2）报价时如何提高己方的报价效率，如何对待对方的报价？应注意如下问题：

①孰先孰后报价；

②报价起点的确定；

③报价的表达方式；

④正确对待对方报价。

（3）交锋阶段，角逐实力

交锋阶段，谈判双方从各自的利益出发，唇枪舌剑，其关键在于在实力角逐中说服对手接受己见。

1）说服对手时应注意如下事项：

①分析对方提出的论证，透彻了解谈判对手的意见。

②了解对手的接受能力，有针对性地采取表达方式。

③对对方观点的同意与不同意应建立在相互理解的基础上。

④要有灵活多样的应变方式，同一个内容有很多种不同的表达方式，每换一种说法，都要增添新理由，有新发展。

2）如何应对对手对你的说服攻势？

①当对手的交易条件离你的目标很远时，学会说"不"。

②如果你招架不住，可通过如下方法来拖延时间：

a. 提一个刺探性的问题；

b. 不做任何反应；

c. 推迟你的回答；

d. 要求重复问题。

（4）妥协阶段，讨价还价

1）让步。

①永远不要做无条件的让步。

②在让步之前，先问问如何让步，并考虑你希望从对手那里得到什么作为补偿。

③永远牢记：试着用自己微不足道的让步换得对方重要的东西，永远瞄准你能得到的最佳交易。

2）处理矛盾。

①很多谈判手通过威胁和恐吓来实现他们的目标，如果你面对着威胁，请：保持冷静、动动脑子、不要躲避或还击并且转移话题。

②如果你遇到麻烦，拖延时间让自己考虑。

③如果你想威胁别人,要说明这是由于对方行为而导致的结果。

④谨慎地使用侵略性的行为。

(5)结束阶段

1)暗示你已取得最佳交易的信号:

①对进一步的让步,对方反复地说不。

②人们收拾起了东西,如盖上笔帽,收拾好纸张等。

③让步的幅度越来越小。

2)不要慌乱,确保对任何问题都进行了探索、试验和讨价还价,检查任何突出的细节,澄清任何模糊或不确定的地方,给出你最后的报价。

3)总结达成协议的内容,以书面的形式确认协议。

4)签订协议、功成身退(详见"实训项目三:项目合同签订能力训练")。

3. 总结经验

(1)总结的内容

1)我方的战略战术。诸如确定谈判目标,运用谈判策略等方面的得失。

2)我方的谈判方案的实施情况。如准备工作,谈判议程的安排,谈判进度控制等。

3)我方谈判组的情况。如谈判组组长与其成员的关系,谈判小组每个成员的能力及作用发挥状况、纪律执行情况等。

4)谈判对手的情况。如工作风格、谈判策略,其成员的能力个性、相互间的配合,等等。

(2)在总结上述问题的基础上,各小组撰写总结报告

实训项目三:项目合同签订能力训练

1. 签字前的审核

(1)签字前的文件审核。包括:

1)有多种文字时,要核对合同文本的一致性;一种文字时,要核对磋商条件与文本的一致性。

2)核对各种批件,主要是项目许可证、用汇证明、订货卡等是否完备,合同内容与批件内容是否一致,等等。

(2)对对方当事人签约资格进行审查

1)通过有关机关和银行等单位进行了解,确定对方的主体资格。

2)要求对方出示有关法律文件,证明其合法资格,如执照,等等。

3)具体到签约的身份问题,应要求其出具有效的授权证明,如委托书等,

以了解对方的合法身份和权限范围。

2. 签字仪式的要点

1）签约仪式上，双方参加谈判的全体人员都要出席，共同进入会场，相互致意握手，一起入座。签字位置一般安排客方在右，主方在左。

2）双方都应设有助签人员，分立在各自一方签约人外侧，其余人排列在各自一方代表身后。

3）双方签字人的身份应大体相等。

4）助签人员要协助签字人员打开文本，用手指明签字位置。双方代表各在己方的文本上签字，然后由助签人员互相交换，代表再在对方文本上签字。

5）签字完毕后，双方应同时起立，交换文本，并互相握手，祝贺合作成功，其他随行人员则应该以热烈的掌声表示祝贺。

8.2.3　实训组织

1）学生以自由组合的方式分为若干模拟业务小组（公司）参与实训，每组 3 ~ 4 人，设组长 1 人。

2）双赢模式谈判技巧训练阶段：

①各小组以抽签的方式两两配对，进行游戏。

②游戏完毕之后，集中全班学生组织讨论及总结。

3）模拟谈判、合同签订能力训练阶段：

①各小组在指导教师给出的谈判项目选题中任意选择一个项目参与实训，选择同一谈判项目的对手之间抽签决定是代表甲方或乙方。为保证对手分布的合理性，指导教师可进行个别调整，并总体协调，安排谈判日程。

②各小组认真进行谈判的准备工作，制定详细的谈判计划，并对谈判计划的可行性和科学性进行论证，经指导教师批准后方可实施。

③指导教师参与各小组谈判计划的论证和项目谈判的全过程，但不担任谈判小组的任何角色。

④各小组认真总结双方达成协议的内容，以书面的形式确认协议，并模拟举行签字仪式。

⑤推选几位学生作为记录员，负责记录每一场谈判的全过程，必要时可对每一场谈判进行实况录像，以方便事后进行分析评判总结经验。

⑥谈判结束后，各小组认真总结经验，并撰写报告。

8.2.4　实训考核

1)指导教师根据各小组谈判计划及其实施情况、总结报告,综合模拟谈判及签字仪式中小组成员的表现给出小组成绩。其中小组谈判计划及其实施情况占50%,模拟谈判及签字仪式中小组成员的表现占40%,总结报告占10%。

2)小组长根据有关小组工作制度及绩效考评制度对其组员进行考核,并以指导教师评定的小组成绩为均分,依据客观、公正的原则评出小组成员个人成绩。

3)小组长成绩由指导教师根据小组业绩及其个人表现进行综合考核、评定。

8.3　客户信用管理能力训练

8.3.1　实训目的

通过实训,使学生初步掌握客户信用情报调查与分析的方法与技巧,培养学生客户信用管理能力。

8.3.2　实训内容

实训项目:客户信用情报调查与分析能力训练

(1)进行信用调查,收集客户信息

1)客户一般状况的调查(详见表8.4)。

2)客户营业状况的调查(详见表8.5)。

3)客户财务状况的调查(详见表8.6)。

表8.4 客户一般状况调查表

调查专案	甲	乙	丙
1. 过去一年内有无从事房地产或股票之投机买卖	没有		有
2. 最近一年内有无兼营其他事业	没有		有
3. 最近一年内有无担任名誉职位	没有		有
4. 是否经常赌博	没有	偶尔有	常有
5. 是否经常进出夜总会、酒家等场所	没有	偶尔有	常有
6. 在现住所居住年数	10年以上	3年以上	未满3年
7. 邻居们的评价	很高	普通	不好
8. 店员是否常感不满或抱怨	没有	偶尔有	常有
9. 过去有无产销逃脱品伪造品	没有		
10. 过去有否刑事案件	没有		
11. 过去一年内是否出售过房地产（非投机性）	没有		
12. 有无汽车、空调、彩电等设备	2种以上	1种	没有
13. 家庭是否美满	美满	普通	不美满

表8.5 客户营业状况调查表

调查专案	甲	乙	丙
1. 店铺的所有权是属于	自有	家族共有	租赁
2. 店铺的规模与建筑	大,钢筋水泥	普通	小木造
3. 店铺的位置	市场附近	马路旁	巷内
4. 店铺的装潢、照明	很好	普通	不好
5. 店铺内有无电话	2部以上	1部	没有
6. 店员人数	3人以上	2人	1人
7. 店铺内商品陈列	整齐	普通	零星
8. 店员教育及工作态度	很好	普通	不好
9. 经营者的经营技术	内行	普通	不好
10. 经营者的推销能力	很好	普通	不好
11. 经营者的经验年数	10年以上	3年	未满3年
12. 营业实权操在何人之手	店主	太太	店员
13. 同业的评语	很好	普通	不好

表8.6　客户财务状况的调查表

调查专案	甲	乙	丙
1. 财务结构	健全	高利贷	买空卖空
2. 是否经常向他人借款或借票	没有	偶尔有	有
3. 有无向银行或公会借款	没有		有
4. 过去曾否有过退票	没有	一次	一次以上
5. 过去曾否要求期票展期	没有	一次	一次以上
6. 最近一年内有无被人倒账或作保赔偿	没有		有
7. 银行信用状况	很好	普通	不好
8. 经营者有无财务知识	内行	懂	不懂
9. 财务实权操在何人之手	店主	夫人	店员

（2）根据调查结果，给予信用额度

1）信用额度的计算方式：

①根据调查结果，分别计算出各类甲、乙、丙三等级所占的比率；

②甲、乙、丙三等级分别按10、5、1的权数乘以平均百分比，算出信用点数：

信用点数 = 10 × 甲% + 5 × 乙% + 1 × 丙%

③评定信用等级，并决定信用额度（详见表8.7）。

表8.7　信用等级、信用点数与信用额度表

信用等级	信用点数/分	信用额度/元
优良	8～10	40 000
普通	5～8	20 000
尚可	2～5	12 000
恶劣	1～2	不得经销

2）信用额度计算范例

若某经销商被调查后，其实绩如下：

表 8.8 信用额度计算表

等级 类别	甲	乙	丙
一般状况	45%	30%	25%
营业状况	50%	30%	20%
财务信用	30%	40%	30%
平 均	42%	33%	25%

信用点数 $= 10 \times 0.42 + 5 \times 0.33 + 1 \times 0.25 = 6.1$

信用等级属于普通，其信用额度为 2 万元。

8.3.3 实训组织

1）学生以自由组合的方式分为若干模拟业务小组（公司）参与实训，每组 6 ~ 8 人，设组长 1 人。指导教师对各小组作个案跟踪指导。

2）给定时间，各小组向指导教师提交信用调查方案，并就方案内容进行答辩和修改，方案定稿后进入信用调查项目组织实施阶段的训练。

3）调查项目实施时，各小组学生中推举 1 人作为督导员，其余学生有序分工，分头进行调查。指导教师对各小组项目实施进度进行抽查，对实施过程中出现的问题给予及时的指正。

4）数据处理及分析阶段可由指导教师或计算信息处理人员提供技术支持，以保证各小组调查结果按规范要求完成。

8.3.4 实训考核

1）指导教师根据各小组市场调查计划、小组实训计划及其完成情况（实训日记）和答辩情况综合评定小组成绩。其中信用调查方案占 40%，信用调查项目组织实施情况占 40%，小组实训计划及其完成情况（实训日记）占 10%，答辩情况占 10%。

2）小组长根据有关小组工作制度及绩效考评制度对其组员进行考核，并以指导教师评定的小组成绩为均分，依据客观、公正的原则评出小组成员个人成绩（其中优、良、中比例约为 2:6:2）。

3）小组长成绩由指导教师根据小组业绩及其个人表现进行综合考核、评定。

第9章 产品推销、终端渠道开发、维护与管理训练

产品推销是企业自身的产品形象、外观包装、产品品牌、产品标识、产品的使用优势和性能优势的一个总体的外在展示。因而企业的营销人员必须做好产品推销。目的是让更多的买家充分了解企业产品的优质性和实用性,从而产生购买行为。

营销渠道主要是由参与商品流通过程的各种类型的机构组成的。通过这种机构网,产品才能上市行销,从生产者流向最终消费者或用户,实现商品的价值。由于营销渠道并不是生产者和中间商之间相互联系的简单结合,而是企业之间为达到各自或共同目标而进行交易的复杂行为体系和过程。在这样的过程中企业必须做好对渠道的开发、维护与管理。

9.1 产品推销计划制定与实施能力训练

9.1.1 产品推销计划制定的目的

(1)目的

1)提高企业市场营销工作的整体水平;

2)使企业的营销人员有计划地去实施每次拜访工作,提高其推销的工作效率和水平;

3)使企业的营销人员合理地利用每天的工作时间,安排每天的客户拜访。满足顾客的需求。弄清楚此次拜访准备达到什么目的,因而对此次拜访是否成功进行评价,总结经验教训,为下次拜访做好准备。

(2)推销人员制定推销计划情况自测

1)在制定推销计划前对企业的商品了解程度。

商品的定价。　　　　　　　了解(　　)非常了解(　　)不了解(　　)

商品的品种。　　　　　　　了解(　　)非常了解(　　)不了解(　　)

商品的规格。　　　　　　　了解(　　)非常了解(　　)不了解(　　)

商品的花色。　　　　　　　了解(　　)非常了解(　　)不了解(　　)

商品的服务。　　　　　　　了解(　　)非常了解(　　)不了解(　　)

2)与推销工作相关的信息了解程度。

信贷条件。　　　　　　　　了解(　　)非常了解(　　)不了解(　　)

交货期限。　　　　　　　　了解(　　)非常了解(　　)不了解(　　)

广告方案。　　　　　　　　了解(　　)非常了解(　　)不了解(　　)

3)在寻找潜在顾客时,对确定可能买主的了解程度。

买主的购货资料。　　　　　了解(　　)非常了解(　　)不了解(　　)

潜在客户明细表。　　　　　了解(　　)非常了解(　　)不了解(　　)

重点目标顾客。　　　　　　了解(　　)非常了解(　　)不了解(　　)

4)顾客的背景资料了解程度。

公司资产、财务和经营状况。了解(　　)非常了解(　　)不了解(　　)

公司负责人的人品、风格等。了解(　　)非常了解(　　)不了解(　　)

公司采购主管的情况。　　　了解(　　)非常了解(　　)不了解(　　)

说明:(选择"了解"得2分,"非常了解"为1分,"不了解"不加分,累计得总分)

分数为0～10:基本上算不上是一个合格的推销人员,需要加强进一步的培训和锻炼。

分数为11～20:算得上是个合格的推销人员,虽然知道自己的工作目标,但是仍缺乏对顾客了解的主动性,需要加强。

分数为21～30:是一个很优秀的推销人员,既有主动性,又能明确自己的推销目标,这样的推销人员,销售业绩一定很理想。

9.1.2 产品推销计划制定的内容

实训项目一:拜访顾客的路线设计

1)重点拜访顾客:对重点顾客应每天安排时间有针对性的拜访,保持良好的关系,以此确定当天的拜访线路。

2)平均拜访的顾客:有针对性的对这类顾客进行拜访,为以后的推销奠定基础,并把它安排在每天的日程中。有针对性的安排拜访线路。

3)反应热烈的顾客:可专门安排时间进行商谈,针对其反应进行重点拜访,并安排拜访路线。

4)反应冷淡的顾客:可与其建立关系,为今后的合作建立良好关系,此类顾客的拜访路线根据具体的情况安排。

实训项目二:洽谈目标

1)导入阶段:首先建立一种轻松、友好、愉快的洽谈气氛,使双方对所谈的问题形成共识,然后再导入此次洽谈的目标,为顺利进入正式话题奠定基础。

2)概说阶段:主要让对方了解推销的目的及一些建议,但要注意隐藏起不想让对方知道的其他信息,不要把自己的所知和想法告诉对方,因此,该阶段的时间把握要注意,并且该阶段的目标主要把产品的价格说清楚,因此要采取审慎的态度。

3)明示阶段:该阶段是进入实质性问题的磋商阶段,也是双方持不同意见的时候,因此,作为推销人员应该心平气和。并且明确该阶段的目标是要说服对方,因此必须有良好的判断力,了解对方的心理。以此达到洽谈的目标。

4)交锋阶段:该阶段是双方彼此说服对方的阶段,也是洽谈的一个关键步骤,因此,要表现出勇气、自信和毅力,要利用谈判的策略和技巧说服对手,实现互惠互利的洽谈目标。

5)协议阶段:经过交锋和妥协退让,双方已基本达到各自目标,进入签订协议。因此在进行协议时,应注意的是谈判者必须熟记协议条文,保证协议的切实履行这一目标。

实训项目三:洽谈要点

1)针对洽谈对象的具体情况和推销产品的特殊性,提出在推销洽谈中重点介绍说明的内容。

2)推销人员既要全面准确了解和掌握产品的特点,又能把握顾客需求的不同特征和利益倾向。

3)根据洽谈的不同阶段规划和确定不同的推销要点。

实训项目四:推销策略和技巧

1)先发制人策略:即估计到顾客有可能提出的反对意见,抢在他前面有针对性地提出问题并阐述,发动攻势,解决顾客的疑义,排除推销障碍。但该策略的采用关键在于:一是对对方的言行有准确充分地判断和估计;二是自己要掌握充分的理由;三是要善于选择灵活运用发动攻势的最佳方式;四是要及时把握机会,抢得"先言"的优势。

2)曲线求利策略:在洽谈中就某个问题劝说对方时,正面说服不了对方,可以选择对方不易察觉的突破口,避开正面的障碍,从侧面去谈,让对方顺着自己的思路,承认我方的观点或意见。该策略关键要做到"心中有数,步步为营"力求适应对方"心理相容"的需求,在实施由虚而实的过程,达到最终说服对方的目的。

3)扬长避短策略:对自己的产品和其他竞争产品的优缺点了如指掌,并制定应对策略。

4)调和折中策略:该策略的应用应注意:第一,选择时机。第二,不宜率先提出折中,以免离成交点太远。第三,在提出折中或响应折中时,不宜宣称这是最后的折中,以保留再折中的权利。第四,折中时应注意手上留有让步的余量。

5)倾听技巧:要给对方发言的机会;聆听时要聚精会神;要边听边想;要始终保持冷静的心态和从容的风度。

6)提问技巧:根据洽谈对象、内容和目的的不同采用各种不同的提问方式。例如:"给您来一杯茶还是咖啡,或是一杯冰水?"如:"您说这类设备要订购100台,决定了没有?"如:"明年的物价上涨,你有什么意见?"这些提问的方式是多种多样的,应根据具体情况进行。

7)答复技巧:在洽谈过程中应当针对对方的提问实事求是地正面回答。但有时不要彻底答复对方的提问,针对提问者的真实心理进行答复。适当可以采用拖延回答或是含糊应答。甚至在适当的时机可采用反诘诱问或是不予理会。

8) 说服技巧:洽谈中讨论问题的顺序应当按先易后难的原则去安排,在说服对方时免不了要陈述利害关系,我们一般应先讲利的一面,然后再以委婉的口气陈述弊的一面。拿出充分的证据或有说服力的资料来证实自己的解释或要求,使对方在事实面前心悦诚服。

9) 讨价还价技巧:确定价格的上下限,把握报价时机,采用价格分割策略。

10) 掌握时机的技巧:发现成交信号,学会对时机的选择。

实训项目五:访问洽谈日程

根据洽谈双方的时间安排,拟订好访谈日程,掌握好谈判进度,见机行事。也是取得推销成功的必要条件。

9.1.3 产品推销计划的实施

实训项目一:推销计划的实施原则

1) 灵活性原则:推销人员应根据推销过程遇到的具体情况,灵活的实施该计划。根据面临的新情况灵活地采取新的对策。

2) 反馈性原则:在实施推销计划的过程中,顾客的反映如何?推销的效果如何?这些都是推销人员的宝贵信息,应学会记录和整理,成为下一步对推销计划进行修改和完善的资料和依据。

3) 动态性原则:推销环境的不断变化,推销人员应经常对推销计划进行改进,根据形式的发展调整自己的行动方案。

实训项目二:推销计划的分析

1) 洽谈目标分析:分析洽谈目标是否顺利达成,如果实现了目标,目标是否定得过低,还有无潜力可挖;若未达到目标,要分析失败的原因,找到原因后,有的放矢地提出解决方案,或调整目标或改变策略。

2) 洽谈要点分析:分析规划的洽谈要点是否能说服、引导和刺激顾客购买。一旦发现未达到预期效果,应认真分析原因,并据此对洽谈要点进行重新规划。

3）推销策略和技巧分析：分析顾客对已定策略和技巧运用的反应，该策略是否起到了吸引顾客注意力，激发顾客购买欲望的作用，是否圆满解决了顾客提出的各种具体问题，有无事先没有设想到的问题及应对策略。

推销人员还可在计划的实施过程中对访问路线、访谈日程等问题进行具体分析，在有误必改的前提下，不断完善自己的推销计划，使推销计划真正成为推销活动的正确指南。

9.1.4　实训的组织形式与控制要求

1）实训地点：教室或形体实训室。

2）实训组织形式：在教师指导下，学生分为若干模拟业务小组（公司），以平时各小组进行分散性基础训练，给定时间内集中各小组进行交互式对抗演练的方式组织实训。

3）实训要求：基础训练在本组内进行，按规范操作结束后由教师随机抽出每组中的一至两位同学，各组间进行交互式对抗演练评比打分，以参加对抗演练同学的成绩作为小组的综合成绩。

9.2　终端渠道开发与提升销量能力训练

渠道开发就是首先把市场内所有的客户分类，然后对每类客户进行销售潜力，产品及其所需服务的分析，对每类客户（即每种"渠道"）制定个别不同的长期及近期开发计划及销售目标，有步骤地使产品在渠道内的铺货更广，更容易被消费者买到，从而提高销售量。

9.2.1　终端渠道开发与提升销量的目的

1）更好的引导企业朝什么方向开发市场，从而设计及执行不同的计划及行动来针对及满足不同客户及消费者之需求。

2）令我们认识到每一类客户及消费者（即一个渠道）都有他们的特殊需求及销售潜力。

9.2.2 终端渠道开发情况的自测

①产品整个市场的结构、规模、产品的销售领域、客户及消费者的需要的了解程度。

了解( ) 非常了解( ) 不了解( )

②对所需的服务频度及人力资源需要的了解程度。

了解( ) 非常了解( ) 不了解( )

③配销及送货服务需要了解程度。

了解( ) 非常了解( ) 不了解( )

④合适的产品品牌、包装、价格的了解程度。

了解( ) 非常了解( ) 不了解( )

⑤设备需要的了解程度。

了解( ) 非常了解( ) 不了解( )

⑥生动化的了解程度。

了解( ) 非常了解( ) 不了解( )

⑦促销/赞助的了解程度。

了解( ) 非常了解( ) 不了解( )

⑧整个市场的结构规模及产品的销售领域了解程度。

了解( ) 非常了解( ) 不了解( )

⑨销售区域当中,到底有多少种不同类型的客户(或渠道)了解程度。

了解( ) 非常了解( ) 不了解( )

说明:(选择"了解"得 2 分,"非常了解"为 1 分,"不了解"不加分,累计得总分)

分数为 0~10 分:基本上算不上是一个合格的推销人员,对渠道不了解,需要加强进一步的培训和锻炼。

分数为 11~20 分:算得上是个合格的推销人员,虽然知道如何做渠道,但是缺乏对工作的主动性,需要加强。

分数为 21~30 分:是一个优秀的推销人员,既有主动性又能明确自己的目标,对渠道建设、开发都非常了解,终端开发业绩一定很理想。

9.2.3　终端渠道开发的内容

实训项目一:每类渠道所包含的客户类别

1)商品零售商。包括大卖场、超市、便利店、食品店、烟酒店、菜场、南北货店、酱酒店等。

2)交通窗口。包括机场、码头(客运)、火车站、长途汽车站等。

3)旅游景点。包括旅游景点内的小卖部及饮食服务部的小店及餐厅等。

4)宾馆。包括所有的大、中、小,合资、中资、外资、中外合资、中外合作性质的对内及涉外宾馆、饭店、招待所、旅馆等。

5)娱乐场所。包括酒吧、舞厅、卡拉 OK、浴室、电影院、录像厅、咖啡厅、茶楼等。

6)体育。包括博物馆、图书馆、运动场、游乐场、公园、艺术馆、剧场等。

7)学校。所有的小学、中学、大专、高校、中专、中技、成人夜校、学院等。

8)工矿企业。包括工矿单位、工会、工厂所属服务公司及写字楼等。

9)商业批发。包括糖烟酒公司,做批发的商场、批发部、服务公司、供销社、百货商场、个体商业批发等。

10)军队。包括训练基地、及军人服务公司等。

每一个渠道对我们销量的重要性如何? 哪一个渠道对我们最重要? 每一个渠道的销售量是多少?

每一个渠道的顾客是什么样的人? 他们有什么特点? 有什么需求?

影响每一个渠道的业务的主要因素是什么? 渠道内的客户发展的前途是如何?

我们的产品在哪些渠道有销售? 销售量及市场占有是多少? 亦即是说,在客户的地点内,有哪些地点是可以用来供应饮料服务的。

有哪些"潜在销售领域"我们还没有开发或没有注意?

每类渠道的开发会带来多少额外销售量?

实训项目二:了解所需的服务频度及额外人力资源需要

每一类渠道所需的服务频度是什么? 开发额外的客户会需要我们增加多少销售人员?

目前我们使用的销售方式是否最有效? 有无必要发展新的销售服务制度

及办法？

有哪些购买饮料的习惯及做法？

实训项目三：配销及送货服务需要

1）客户的营业手法或者要求对我们目前的配销及发货系统有什么影响？

送货到点；

送货到库；

沿街贩卖。

2）我们需要怎样改善配销系统来迎合客户的要求？

实训项目四：产品品牌、包装、价格等综合考虑

1）哪一个牌子的产品是我们在渠道内的优先重点产品？

2）我们产品的包装是否适合客户的销售环境及需要？我们可以怎样通过包装的改变来改善对客户的服务？

3）我们应采取一个什么价格措施或标准？

4）如何可以影响客户的零售价格？

5）怎样利用合适的产品及包装来增加人均销售量？

实训项目五：设备配置及投放

1）我们是否配有合适的运输设备及冷冻设备？

2）能从什么地方找到所需的设备？

3）有无设备更换时间表及维修服务人员？

4）所需设备的数量是多少？

实训项目六：销售点产品生动化展示

1）在这方面我们有无针对每种渠道而设的政策或习惯做法？

2）现有的生动化物品或材料及展示形式是否能达到我们的目标？

3）我们需要哪些其他类型的生动化手段来进一步提高产品形象风格？

4）生动化工作是由谁来具体执行及检查？

5）顾客对生动休有什么要求和习惯？

实训项目七：促销手段

1）渠道中的客户习惯做哪一类的促销活动？这些活动是否有助于销售？

2）我们可以采取什么促销手段？

3）应该相隔多长时间做一次促销活动？

4）促销活动的举行由哪些部门具体策划及执行？

5）有无措施监察促销的结果？及衡量效益？

实训项目八：特殊活动

1）在渠道中有哪些重大的特殊活动可以增加销售或产品影响力？

2）怎样与客户的重大活动相连？

3）以上所描述的，是我们在设计渠道计划时必须要考虑的八大因素。当我们将这些因素都考虑过之后，就可以着手做一个具体的渠道销售计划。以下我们将就怎样结合八大因素来做具体渠道计划的方法与大家解释一下。

具体的渠道计划流程可以用这个计划流程表来显示：

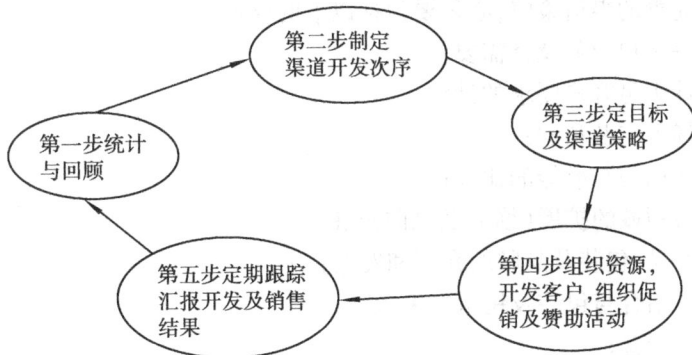

图9.1 常用的渠道计划流程图

9.2.4 提升销量的训练内容

实训项目一：制定渠道开发次序

当做好全面的统计及回顾之后，我们可以根据以下情况来确定我们的开发次序。

1）战略上的重要性；

2）市场占有率；

3）利润率；

4）长远前景增长速度；

5）品牌/新产品/新包装；

6）其他因素。

为什么我们不一下子同时开发所有的渠道，而要安排先后次序呢？最重要的原因，是由于公司内部往往资源有限，而开发渠道时，往往都必须要投放足够资源，并获得上层重视及关怀，才会有所进展的。因此，在这种条件下，往往最好是按部就班地，有规划地，有次序地来开发渠道。如果采用"大包围"的手法来开发渠道，就很容易导致资源和注意力分散，效果低，费用大的结果。

实训项目二：制定渠道策略及目标

当我们确定了哪几个渠道是值得我们开发后，我们就必须要对每个渠道制定明确的长短期目标及开发策略。

所谓渠道策略，就是指设计一连串的计划及行动，完全征服/占有一个渠道。一个完善的渠道策略，必须要包括以下的要点：

①了解客户业务及其需要；

②设计满足客户要求的计划；

③市场占有及利润；

④实际销售与潜能的比较；

⑤销售领域的扩展（横向及纵向扩展）；

⑥新产品，包装及品牌的介绍和发展；

⑦价格结合与包装及销量的关系；

⑧设备配置；

⑨配销服务；

⑩生动化，品牌展示；

⑪特殊活动；

⑫遏制竞争对手；

⑬预测消费者需求及动向。

9.2.5 实训的组织形式与控制要求

1）实训地点：教室或形体实训室。

2）实训组织形式：在教师指导下，学生分为若干模拟业务小组（公司），以平时各小组进行分散性基础训练，给定时间内集中各小组进行交互式对抗演练的方式组织实训。

3)实训要求:基础训练在本组内进行,按规范操作结束后由教师随机抽出每组中的一至两位同学,各组间进行交互式对抗演练评比打分,以参加对抗演练同学的成绩作为小组的综合成绩。

9.3　忠诚客户培养训练

客户忠诚是从客户满意概念中引出的概念,是指客户满意后而产生的对某种产品品牌或公司的信赖、维护和希望重复购买的一种心理倾向。客户忠诚实际上是一种客户行为的持续性,客户忠诚度是指客户忠诚于企业的程度。随着市场竞争的逐步升级,迫使企业必须对市场变化迅速做出反应,市场变化源于客户行为的变化,因此,必须把注意力集中于客户;加上信息技术尤其互联网技术的发展,为企业营销提供了全新的平台,Internet 催生的 CRM 系统能够给企业带来营销方式的重大变革。所以客户忠诚度的培养已经成为企业重视的一个问题。

渠道维护是立足当前渠道的实际情况,结合市场预测对下阶段营销渠道的管理模式做出的整体设计。渠道维护的指导思想是渠道整合的纲领,提高渠道的销售能力、服务水平、忠诚度和确保有效竞争是整合渠道的目的,是渠道规划的主要部分。

9.3.1　忠诚客户培养的目的

1)只要赢得了客户的忠诚,企业将"财源滚滚";
2)提高市场份额,并增加客户保留度;
3)为企业的发展奠定良好的忠诚客户群。

9.3.2　忠诚客户培养自测

①客户的需求与公司提供的产品是否匹配;　　是(　　)　　否(　　)

②客户对公司提供的服务是否满意;　　是(　　)　　否(　　)

③客户对公司的态度是否忠诚;　　是(　　)　　否(　　)

④客户对公司的行为是否忠诚;　　是(　　)　　否(　　)

⑤对客户是否进行分类管理; 　　　　是(　　)　　否(　　)

⑥对客户是否进行投资; 　　　　　　是(　　)　　否(　　)

⑦是否经常与客户保持联系; 　　　　是(　　)　　否(　　)

⑧是否经常控制客户成本; 　　　　　是(　　)　　否(　　)

⑨自己是否对公司忠诚; 　　　　　　是(　　)　　否(　　)

⑩自己提供给客户的服务是否满意。　是(　　)　　否(　　)

说明:(选择"是"得2分,"否"为1分,累计得总分)

分数为0~10:基本谈不上对客户忠诚度的维护,并且业绩也很糟糕,需要从新制订一套对客户维护的方案。

分数为11~20:是一个很好的懂得客户关系重要性的员工,并且有良好的客户群体,而且这些客户对公司的忠诚度也比较高。

9.3.3　忠诚客户培养的内容

实训项目一:建立员工忠诚

具有高层次客户忠诚度的公司一般同时也具有较高的员工忠诚度。

客户忠诚的核心原则是:首先要服务好你的员工,然后才有可能服务好你的客户。

实训项目二:确定客户价值取向

1)要提升客户忠诚度,我们首先要知道哪些因素将影响客户的取向。

2)客户取向通常取决于三方面:价值、系统和人。当客户感觉到产品或者服务在质量、数量、可靠性或者"适合性"方面有不足的时候,他们通常会侧重于价值取向。

3)期望值受商品或者服务的成本影响,对低成本和较高成本商品的期望值是不同的。但当核心产品的质量低于期望值时,他们便会对照价格来进行考虑。

实训项目三:实践80/20原则

1)企业实施客户忠诚计划时应该要好好应用一下80/20法则。概括地说,企业80%的收入来源于20%的客户。所有的客户对于企业来说价值都不是一样的。

2)其中一些客户为公司带来了长期的价值。明智的公司应该能够跟踪客户、细分客户,并根据客户的价值大小来提供有针对性的产品和服务。因此,我们在推行客户忠诚计划时,应该把重点放在 20% ~30% 的高价值客户上,但同时我们应该考虑有一些有价值潜力的客户,并采取相应的策略。

实训项目四:让客户认同"物有所值"

1)只有保持稳定的客源,才能为品牌赢得丰厚的利润率。但是,当商家把打折、促销作为追求客源的惟一手段时,降价只会使企业和品牌失去它们最忠实的客户群。促销、降价的手段,不可能提高客户的忠诚度,价格战只能为品牌带来越来越多的毫无忠诚可言的客户;而当商家、企业要寻求自身发展和高利润增长时,这部分客户必将流失。

2)培养忠诚的客户群,不能仅做到"价廉物美",更要让客户明白这个商品是"物有所值"的。由于"经营同质化",企业只有细分产品定位、寻求差异化经营、找准目标客户的价值取向和消费能力,才能真正培养出属于自己的忠诚客户群。

实训项目五:根据客户忠诚现状确定提升办法

1)客户忠诚于企业必然会处于一种状态上,因此企业理解客户目前所处的状态就能够清楚地认识到,如何才能够提升客户的忠诚度。

2)一般来说,客户忠诚度可以划分为 5 个阶段,猜疑,期望,第一次购买客户,重复购买客户,品牌宣传客户。如果你的客户关系建立与维护流程不能确保提升客户的忠诚度,应该要重新考虑一下。

实训项目六:服务第一,销售第二

在消费者意识抬头的时代,良好的客户服务是建立客户忠诚度最佳方法。包括服务态度,回应客户需求或申诉的速度,退换货服务等,让客户清楚了解服务的内容以及获得服务的途径。因为当今的客户变得越来越挑剔,并且在购买了产品后会非常敏感,他们在与公司交易时,希望能够获得足够的愉悦,并且能够尽量减少麻烦。当这些客户获得了一个很好的客户服务(大服务)体验时,他们自然会形成"第二次购买";不过,如果他们获得了一个不好的体验时,他们会向周围更多的人宣传他们的"不幸"。因此,企业要想提升客户体验,必须要把与产品相关的服务做到家,然后才是真正的产品销售。

实训项目七:化解客户抱怨

1)对于大多数公司而言,客户抱怨中只有10%的客户可以有机会向公司明确表述出来;而剩下的90%是客户没有机会向公司表述出来的,这些抱怨只能反映到一些行为中,例如,拖欠公司的应付账款,对一线的客户服务人员不够礼貌,等等。而且,借助于Internet,这些不开心的客户很容易会让上千人知道他们的感受。因此企业必须要在这个不愉快的事情发生之前快速解决,尽量给客户一个倾诉抱怨的机会,让他们有机会说出心中的不畅,同时尽量解决这些问题。

2)企业可以根据客户响应时间、客户趋势分析来设立公司的准则。在国外,"职员抱怨监控"是高层用来决策的一个重要工具。

3)另外,服务不周造成的危害是显而易见的。弥补这种危害带来的影响,应被视为是一次机遇而不仅仅是痛苦的例行公事。我们解决客户抱怨的时候,从两方面入手,一是为客户投诉提供便利;二是对这些投诉进行迅速而有效的处理。

实训项目八:获得和保留客户反馈

研究表明,客户反馈与客户对优质服务的感知是密切相关的。Internet的到来已经改变了客户对反馈的感知。逐渐地,客户开始期待企业能够获得一个全程的24小时服务。而且,现在的客户也已习惯了访问网站,并期望能够在网上获得问题的答案。一些最新出现的技术工具,例如,基于Web的自助式服务、E-mail管理、chat/Web call-back,逐渐成为公司客户服务部门关键应用之一。

实训项目九:知道客户的价值定义

1)"客户忠诚密码"是非常有价值的。知道客户的价值取向对于建立较高的客户忠诚是非常重要的。但是,公司要想真正知道客户的价值定义也绝不是易事,因为客户的价值定义也是不断变化的。

2)投资于客户忠诚研究有助于公司理解"能够为客户带来多大的价值"。

实训项目十:主动提供客户感兴趣的新信息

"一对一"个人化的服务已经成为一个趋势,例如,可以设计一个程序,请客户填入他最感兴趣的主题,或是设计一个程序自动分析客户资料库,找出客户最感兴趣的主题。当有这方面的新产品时便主动通知客户,并加上推荐函,必能给客户一个不一样的个人化服务感受。

实训项目十一:做好"客户再生"

研究学者研究发现,向一个流失客户销售产品的成功率是向一个新客户销售成功率的两倍。在很多公司,挽回流失客户通常是最容易忽视的、可增加收入的策略。一般情况下,公司每年平均流失客户的20%~40%;因此公司不仅需要建立客户获取和客户保留策略,还需要建立"客户再生"策略。因为没有一家公司能够实现100%的客户保留,因此,每一家公司都需要重新获取这些已经流失的高价值客户。

实训项目十二:针对同一客户使用多种服务渠道

1)研究者研究表明,通过多种渠道与公司接触的客户的忠诚度要明显高于通过单渠道与公司接触的客户。不过这个结论的前提是,客户通过进入实体商店,登入网站或者是给呼叫中心打电话都可以获得同样的服务。为了实现这种多渠道的产品交付和产品服务,公司必须要能够整合这些多种渠道的资源和信息,只有这样才能够清晰地知道客户到底在何时喜欢何种渠道,并且无论客户使用何种渠道,企业相关的与客户接触的人员都能够获得与客户相关的、统一的信息。客户的善变性、个性化追求,使得我们的企业不得不改变渠道;别无选择,否则,客户只会流向竞争对手。

2)另外,企业应该与客户建立多层联系。企业所具有的和与客户接触的知识决不应该来自单一的如客户服务人员的联系,这种狭窄的接触会使企业易于造成信息失真,并产生不准确的判断,而且这种委托关系是很脆弱的,当联系发生变化时,会为竞争者敞开大门,理想的情况是客户与企业之间有多层的联系,并且多层联系的信息能够得到整合。

实训项目十三:企业如何运用 CRM 来提升客户忠诚度

如何判断客户忠诚于企业,可从如下五个方面来观察:忠诚的客户经常性反复地购买公司产品或服务,公司甚至可以定量分析出他们的购买频率;忠诚的客户愿意给企业和产品提供参考,或者经常提口头建议,能积极地、正面地给企业提如何提高产品质量、服务水平的建议;忠诚的客户在购买产品/服务时,选择呈多样性,他们更关注公司所提供的新产品或新服务;忠诚的客户非常乐于向他人推荐公司的产品/服务;忠诚的客户会排斥公司竞争对手。

作为最近运用比较多的客户关系管理(CRM)思想和方法,如何在提升企业的客户忠诚度上发挥作用呢? 以下我们将从几个方面进行分析:

(1)给"一线员工"足够的操作技能

对于大多数公司而言,最前线的员工就是现场销售人员和服务人员,以及呼叫中心的客户服务人员,这些一线员工将会直接与客户发生接触。因此,他们在客户中留下的印象将是非常深刻的。可以说,这些一线员工是公司未来的"忠诚战士"。并且,呼叫中心中的多种渠道(包括电话、电子邮件、传真等)的整合也已经成为一种发展趋势。著名的研究公司 Gartner 预计,到 2005 年将会有 70%的北美呼叫中心将被多渠道接触中心所取代。多渠道的整合就对客户服务人员提出了更高的挑战。

(2)与渠道合作伙伴进行协作

在当今复杂的市场上,公司往往需要依靠很多合作伙伴来协作服务于他们的客户。通过供应链关系的建设与维护可以进一步提升客户对公司的忠诚度,并且客户难以被竞争对手夺去。例如,一个欧洲的汽车制造通过把客户数据库输入到一个系统中,该系统可以让所有的渠道合作伙伴共享;这样,汽车制造商就可以通过分销商/渠道伙伴来建立更加稳固的客户关系,也就是说,企业可以通过采取相应的策略,让供应链上的其他厂商协助公司来完成客户关系的建设与维护。

1)将数据储存在一个中央数据库中。许多公司缺乏一个对客户的360°视图就是因为公司没有一个中央数据库所造成的。财务部门、销售部门和客户服务中心可能都拥有自己的数据库,但这些客户数据库存在很大的差异,同一客户可能在这些数据库中存储着不同的信息,因为不同部门所关心的客户内容是不一样的。这些信息孤岛容易导致不同部门在同一问题上会给同一客户发送不同的信息,从而容易引起客户的不满,甚至反感,直至流失。因为为了有效实施客户忠诚战略,所有接触点上的客户数据必须要能够整合起来。

2)创造以客户为中心的文化。让客户和员工知道公司以他们为重。企业所关注的是如何做到对客户和员工最好,如何博得他们的忠诚。如果公司能做到这一点,客户会更加经常地、更多地购买或使用公司的产品和服务,公司将从他们身上获得更多的利润。在公司提倡"以客户为中心"的文化,不仅要求我们市场、销售和服务部门建立"以客户为中心"的业务流程,还需要公司其他部门积极响应客户需求的变化,建立真正意义上的所有部门的运营都"以客户为中心";而且,如果把内部上下流程的下游作为客户的话,公司应当建立一种更加完美的客户导向的方案和机制。

3）建立客户忠诚培养与提升的流程。要想持续不断地增加忠诚客户的数量、提升客户忠诚度，企业应当建立一套规范的客户忠诚培养与提升的流程。让企业各个部门的员工能够认识到客户忠诚的重要性，并且知道如何去培养和提升客户忠诚度。同时，企业应当能够对客户忠诚度和流失率进行科学的评估，并且能够对客户终生价值或客户终生利润率进行评估。有了制度与规定，有了评估方法，有了持续提升的方法，企业的客户忠诚计划才能够得到规范的实施与推进。

4）实现"一对一"服务。企业要想赢得较高的客户忠诚和赢利能力，就一定要实现以下目标：在正确的时间、以正确的价格、通过正确的渠道将正确的产品（或服务）提供给正确的客户。在新的社会环境下，客户的需求正不断发生变化，开始追求一种与众不同产品享用和服务享受。最近在国外所倡导的"一对一营销"、"一对一企业"，正是为了满足客户新需求的产物。而目前很多企业所缺乏的就是个性化的产品或服务。如果企业能够为每一位客户建立一套个性化档案，就可以针对每一位客户来实行其个性化的服务。然而对于很多企业而言，要想真正实现这种"一对一"服务确实很难。我们可以换一个思路来考虑，为实现"一对多"向"一对一"的过渡，先建立一种"一对一"的方式。这种方式的思想是：在 CRM 功能的基础上，对客户信息进行挖掘、分析，然后根据一些已定的标准（例如，收入多少、个人偏好等）和一些聚类分析方法来给这些客户归类，然后针对所分类的客户来提供相应的产品或服务。这样既可以缓解为客户提供"一对一"服务所需成本的压力，又可以为客户提供一定程度的个性化服务。

5）想客户未来所想。企业实施 CRM 后，需要管理客户的整体资料和信息，包括客户的地理位置、家庭成员状况、客户利润贡献率、交易渠道偏好、终身价值等因素。然后根据客户的不同资料进行客户细分化，来进行一种"个性化"的定制服务；更重要的是 CRM 可以有助于你预测未来，仅仅做到"想客户所想"还不够，还应当做到"想客户未来所想"。CRM 中所建立的预测模型可以帮助企业的市场部门通过对客户和市场变化的调查，制定更准确的市场策略、开展更成功的市场攻势。通常，预测模型的建立需要利用多种统计工具来解释客户行为，并对其未来的客户和市场动向做出预测，真正实现"想客户未来所想"。另外这种对客户行为的预测，还有助于挖掘客户的潜在价值。

以上我们主要分析了企业到底该如何培养、维护和提升客户忠诚度。企业应用 CRM 的一个重中之重的任务是：提高忠诚客户在所有客户中的比重，提升满意客户的忠诚度，并提高忠诚客户的利润贡献度。

9.3.4 实训的组织形式与控制要求

1）实训地点：教室或形体实训室。

2）实训组织形式：在教师指导下，学生分为若干模拟业务小组（公司），以平时各小组进行分散性基础训练，给定时间内集中各小组进行交互式对抗演练的方式组织实训。

3）实训要求：基础训练在本组内进行，按规范操作结束后由教师随机抽出每组中的一至两位同学，各组间进行交互式对抗演练评比打分，以参加对抗演练同学的成绩作为小组的综合成绩。

9.4 渠道维护管理训练

9.4.1 渠道维护管理训练目的

1）利于解决与中间商之间的冲突，使双方达成共识，更好的分销企业的商品；

2）利于企业随着市场变化的新动态，定期进行渠道调整，更好发展渠道的作用；

3）可以加强与竞争对手之间的竞争，增强企业的竞争实力；

4）出色地完成企业交给的销售任务，更重要的是调动代理商的销售积极性，把市场做细做实，培养代理商对品牌的忠诚度、对企业的信任感，帮助代理商解决市场出现的实际问题，增加产品销售量。

9.4.2 渠道维护管理自测

①每月是否提交一份渠道开发跟踪表；　　　　　　是（　　）否（　　）

②是否定期跟踪工作进度并进行销售结果的汇报；是（　　）否（　　）

③是否经常进行日常拜访，拿订单，安排送货，及设备投放，安装等工作；

　　　　　　　　　　　　　　　　　　　　　　　是（　　）否（　　）

④销售部内是否设立独立的渠道小组；　　　　　　　是(　　) 否(　　)

⑤是否经常检讨工作上的问题并做有必要的方案修改；

　　　　　　　　　　　　　　　　　　　　　　　是(　　) 否(　　)

⑥市场部门与销售部门的相配合是否融洽；　　　　　是(　　) 否(　　)

⑦是否注意到目前的送货能力及估计未来的运力需要,配备适当的车辆；

　　　　　　　　　　　　　　　　　　　　　　　是(　　) 否(　　)

⑧与中间商的关系是否处理得恰当；　　　　　　　　是(　　) 否(　　)

⑨是否经常随着市场环境的变化调整渠道管理；　　　是(　　) 否(　　)

⑩在激烈的市场竞争中,是否随时关注竞争对手的渠道管理。

　　　　　　　　　　　　　　　　　　　　　　　是(　　) 否(　　)

9.4.3　渠道维护管理实训内容

实训项目一:多沟通、多交流、信息对称

1)代理商在与企业的合作过程中希望得到厂家的重视和支持,多沟通能解决代理商心理上存在的顾虑,消除一些不必要的误会。

2)沟通与交流,能及时将厂家政策传递给商家,同时也能将商家的意愿和要求汇报给企业。

3)充分的沟通与交流能够为解决问题作好铺垫。

4)沟通要具有多向性,各级业务人员之间的沟通、区域市场内各级代理商之间的沟通、相邻区域代理商之间的沟通等,沟通可以使产品连动操作保持统一价位,沟通可以密切商家之间的感情,一定程度上防止市场之间的窜货。

实训项目二:多动脑、多思考,多出思路

商家在经营过程中思路较为单一,模式化操作,惯性运作市场,没有新思路的灌输,商家在销售上难以突破平台,多出思路能够提高业务人员自身的凝聚力。

只有多思考才能发现市场商机。

实训项目三:多研究、多分析,做好参谋

1)研究市场竞争状况,分析市场竞争格局,感悟市场竞争趋势,针对市场状况为商家经营出谋划策。

2）帮助代理商分析经营状况。

实训项目四：多动口、多跑路，多做实事

1）说千言万语，走千山万水，寻求市场商机，发展销售网络。

2）对各级客户勤回访，发现问题解决问题。

实训项目五：多主动、多参与，把握市场

1）不能懒惰，制定个人工作计划，积极做事。

2）积极参加代理商各项事务，只有多了解才能更好地参与。

3）通过做事能更好地把握时局，掌握商机。

实训项目六：多激励、多自励，树立信心

1）对代理商要多激励，增强代理商做市场的信心，敢于投入。

2）对自己的产品要有信心，一心为企业做事。

3）对自己要有信心，要有做好市场的决心。

实训项目七：多理性、少急躁，求真务实

1）做市场要实事求是，理性做事。

2）任何事情都有过程，不能急于求成。

实训项目八：多友善，多协商，换位思考

1）对商家要友善，礼貌待人。

2）遇到问题要协商解决，不能武断处世。

3）经常换位思考，多为别人考虑。

实训项目九：多服务、少指挥，以情动人

1）虚心向代理商学习，低姿态进入市场。

2）树立服务市场、服务代理商的思想，真诚做事，以情动人。

3）遇到公司指令性任务要多与代理商沟通，帮助代理商解决难题，妥善完成任务。

实训项目十：打窜货、管价位，维护市场

1）坚决打击市场窜货，维护一方市场平安。

2)切实管理好产品价位,保持产品生命周期。

实训项目十一:高效率,快节奏,真抓实干

1)要真正投入到工作中去,做事要迅速,想到的事情就要去做,时不待我。

2)对事情要一抓到底,决不能半途而废,对靠自身能力不能解决的问题要逐级沟通,善借资源。

实训项目十二:多总结、多对比,挖潜自我

1)对自己的工作要多总结,阶段性工作总结可以提醒你做了什么。

2)阶段性工作对比,从中可以发现不足及成功的闪光点。

3)通过总结、对比可以对自我再挖潜、再提高。

实训项目十三:多转换、找定位,适应角色

1)业务人员应扮演多个角色:指导员、服务员、送货员、直销员、监督员、信息传递员等。

2)在不同的角色找好自己不同的定位,努力适应这种定位。

实训项目十四:多团结、多合作,厂商双赢

1)搞好团结是服务市场之首,搞不好团结肯定做不好市场。

2)处理好与商家的合作关系,目标朝一个方向努力,才能真正做好市场。

3)明白厂商一家的道理,产品依靠网络来传递,商家正是网络中的各个网络,企业的利润靠市场来实现,商家通过我们的产品来获利,最终实现厂商双赢。

当开发工作进行后,就必须要有定期跟踪工作进度及销售结果的汇报,以确定开发的成果,及检讨工作上的问题并做有必要的方案修改。建议的汇报方法是每月提交一份渠道开发跟踪表。以下是该报表的格式:

表9.1　常用的渠道开发跟踪表

渠道	本月客户		累计客户	开发目标达成		本月销售量				累计销售量				销量目标达成	
	开发	流失		本月	年累计	包装	包装	包装	包装	包装	包装	包装	包装	本月	年累计

当每月都做跟踪工作时,到年底就会有一个很明确的成绩表,反映当月及当年的工作成效,有利于明年做计划。

注意:

同时,在市场操作过程中要克服以下几种做法:

①克服填鸭式的工作:强行要求代理商经销××品种,强行打款发货等,这种做法往往导致代理商情绪化操作市场。

②克服杀鸡取蛋式的工作:要求商家短期内见效,销售上量,往往造成代理商资金周转不动,降价销售,导致利润降低,经销无积极性,代理商过早夭折。

③克服为完成销售任务而被动式的工作:整天为销售任务所累,没有真正从市场去挖潜,强行对商家压任务,造成商家库存积压严重,对市场造成负面影响。

④克服只做单一角色:只做信息员或只做送货员、直销员等,没有对代理商起到指导、监督作用,没有能够调节启动代理商的积极性,充其量只是代理商的一名小职员。市场业务人员要做到既指挥又引导,既激励又约束,既服务又监督,既务虚又务实,既为企业考虑又为市场考虑的一个全面人才。

⑤克服缺少成本概念的作风:做好代理商服务,提高代理商的积极性,不是说代理商的所有要求都要支持,要有利益观念和成本观念。

⑥克服简单的销售任务分解:业务人员不能简单地将企业分解的销售任务指标分解到代理商,并强制要求其来完成,决不能让商家感觉到在为你完成企业销售任务指标而整日忙碌工作,实际上业务人员的业绩体现并来自于代

理商的业绩,决不能本末倒置。

⑦克服工作方法单一:动辄以取消代理权来威胁代理商,这是知识浅薄、不尊重他人的一种无能表现。商家离开你的产品会有同样的开心与自在,因为现在早已不是卖方时代。

⑧克服贪图小便宜思想:在于代理商服务的过程中,不能要求代理商给予个人生活上的方便,更不能要求特别的利益,只有廉洁自律说话才有分量,管理才能到位。

⑨克服懒惰、等靠要思想:市场瞬息万变,竞争异常激烈,"想到就做到"还难以赶上别人,更何况去等呢? 想到的事就要抓紧时间落实,需要沟通的就随时打个电话,能早三分不推一秒。

⑩克服以攻击竞争对手做市场的方法:贬低别人决不能抬高自己,只有靠新颖的营销思路去参与竞争才是惟一的出路。

9.4.4　实训的组织形式与控制要求

1)实训地点:教室或形体实训室。

2)实训组织形式:在教师指导下,学生分为若干模拟业务小组(公司),以平时各小组进行分散性基础训练,给定时间内集中各小组进行交互式对抗演练的方式组织实训。

3)实训要求:基础训练在本组内进行,按规范操作结束后由教师随机抽出每组中的一至两位同学,各组间进行交互式对抗演练评比打分,以参加对抗演练同学的成绩作为小组的综合成绩。

第10章 商品陈列、导购活动训练

货架陈列,就必须实现最好的商品放在最好的货架上,因而,货架优化管理的基本原则是商品货架面积比例的分配与市场占有率相符。在大型的超市中,货架陈列管理都是销售管理的重要内容,在社区连锁超市由小到大的发展过程中,将会逐步实现统一采购,统一进行滞销商品的淘汰,统一进行营促销规划。超市决策层也会意识到统一货架陈列管理对促进销售的重要作用,加强货架陈列管理已成为必然。

当营业员在向顾客展示介绍商品之后,顾客仍抱有担心和顾虑的心理,这时营业员应运用启迪、劝导的方法,促进商品交易的成功,这样的过程称为导购。导购可增强顾客对商品的了解,促进商品的销售。

10.1 售点商品展示、堆头陈列方法训练

10.1.1 售点商品展示、堆头陈列的目的

1)在让卖场内所有的商品都让顾客看清楚的同时,必须让顾客对所有看清楚的商品做出购买与否的判断。

2)要让顾客感到需要购买某些预定购买计划之外的商品,即激发其冲动性购买的心理。

3)更合理的利用空间,尽可能展示更多的商品品种,并且不造成拥挤、杂

乱无章的效果。

4）利于不同颜色商品进行和谐搭配,适当点缀、搭配装饰品,活跃展示气氛。

10.1.2　售点商品展示、堆头陈列的自测

①商品的陈列是否使顾客容易判断;　　　　　　　是（　　）　否（　　）
②商品的陈列是否显而易见;　　　　　　　　　　是（　　）　否（　　）
③商品是否让顾客伸手可取;　　　　　　　　　　是（　　）　否（　　）
④货架上的商品是否是满陈列的;　　　　　　　　是（　　）　否（　　）
⑤商品是否是按先进先出的方法陈列的;　　　　　是（　　）　否（　　）
⑥陈列在一起的商品是否有关联性;　　　　　　　是（　　）　否（　　）
⑦同类商品是否是垂直陈列的;　　　　　　　　　是（　　）　否（　　）
⑧商品之间是否以彼此遮挡的情形出现;　　　　　是（　　）　否（　　）
⑨货架上的商品是否经常空缺;　　　　　　　　　是（　　）　否（　　）
⑩堆头商品的陈列是否有层次;　　　　　　　　　是（　　）　否（　　）
⑪堆头商品的信息是否完全展示;　　　　　　　　是（　　）　否（　　）
⑫商品的陈列是否美观、大方,颜色进行和谐搭配;是（　　）　否（　　）
⑬商品陈列的品种是否合理搭配;　　　　　　　　是（　　）　否（　　）
⑭商品陈列的空间是否合理利用;　　　　　　　　是（　　）　否（　　）
⑮商品的陈列是否配置标价签。　　　　　　　　　是（　　）　否（　　）

说明:(选择"是"得 2 分,"否"为 1 分,累计得总分)

分数为 0～10:商品的陈列基本不符合陈列的原则,需要加强进一步的管理和商品陈列知识的学习。

分数为 11～20:有些陈列的问题,但是经过培训加强管理后是可以改变现状的。

分数为 21～30:商品的陈列符合陈列的基本要求,有利于商品的销售和商品的管理。

10.1.3 售点商品展示、堆头陈列的实训内容

实训项目一:集中陈列方法

1)商品集团按纵向原则陈列:纵向陈列,使顾客一次性通过时,同时看清各集团的商品,起到好的销售效果。

2)明确商品集团的轮廓:相邻商品之间的轮廓不明确,顾客在选购商品时难以判断商品的位置,为挑选带来障碍,因此需排除。可通过色彩跳跃帮助顾客区分不同商品。

3)集中陈列要给周转快的商品安排好位置:

①上段即货架的最上层,高度在 120~160 cm 之间,该段位通常陈列一些推荐商品,或有意识培养的商品,该商品到一定时间可移至下一层即黄金线。

②黄金陈列线,它的高度一般在 85~120 cm 之间,它是货架的第二层,是人眼最易看到,手最易拿取商品的陈列位置,所以是最佳陈列位置。一般陈列高利润商品、自有品牌商品、独家代理或经销的商品。

③中段或架的第三层是中段,其高度约为 50~85 cm,此位置一般用来陈列一些低利润商品或为了保证齐全性的商品,以及因顾客的需要而不得不卖的商品。

④下段或架的最下层,高度一般在离地 10~50 cm。这个位置通常陈列一些体积较大,重量较重、易碎、毛利较低,但周转相对较快的商品。

实训项目二:特殊陈列方法

1)整齐陈列法:将单个商品整齐地堆积起来的方法。只要按货架的尺寸确定商品长、宽、高的排面数,将商品整齐地排列就可完成陈列。它的位置一般在中央陈列货架的尾端,但要注意高度,便于顾客拿取。

2)随机陈列法:是将商品随机堆积的方法。它主要用来陈列"特价商品"使用的陈列用具,一般是一种圆形或四角性的网状筐(也有的下面有轮子);另外,还要有表示物价销售的牌子。

3)盘式陈列法:它是一种整齐的陈列的变化陈列方法,表现的也是商品的量感,可以加快商品陈列的速度,也在一定程度上提示顾客可以整箱购买。

4)端头陈列法:它可以是进行单一商品的大量陈列,也可以是几种商品组合陈列。并且它是商品陈列的极佳黄金位置,是卖场内最能引起顾客注意

力的重要场所。

5)岛式陈列法:岛式陈列的用具不能过分高,如果太高的话,就会影响整个超市卖场的视野,也会影响顾客从四个方向对岛式陈列商品的透视度。为了使顾客能够环绕岛式陈列台(架、柜、筐)选购商品,应给予岛式陈列较大的空间。

6)突出陈列法:即将商品放在篮子、车子、箱子、存物筐或突出延伸板内,陈列在相关商品的旁边销售。主要目的是打破单调感,诱导和招揽顾客。突出陈列的位置一般在中央陈列架的前面,将特殊陈列突出安置。

7)前进陈列法:当一些前排商品已被顾客选购,但还没有到补货的时间时,可采取将货架上余下的商品整体向前移进的方法,而让货架的后端空下来。这种方法符合商品的满陈列原则,十分有效。

实训项目三:货架陈列管理分类

1)营促销商品货架陈列管理——业务员。管理营促销商品所处的排面位置及大小,其后排面位置和大小的调整。营销部配合业务员负责营促销商品的货架陈列,区域具有在限定范围内调整的灵活权利。门店执行业务员的决定,区域管理处监督门店执行并反馈执行情况和销售情况。

2)各商品大类的货架资源分配比例——业务员。业务员在扣除营促销商品分配的货架资源后,制定各商品大类所占货架资源的比例及调整。业务员负责营促销商品的货架陈列,区域具有在限定范围内灵活调整的权利。门店执行业务员的决定,区域管理处监督门店执行并反馈执行情况和销售情况。

3)新品的货架陈列管理——业务员。管理进入社区超市公司时新品所处的排面位置及大小,其后若干次排面位置和大小的调整。业务员全权负责其引进的新品货架陈列。门店执行业务员的决定,区域管理处监督门店执行并反馈执行情况和销售情况。

4)战略性商品的货架陈列管理——业务员。制定战略性商品包括的商品具体品种,所处的排面位置及大小,以及其后的调整。总经理牵头制定战略性商品的品种,业务员负责战略性商品货架陈列管理。门店执行业务员的决定,区域管理处监督门店执行并反馈执行情况和销售情况。

5)季节性商品的货架陈列管理——业务员。管理季节性商品包括的商品具体品种,所处的排面位置和大小。业务员负责制定季节性商品的品种以及对季节性商品货架陈列做出规划。门店执行业务员的决定,区域管理处监督门店执行并反馈执行情况和销售情况。

6)其他稳定性商品的管理——门店。管理除上述商品外的其他商品进行大类的划分,决定所处的排面位置及大小以及其后排面位置和大小的调整。在其他稳定性商品方面,目前门店相对业务员而言具有较大的优势,因此其他稳定性商品的货架陈列管理在业务员进行大类比例分配后可仍由门店管理。在总部能力不断加强的情况下,可以进一步实现集权。

实训项目四:换季时商品在社区超市的货架陈列管理

1)业务员依据常识与经验制定出各大类商品中的季节性商品目录,传达给区域和门店。此目录随着新品的引进和滞销商品的淘汰进行动态调整,并将更新后的目录定期传达。

2)某次换季前的一段时间,业务员结合各大类货架资源分配比例,制定季节性商品货架资源比例的上下限,并减少或撤出过季商品的货架资源比例。

3)报业务经理批准后,传达到区域。

4)区域根据本地区特点和各门店特点,制定各门店适合的比例,再传达门店执行。

5)区域定期依据销售数据做出范围内的调整。

6)业务员定期依据销售数据做出比例调整。

7)对其他稳定品货架陈列进行管理——门店。

实训项目五:新商品进入超市后的货架陈列管理

1)某商品作为新品进入社区超市后,业务员依据对商品特性的熟悉,与其他业务员协调后,结合此商品所属的大类货架资源分配比例,制定出该商品将在各门店的上等货架资源中占据 0.3% ~0.32%,在中等货架资源中占 0.1% ~0.12%,同时,指定相应撤出的商品,再报请业务经理批准。

2)业务经理批准后将决定传达区域,区域依据本区域消费者和各门店的特点,制定出所属区域内各门店适合的货架资源配额并传达门店执行。

3)区域在此新品开始销售的每个礼拜后收集在本地区销售情况,分析后在业务员指定的范围内进行比例调整。

4)业务员在新品销售一个月后,搜集各门店的销售数据并进行分析,依据销售情况进行比例调整。

5)三个月试销期后,业务员决定淘汰与否,如转为稳定性商品,则依据其属性不同以对应方式进行货架陈列管理。

10.1.4　实训的组织形式与控制要求

1）实训地点：教室或形体实训室。

2）实训组织形式：在教师指导下，学生分为若干模拟业务小组（公司），以平时各小组进行分散性基础训练，给定时间内集中各小组进行交互式对抗演练的方式组织实训。

3）实训要求：基础训练在本组内进行，按规范操作结束后由教师随机抽出每组中的一至两位同学，各组间进行交互式对抗演练评比打分，以参加对抗演练同学的成绩作为小组的综合成绩。

10.2　卖场导购人员管理与技能训练

当营业员在向顾客展示介绍商品之后，顾客仍抱有担心和忧虑的心理，这时营业员应运用启迪、劝导的方法，促进商品交易的成功。因此导购工作，应注意是在维护顾客利益的前提下促进顾客下决心购买，不能左右顾客，不能强加于人，要使顾客能自己思考和判断，自发地产生购买欲望。因此对导购人员的管理和培训对于企业来说是很重要的。虽然把产品卖出去是导购员的天然职责，但成就一个好的导购员决不只是把产品卖出去这么简单。销售既然是涉及到买卖双方的事，因此站在顾客与企业的角度，必须对导购人员进行管理。

10.2.1　卖场导购人员管理与技能训练的目的

1）导购员的管理工作绩效直接关系到企业品牌形象、宣传效果、零售业绩、顾客美誉度，等等。

2）帮助顾客做出最佳的选择。导购员在了解顾客需求心理的基础上，使顾客相信购买某种产品能使他获得最大的利益。

3）导购员能向顾客提供很多有用的信息，出许多好的主意，提许多好的建议，能够帮助顾客选择中意的产品。

10.2.2　卖场导购人员管理与技能训练自测

1）了解公司的情况？导购员要了解的公司情况包括：公司的历史（发展历程）、现状（规模、实力）、未来（发展规划、前景）、形象（经营理念、行业地位、荣誉、权威机构的评价）和公司领导（经历、荣誉）等。

2）找到产品的卖点及独特卖点？

3）找到产品的优点与缺点，并制定相应对策？

4）是否信赖产品？

5）竞争对手情况是否了解？

6）竞争对手商品品种。竞争对手主营产品是什么？为招揽顾客而展示促销的产品怎么样？主要卖点是什么？质量、性能、特色是什么？价格如何？与本公司同类产品的价格差别？是否推出新产品？

7）竞争对手陈列展示。竞争对手柜台展示的商品和展示特色？POP 广告表现怎么样？

8）竞争对手促销方式。包括促销内容（哪些商品减价？减价幅度如何？）和促销宣传（减价 POP 广告好不好？）。

9）竞争对手导购员的销售技巧。商品导购员的服装、外表好不好？接待顾客的举止正确与否？产品介绍是否有说服力？

10）竞争对手顾客。商品的顾客数量有多少？顾客层次怎么样？

表 10.1　卖场导购人员管理与技能自测评价表

10 选"是"	很好！对卖场导购人员的管理到位
8 ~ 10 选"是"	好！但需要重新改进对卖场导购人员的技能培训
4 ~ 8 选"是"	及格！方向正确，但需要有实际的行动力
0 ~ 4 选"是"	糟糕！你得重新制定卖场导购人员的管理制度

10.2.3　卖场导购人员管理与技能训练实训内容

实训内容一：向顾客推销自己

在销售活动中，人和产品同等重要。据美国纽约销售联谊会的统计，71% 的人之所以从你那里购买，是因为他们喜欢你、信任你。所以导购员要赢得顾客的信任和好感。

导购员需要做到以下几点：

1）微笑。微笑能传达真诚，迷人的微笑是长期苦练出来的。

2）赞美顾客。一句赞美的话可能留住一位顾客，可能会促成一笔销售，也可能改变顾客的坏心情。

3）注重礼仪。礼仪是对顾客的尊重，顾客选择那些能令他们喜欢的导购员。

4）注重形象。导购员以专业的形象出现在顾客面前，不但可以改进工作气氛，更可以获得顾客信赖。所谓专业形象是指导购员的服饰、举止姿态、精神状态、个人卫生等外观表现，能给顾客带来良好的感觉。

5）倾听顾客说话。缺乏经验的导购员常犯的一个毛病就是，一接触顾客就滔滔不绝地做商品介绍，直到顾客厌倦。认真倾听顾客意见，是导购员同顾客建立信任关系的最重要方法之一。顾客尊重那些能够认真听取自己意见的导购员。

实训项目二：向顾客推销利益

导购员常犯的错误是特征推销——他们向顾客介绍产品的材料、质量、特性，等等；而恰恰没有告诉顾客，这些特征能带来什么利益和好处。导购员一定要记住：我们卖的不是产品，而是产品带给顾客的利益——产品能够满足顾客什么样的需要，为顾客带来什么好处。

导购员可分为三个层次：低级的导购员讲产品特点，中级的导购员讲产品优点，高级的导购员讲产品利益点。那么，导购员如何向顾客推销利益？

1）利益分类：

①产品利益，即产品带给顾客的利益。

②企业利益，由企业的技术、实力、信誉、服务等带给顾客的利益。

③差别利益，即竞争对手所不能提供的利益，也就是产品的独特卖点。

2）强调推销要点：

一个产品所包含的利益是多方面的，导购员在介绍利益时不能面面俱到，而应抓住顾客最感兴趣、最关心之处重点介绍。推销的一个基本原则是，"与其对一个产品的全部特点进行冗长的讨论，不如把介绍的目标集中到顾客最关心的问题上"。

推销要点，就是把产品的用法，以及在设计、性能、质量、价格中最能激发顾客购买欲望的部分，用简短的话直截了当地表达出来。

导购员推销的产品尽管形形色色，但推销的要点不外乎以下几个方面：适合性、兼容性、耐久性、安全性、舒适性、简便性、流行性、效用性、美观性、经济性。

3）FABE 推销法：将产品特征转化为顾客利益。

F 代表特征，A 代表由这一特征所产生的优点，B 代表这一优点能带给顾客的利益，E 代表证据（技术报告、顾客来信、报刊文章、照片、示范等）。FABE 法简单地说，就是导购员在找出顾客最感兴趣的各种特征后，分析这一特征所产生的优点，找出这一优点能够带给顾客的利益，最后提出证据，证实该产品确能给顾客带来这些利益。

实训项目三：向顾客推销产品

导购员向顾客推销产品有三大关键：一是如何介绍产品；二是如何有效化解顾客异议；三是诱导顾客成交。

（1）产品介绍的方法

1）语言介绍。

①讲故事。通过故事来介绍商品，是说服顾客的最好方法之一，一个精彩的故事能给顾客留下深刻的印象。故事可以是产品研发的细节、生产过程对产品质量关注的一件事，也可以是产品带给顾客的满意度。

②引用例证。用事实证实一个道理比用道理去论述一件事情更能吸引人，生动的例证更易说服顾客。可引为证据的有荣誉证书、质量认证证书、数据统计资料、专家评论、广告宣传情况、报刊报道、顾客来信等。

③用数字说话。应具体地计算出产品带给顾客的利益是多大、有多少。

④比喻。用顾客熟悉的东西与你销售的产品进行类比，来说明产品的优点。

⑤富兰克林说服法。即把顾客购买产品后所能得到的好处和不购买产品的不利之处一一列出，用列举事实的方法增强说服力。

⑥形象描绘产品利益。要把产品带来给顾客的利益，通过有声有色的描述，使顾客在脑海中想像自己享用产品的情景。

⑦ABCD 介绍法。A（Authority，权威性），利用权威机构对企业和产品的评价；B（Better，更好的质量），展示更好的质量；C（Convenience，便利性），使消费者认识到购买、使用和服务的便利性；D（Difference，差异性），大力宣传自身的特色优势。

2）演示示范。

导购员只用语言的方法介绍产品，面临两个问题：一是产品的许多特点无法用语言介绍清楚。二是顾客对导购员的介绍半信半疑。这时,导购员进行示范和使用推销工具就很重要。

所谓示范,就是通过某种方式将产品的性能、优点、特色展示出来,使顾客对产品有一个直观了解和切身感受。导购员可以结合产品情况,通过刺激顾客的触觉、听觉、视觉、嗅觉、味觉来进行示范。一个设计巧妙的示范方法,能够创造出销售奇迹。

导购员要经常检查:演示道具是否清洁、赏心悦目? 有没有一些有特色的演示方法? 一些好的演示方法落实了吗? 是不是仍停留在想法上? 是否熟练演示的方法?

3)销售工具。

销售工具是指各种有助于介绍产品的资料、用具、器具,如顾客来信、图片、相册、产品宣传资料、说明书、POP、数据统计资料、市场调查报告、专家内行证词、权威机构评价、生产许可证、获奖证书、经营部门的专营证书、鉴定书、报纸剪贴等。导购员可以根据自己的情况来设计和制作销售工具。一个准备好了销售工具的导购员,一定能对顾客提出的各种问题给予满意的回答,顾客也会因此而信任并放心购买。

方太公司的促销员用台历或产品手册上的效果图展示,体现出产品与橱柜完美的结合,让顾客产生购买欲望;以打击虚假广告为背景,利用产品和宣传单页上标注的二星级标志,说明公司产品是真正的二星级产品。在介绍产品时,促销员都手持宣传单页,边介绍边指明所介绍内容在宣传单页上的位置,最后很郑重地把宣传单页作为礼物送给顾客。这样促销员在讲解时有理有据,有条不紊,可以让顾客很清晰地知道公司产品的几大优点。

(2)消除顾客的异议

异议并不表明顾客不会购买,导购员如果能正确处理顾客异议,消除顾客疑虑,就会促其下定购买决心。

1)事前认真准备。企业要对导购员所遇到的顾客异议进行收集整理,制定统一的应对答案;导购员要熟练掌握,在遇到顾客拒绝时可以按标准答案回答。

2)"对,但是"处理法。如果顾客的意见是错误的,导购员要首先承认顾客的意见是有道理的,在给顾客留面子后,再提出与顾客不同的意见。这种方法是间接地否定顾客的意见,有利于保持良好的推销气氛,导购员的意见也容易为顾客接受。

3)同意和补偿处理法。如果顾客意见是正确的,导购员首先要承认顾客意见,肯定产品的缺点,然后利用产品的优点来补偿和抵消这些缺点。

4)利用处理法。将顾客的异议变成顾客购买的理由,如一位暖风机导购员面对顾客提出的"产品太小,使用效果不好"的问题,可以回答:"小巧玲珑是我们产品的一大优点,非常适合您孩子做作业时取暖用"。

5)询问处理法。用对顾客的异议进行反问或质问的方法答复顾客异议。如顾客说:"你的东西很好,不过我现在不想买",导购员可以追问:"既然东西很好,为什么您现在不买呢?"这样找出了顾客不买的真正原因,有助于说服顾客。

在处理顾客异议时,导购员一定要记住"顾客永远是对的"。导购员是要把产品卖给顾客,而不是与顾客进行辩论,与顾客争论之时,就是推销失败的开始。

(3)诱导顾客成交

1)成交三原则。导购员要能达成更多的交易,就要遵守以下三个原则:

①主动。导购员发现顾客有购买欲望后,就要主动向顾客提出成交要求。许多销售机会是因为导购员没有要求顾客成交而溜走的。

②自信。导购员在向顾客提出成交要求时一定要充满自信,因为自信具有感染力。

③坚持。成交要求遭到顾客拒绝后不要放弃,要有技巧地再次引导顾客成交。

2)识别顾客的购买信号。顾客购买信号是指通过动作、语言、表情传达出来的顾客想购买产品的意图。在销售过程中有三个最佳的成交机会,一是向顾客介绍了产品的一个重大利益时;二是圆满回答了顾客的一个异议时;三是顾客出现购买信号时。顾客的购买信号可分为三类:

①语言信号。如热心询问商品的销售情形、提出价格及购买条件的问题、询问售后服务等购买后的问题、与同伴商量。

②行为信号。如仔细了解(观察)商品说明及商品本身、拿起商品认真地玩味或操作、重新回来观看同一种商品。

③表情信号。如高兴的神态及对商品表示好感、盯着商品思考等。

3)成交方法。在成交的最后时刻,顾客常常下不了决心,导购员就必须巧妙地给顾客以恰当的建议,帮助顾客早下决心。

①直接要求成交法。导购员发现顾客的购买欲望很强烈时,可以直截了当地向顾客提出成交要求。

②假设成交法。聪明的导购员总是假设顾客肯定会买,然后向顾客询问

一些如何包装、付款、保修及保管产品等方面的问题,或是着手开票来结束销售。

③选择成交法。导购员向顾客提出两个或两个以上的购买方案让顾客选择。不管顾客做出何种选择,都意味着销售成功。

④推荐法。导购员仔细观察顾客喜好的商品,如顾客多次触摸、特别注意或多次提到,就向顾客大力推荐这种商品。

⑤消去法。导购员从候选的商品中排除不符合顾客爱好的商品,间接促使顾客下决心。

⑥动作诉求法。用某种动作对犹豫不决的顾客做工作,让其下定决心,如"您再看一下"、"请多试一试"(把产品递过去)。

⑦感性诉求法。用感人的语言使顾客下定购买决心,如"您女儿看见这件衣服一定会很高兴的。"

⑧最后机会成交法。导购员告诉顾客存货不多,或是即将取消优惠条件。

实训项目四:向顾客推销服务

产品卖给顾客并不是推销活动的结束,而是下一次推销活动的开始。产品卖给顾客之后,导购员还要做好为顾客服务的工作,以培养顾客的忠诚度。

处理顾客投诉是导购员向顾客推销服务的重要内容,妥善处理顾客的不满,会比以前更加被顾客所信赖。导购员处理顾客抱怨要做到三点:

1)倾听。导购员要用80%的时间听,用20%的时间说,待顾客冷静下来后再进行处理。急于辩解是火上浇油的做法。

2)及时。在确认事实真相后立即处理。

3)感谢。

10.2.4　实训的组织形式与控制要求

1)实训地点:教室或形体实训室。

2)实训组织形式:在教师指导下,学生分为若干模拟业务小组(公司),以平时各小组进行分散性基础训练,给定时间内集中各小组进行交互式对抗演练的方式组织实训。

3)实训要求:基础训练在本组内进行,按规范操作结束后由教师随机抽出每组中的一至两位同学,各组间进行交互式对抗演练评比打分,以参加对抗演练同学的成绩作为小组的综合成绩。

第11章 公共关系活动的组织与实施训练

　　公共关系是企业促销的主要策略之一,它是企业利用各种传播手段,同顾客、中间商、社区民众、政府机构及新闻媒介等各方面的公众沟通思想情感,建立良好的社会形象和营销环境的活动。

　　企业开展公共关系活动应注意与社会热点和公众的心理动向结合起来,这样更容易使活动深入人心。企业开展重大的、专门性的公共关系活动制造新闻,只要活动本身符合新闻制造的要求,其形式可多种多样,不拘一格。

　　企业的营销过程中的公共关系活动有常见的记者招待会、新闻发布会等。此外,还可以通过举行庆典、产品展示会、对外开放参观、赞助活动等形式实现向公众宣传企业形象的目的。

11.1　记者招待会、新闻发布会的组织能力训练

11.1.1　实训目的

　　1)通过实训,了解企业召开记者招待会或新闻发布会的意义和特点。
　　2)通过实训,掌握策划、筹备、组织记者招待会或新闻发布会的程序和方法;学会选择恰当时机,把握良好的市场机会,宣传企业形象。

11.1.2　实训内容

新闻发布会是政府、社团、企业或个人把有关新闻记者邀请在一起,宣布有关消息或介绍情况,让记者就此提问,由专人回答问题的一种特殊会议。新闻发布会侧重于发布新闻,如企业做出了某项重要的决策,研制生产了某种新产品或推出了某项对社会有重大影响的革新项目。企业若想通过大众媒介把这些信息广泛地传播出去,就可以举办新闻发布会。

记者招待会则有所不同,它一定是有新闻要发布,它的主要目的是和新闻媒介公众进行沟通。任何企业在与社会各界公众的交往中,都会遇到很多错综复杂的问题,如本单位与外单位发生了法律纠纷,企业受到了顾客的批评、受到了社会舆论的谴责、受到了新闻媒介的公开指责、受到了其他社会组织的诬告,等等。当这些问题发生之后,企业为了挽回影响并争取得到舆论界的支持,就有必要召开记者招待会。

实训项目一:新闻发布会的筹备

1)确定会议主题

①组织应从新闻传媒和公众的角度出发,而不只是从自身角度出发确定会议的主题和信息发布的最佳时机。

②考虑该主题是否非常重要? 是否具有新闻价值? 是否对公众会产生重大影响? 此时召开信息发布会是否适宜?

2)选择会议主持人和发言人

①新闻发布会常常因记者的职业习惯,提问太多尖锐深刻,甚至很棘手。这对主持人和发言人提出了很高的要求。主持人、发言人必须头脑清醒,反映机敏,有较高的文化修养和口头表达能力。

②主持人一般应有较高的专业技巧。

③发言一般应是组织或部门的高级领导。因为他们清楚组织的整体情况、方法、政策和计划等问题,又具备有权威性。

④会前可进行必要的模拟训练。

3)准备发言稿和报道提纲

准备发言稿前,必须先在组织内统一口径,然后组织专班负责起草发言稿。

①要求认真、全面地搜集有关资料,写出准确生动的发言稿。

②要求围绕主题,准备好宣传辅助材料,包括文字、图片、实物、模型等。这些材料应尽量全面、详实、具体、形象,以便在会议上充分展示、分发、播放,以增强发言效果。

③所写报道提纲,事先散发给记者,作为采访报道的参考。

4)选择会议地点和举办时间

①地点要求。交通方便,安静,有舒适的座椅,且不受电话的干扰。具备必需的照明、视听、通信设备,为记者提供方便(电源、电话、传真)。新闻发布会不宜在办公室举行,切忌临时改变会议地点。

②时间选择。应尽量避免节假日、重大社会活动或其他重大新闻发布的日子,以免记者无法前往。会议时间不宜过长,一般控制在 1 个小时以内,对无关或过长的提问应有礼貌地予以制止。会议应有正式的结尾。会议议程安排要详细、紧凑,避免混乱局面的发生。

5)选择邀请记者的范围

①邀请的覆盖面要广,各方面的记者都要照顾到,对所有记者都要一视同仁。例如,报纸、杂志、电台、电视台、文学及摄影记者等。

②提前 3～5 天将请柬或邀请函送到记者手中,以便让其充分准备。

③在临近会期的前 1～2 天,应电话联系落实记者的出席情况。

④在邀请中不要向对方允诺或暗示发布会上不能公开的消息。

6)组织参观和宴请的准备

在发布会前后,可配合主题,组织记者进行参观活动,请其作进一步深入采访。有关参观事宜应会前就安排好,派专人接待、介绍情况。会后,如有必要可邀请共进工作午餐,利用非正式交谈,相互沟通,融洽与新闻界的关系,解决有关发布会没有解决或不便解决的问题。

7)制定会议费用预算

应根据会议的规格、规模制定预算,并留有余地,以备急用。项目费用一般包括场租费、会场布置费、印刷费、邮电费、交通费、住宿费、音像器材、相片费、茶点费或餐费、礼品及文具用品费等。

实训项目二:举行新闻发布会的一般程序

1)选择会址。

2)确定日期,并发出邀请。

3)具体落实到会记者的人数。

4)准备分发给到会者的资料、图片和文具。

5)安排好签到并分发资料与礼品(必要时),注意嘉宾的安排,使其出现在突出的时机,以扩大影响。

6)议程紧凑、详细的新闻发布。

7)应有自己的摄影记者,拍摄会场情景以供备用或纪念。

8)招待。

9)接送。

10)对照签到簿,了解记者发稿情况。对未发稿的新闻机构可了解未发稿的原因。

11)对因故而未能参加的新闻机构可提供有关背景资料、会议记录材料、图片和报道提纲等,以供他们选用。

12)整理有关文档资料存档,以备用备查。

附:

××公司移动电话上市推广新闻发布会策划方案

主办:××有限公司

策划:××资讯公司

时间:2002年×月×日

前言

此策划案不仅是一种思路,更是一个解决问题的体系,可更好地体现创意的价值。

××有限公司将全力以赴,以多年的专业策划和服务经验为市场的推广和品牌形象的提升提供全面而专业的服务。

和多数移动电话推广的不同在于,××以政府及市民高度关注的话题"××迎来捆绑销售的冬天"为新闻眼切入,并借机进行发布会前、中、后的炒作,强化品牌形象,制造竞争优势,占领市场制高点,通过整合传播彰显品牌实力和产品力,刺激销售增长。此创意即为活动的中心指导思想。

顺应WTO的挑战与机遇,对产品进行整合和全方位的宣传推广,必将成为国产移动电话的领跑者,基于此,我公司建议新闻发布会,必须围绕以下几点进行组织、实施。

通过气氛渲染和公关,引起政府职能部门、中国联通、媒介的高度重视,赋予××"更能带来事业及精神上满足的手机"的品牌个性,实现"科技创造精彩,××创造财富"的概念认知。

组合宣传××移动电话的水晶钻石卖点,令与会者和目标受众认同××移动电话的黄金品质。

（一）背景分析

市场在改变。××移动电话以其语音清晰、保密性好、健康、时尚的概念，正成为消费主流。2002 年中国市场将出产 800 万～1 000 万台××手机，而目前××的市场份额只占 1%，机遇与挑战并存。

竞争在改变。包括价格、技术等在内的竞争方式呈多样化，并利用整合传播来进行强势推广。

消费者在改变。消费者趋向成熟、理性、细致，追求时尚、个性化消费。

××移动电话有强大的品牌支持，但尚未展开整体推广，宣传力度不深，产品知名度相对较低，未形成品牌印象及个性。

契合"喜庆、顺利、吉祥"的含义，××新品上市及推广将会顺顺利利，给消费者带来更多的实惠与利益。

（二）主题

善良是一笔财富

（三）支持点（略）

推介内容及新闻眼

1. ××C62866 革新性消费新主张：黄金品质及水晶钻石好卖点。

2. 利益点。（罗列××各款手机的特性，略）

3. 时尚消费新主张：对比技术参数，使与会者确信××移动电话是更能带来事业及精神上满足的高品质新手机。

4. 新闻眼：××迎来捆绑销售的冬天。

（四）切入方式

由××发布此新闻点，结合现场产品展示，利用新闻本身的价值进行炒作；

结合财经时事，制造新闻点和炒作契机，为长期的炒作做铺垫；

采用运营商认可的销售方式，易得到运营商的支持和赞同，增强经销商信心；

利于抢占行业制高点，提升企业品牌形象。

（五）活动目的

推动新品上市；

中国联通的认同，引导舆论支持；

增强经销商的信心；

塑造 ××技术领先、品质卓越、关心社会的品牌形象。

（六）活动时间安排

时间:2004年×月×日9:00~13:00

说明:

有相对充足的时间来准备;

避开了周日(29日)及繁忙的星期一(30日);

可以吸收多方面建议,增加发布会成功概率。

(七)活动地点

主推——×××大酒店(三楼凯旋会议厅)

环境幽雅,对应邀嘉宾和公司都有吸引力;

交通便利,方便与会嘉宾到场;

费用相对较低,距××资讯相对较近,方便联络;

场地宽阔,便于开展现场活动和布置。

备选——××大酒店

交通畅达,方便与会嘉宾到场;

设施,服务一流,凸显发布会档次。

(八)邀请单位

联通广东总部及各地负责人——为了取得联通认同,配合×××的市场推广,拓展分销商对××品牌的信心;

新闻媒体——传达信息,引导舆论;

技术质检部门——增强发布会的真实性和说服力;

政府领导——争取政府职能部门对××推广工作的支持;

工商,税务——特殊性决定其与会的必要性。

(九)活动现场布置

会场外面——由拱门、空飘、彩旗、横幅(专用),营造喜庆、祥和的气氛;

大门口——指示路牌;

入口设签到处;

会场门口——横幅、指示路牌和花篮;

会场内——背景板、横幅、KT板吊牌、气球;

场地——设产品展示区,由展板、展示喷画、资料架、FLASH演示构成。

主席台桌面有桌牌。

(十)活动物料

布场物料:

横幅、吊牌、彩旗、拱门、空飘(户外)、指示牌、KT板、展板、气球、花篮、绿色植物、巨型充气手机模型等。

活动物料：

签到簿、签字笔、邀请函、文件资料袋、嘉宾名称牌、胸花、空白信封（礼包）、××领导发言稿、××技术宣讲资料、宣传单页。

（十一）活动工作人员

广告部现场服务人员；

现场布置、服务、接待人员；

后勤人员；

礼仪小姐；

会议宾馆配合人员；

主持人。

（十二）活动准备时间（8 月 28 日～12 月 15 日）

工作要点：确定方案、媒介炒作、物料准备；

确定发布会活动方案；

发布会之前，在各营销网点利用终端宣传物料进行目标感染；

在《信息时报》上发表平面广告、配合信息时报的软性文章炒作××的话题，突出××产品的黄金品质和水晶钻石卖点。

省、市电视台策划专题活动；

在各大报纸刊登新闻发布会告知广告。

（十三）工作流程安排

时间：（××月××日）

流程安排：

9:00～10:00，会场布置，与会人员签到和参观；

10:00～10:10，主持宣布发布会开始，并对活动做简短介绍；

10:10～10:15，××公司领导讲话；

10:15～10:25，技术宣讲；

10:25～11:15，现场观展；

11:15～11:30，答记者问；

11:30～13:00，午餐酒会。

（十四）工作阶段划分

会后跟进，分别给每位与会者感谢函，并同时搜集反馈意见。

（有针对性）地联系各报记者，对产品及动态进行分阶段炒作。

将现场炒作的信息，再次反馈给诸位人员，引起关注。（此阶段广告部依实际做出效果评估方案）

（十五）费用预算

见附表（略）

（十六）效果评估

社会效益：产品美誉度、知名度、经销商的认同。

经济效益：销售量前后的对比，市场占有率的提高。

（十七）应变计划

假设一：会场混乱

加强会场的保安工作，维护秩序；

工作人员加以引导；

主持人做出歉意表示。

假设二：音响设备出故障

事前由专业人员计划调节好音响设备；

现场有专人维护，调试。

假设三：天气变化

如遇雨天，应配备雨具。

（十八）结束语

祝××新闻发布会圆满成功！

落款。

11.1.3　实训的组织形式与控制要求

1）实训地点：教室。

2）实训组织形式：针对每个实训项目，教师以案例教学法进行示范讲解，在此基础上，学生分为若干业务小组撰写活动策划方案。然后通过角色模拟，进行相互评判。

3）实训要求：通过本项训练，要求学生能掌握基本的新闻发布会或记者招待会的策划、筹备和组织技巧。以业务小组为单位进行练习，最后由教师点评判分。

11.2 其他公共关系活动的组织与实施训练 1

11.2.1 实训目的

1）通过实训，了解企业开展其他公共关系活动的必要性，体会不同的公共关系活动对于企业形象塑造所起的不同作用，从而学会在企业营销过程的不同时机选用合适的公共活动来改善企业的营销环境。

2）通过实训，掌握几种公共关系活动的策划筹备、举行的方法和技巧，学会撰写庆典策划案、展览会策划案。

11.2.2 实训的基本内容

实训项目一：组织庆典活动的实训

庆典策划，是借助企业的周年、十周年、百周年等时机宣传企业的崭新形象，明确今后的发展目标，以密切企业与公众的关系。

庆典活动的策划要引起广大公众的兴趣，尤其是激起广大新闻媒介公众的兴趣为出发点和追求目标，即要求庆典活动"新"、"奇"、"特"，只有达到这一目的的庆典活动才能算是成功的。

庆典活动的具体组织：

1）精心选择来宾对象，发出邀请。不可忽视的基本对象有政府要员、上级主管、知名人士、社区代表、同行同仁代表、新闻界人士、业务往来友好单位员工或代表等。重要宾客要亲自上门邀请。为保证接待工作的顺利，庆典前应确切落实宾客到场情况。

2）科学安排庆典活动的程序包括：主持人宣布活动开始，介绍重要来宾和其他来宾；领导或重要来宾致辞或讲话；剪彩和参观工作的安排（有些庆典有此内容）；安排交流的机会或座谈、宴请、文艺节目等；重要来宾的留影、题字（亦可安排在活动前）。

3）做好接待工作。庆典的接待工作是极为重要的一环，务必专班负责，认真热情。重要来宾的接待,须由组织首脑亲自来完成。要安排专门的接待室和会议室,以便让来宾在正式活动前交谈和休息。入场、签到、剪彩及留言等活动都要有专人(礼仪小姐)指示和领位。

4)做好文字材料、宣传品的组织和发放工作。

5)做好摄影、摄像、采访、录音、文字记录、宣传报道、照明及音响运用等技术工作。

6)物质准备和后勤保障要到位。如文具、电源、彩绸带、气球、彩灯、彩旗、鞭炮礼花烟火、锣鼓(用于特定场合)、宣传画、条幅、标语、板报、展板、展品、赠与纪念品、车辆及饮品饮料等。

7)妥善的安全保卫工作。

开幕式(开业典礼):

这是向社会公开亮相的第一关(创牌),是形成良好的第一印象的关键之举。其目的很明确:扩大社会影响,迅速提高知名度,给公众留下美好的记忆。

开幕式的组织过程如下:

第一,拟出邀请出席宾客的名单,于半月前告知对方,并于 12 小时前将请束送达出席人。

第二,拟订典礼程序和接待事项,如签到、接待、剪彩、鸣鼓(鸣号、鸣鞭)、摄影及录像等。

第三,确定剪彩人员。通常有领导、主办方负责人、最高宾客。

第四,主办负责人致辞。其中心内容有:弘扬其宗旨、目的、致谢合作者、支持者。

第五,贺词。本项目需先联系并确定名单、顺序。

第六,安排必要的娱乐节目,以助兴和烘托气氛,如锣鼓、舞狮、歌舞及团体操等。

第七,组织参观。主要是宣传,让公众了解组织。

第八,安排座谈和题词题字、留言等活动。

第九,赠送小纪念品(广告商品)。

第十,欢送。对不方便者应提供交通之便。

开幕式形式并不复杂,费时也不多,但要做到既隆重热烈、丰富多彩,又给人以强烈深刻的印象,也非易事。其中,接待和程序方面稍有不同、稍有不慎,便会造成不良影响。所以它要求公共关系人员有热情的举止、冷静的头脑、鼓动的艺术以及镇定的指挥。

策划案示例:

上海××集团30周年庆典现场策划案

(一)现场布置

1)庆典大会主席台安排在西门(东门)广场,铺红色地毯,蓝色背景主席台,上书"上海××集团创业30周年庆典大会"16个金色大字,并放置祝贺花篮若干。

2)主席台前划分一区为嘉宾区域,庆典大会会场共摆设1 000张座椅,并划分为1区、2区、3区。

3)主席台后方分别垂挂5幅悬幅——"同心同德筑千秋大业,群策群力创世纪辉煌";"开放、和谐、务实、创新";"锐意改革创伟业,奋力创新展宏图";"三十征程乘风破浪,八千丹心笑逐颜开";"××集团,为人类创造美好生活"。

4)广场周围共布置40个高空气球和彩带(东区20个,西区20个)。(主题标语内容由公关部提供)

5)东大门外庆典装饰,布置三道彩色拱门,主门正上方四个蓝色大字——"××集团"。大门外道路两旁各布置500 m长距离彩旗、灯柱旗。

6)大门、西大门、工业城区楼顶插彩旗。

7)集团办公楼入口喜庆装饰渲染,楼顶插彩旗,门楼用绸缎、灯笼串装饰,楼顶横幅——"热烈庆祝××集团创业三十周年"。

8)西大门门口放置一对气模;西门外公路沿线两旁插彩旗、灯柱旗;彩旗上全部写有"××集团"字样。

9)餐厅、宴会厅做相应喜庆装饰,挂上彩裙、彩带、小气球串。

10)来宾入住酒店各布置横幅一幅,并适当布置彩旗。

11)新闻发布会现场布置横幅一幅——"××创业三十周年新闻发布会"。

(二)现场布置预算费用

1)充气拱门类:

拱门(跨20 m)1条×12 000元/条=12 000元;(跨15 m)2条×7 500元/条=15 000元。

2)落地球(高6.8 m)2个×6 000元/个=12 000元。

3)空飘类:

升空气球(3MPVC订制球)30套×1 500元/套=45 000元;小氢气球放飞30串,每串30个,900个×3元/个=2 700元;

放飞信鸽 2 000 只×10 元/只=20 000 元。

4)主席台:

主席台规格:10 m×2.5 m×0.5 m;

背景板规格:10 m×3.5 m,28 000 元。

5)彩旗类:

①彩旗(1.6 m×0.6 m),单色印制;5 000 面×13 元/面=65 000 元。

②灯柱旗(1.2 m×0.8 m),单色印制;400 面×68 元/面=27 200 元。

6)餐厅、宴会厅装饰彩裙、彩带、小气球串,共 23 000 元。

7)长灯笼串:250 串×90 元/串=22 500 元。

8)集团办公门楼红色绸缎、黄色缎裙制作价:5 000 元。

9)大功率音响(租):1 套×5 900 元/套=5 900 元。

10)花篮(中式加大):30 只×250 元/只=7 500 元。

11)条幅、横幅:

①条幅(3 m×16 m),15 条×1 440 元/条=21 600 元;

②横幅(1.5 m×20 m),21 条×900 元/条=18 900 元。

12)军乐队:

①男子军乐队(40 人左右):1 队×18 600 元=18 600 元;

②女子军乐队(40 人左右):1 队×24 000 元=24 000 元。

13)威风锣鼓队(50 人左右):1 队×28 000 元=28 000 元。

14)醒狮:8 头×2 300 元/头=18 400 元。

15)礼花炮(租):30 门×1 000 元/门=30 000 元。

16)红色地毯(租):500 m×10 元/ m=5 000 元。

17)礼仪用品:

①绶带(1.8 m×0.15 m):36 条×30 元/条=1 080 元;

②胸签 800 个×5 元/个=4 000 元;

③胸花(衬纱包满天星):100 个×10 元/个=1 000 元;

④嘉宾签到簿、笔 2 套(赠送)。

18)餐饮费用:(3 000~4 000 人),4 000 人×20 元/人=80 000 元。

19)奖品以红包为主:20 000 元。

合计:男子军乐队:1 437 380 元;或女子军乐队:1 442 780 元。

(三)时间(略)

(四)地点

××集团股份有限公司内

（五）活动进度及注意事项

1）须在活动前三天（即××月××日）准备就绪并安装，在活动当天（即××月××日）清晨 8:00 前验收交付使用；

2）工作人员及军乐队须在当天上午 8:00 准时到位；

3）活动当天，广告部人员（不少于五人）现场维护所布置的物品；

4）须确保空飘、拱门、落地球使用三天；

5）须派保安人员夜间维护现场，确保物品不能遗失。

实训项目二：组织展览会策划的实训

参加国际性、全国性的展览会，在产品市场推广中是一种有效的公关活动，因为展览会有一个与其他宣传活动方法不同的特殊点，那就是能够透过展览会把客户带到公司来。

根据展览的商品的种类，我们可以把展览会分为单一商品展览会和混合商品展览会。

无论是哪一种展览会，只要认真选择，加上企业公关人员精心策划、认真准备，都能收到较好的效果。

1）确定展示会的主旨、原则：

①展览的主体思想明确，内容健康。

②宣传的内容精练。

③陈列、展示活动布局合理、美观大方。

④解说流畅动人，给观众以深刻的印象。

2）确定参展单位、参展项目，明确展览会的类型：

①项目类型的确定。

②估计参观者的类型和人数。

③估测展览会的费用。

④拟订参展单位项目的要求。

⑤发出邀请，并说明上述情况。

3）确定展览会的主题、目的。主题是展示活动的主题，明确了主题才能使物、图、文的组合更具针对性，才能使展示活动的整体效果得以体现。

①主题要写进展示计划，并成为日后评价效果的依据。

②主题要一目了然，针对性强。

③决定要使用的特殊沟通方式和接待方式。

4）明确参观者的类型，考虑与之相适应的讲解、接待人员水平。

5）选择展览会的地点。

①交通要方便，又不影响交通。

②辅助设施是否配备齐全。

6）编辑、规划和构思。

①专业人员对展馆进行布局设计、造型设计。

②专人对展品、图文进行构思设计、编辑。

③撰写展览脚本、配解说词。

④必要的模型演练和事前演练。

按写好的脚本组织专班将展示构想落实到实物准备、展馆布置之中，如展板制作、图文装裱、实物造型、灯光运用、音响效果等具体活动之中。

7）培训工作人员。培训的人员包括讲解员、接待员、服务员及翻译人员等。

8）成立专门对外发布新闻的机构。配备专门的新闻发言人选择恰当的媒体和场地进行对外宣传，以扩大展会的影响。

9）准备各种辅助性和宣传性材料。例如，展览会会徽、纪念品、幻灯片、录像、宣传册、目录表、会旗、会标、手提袋、入口咨询处、签到簿及展会平面图等。

此外，还有诸如：考虑穿插必要的、有意义的活动以吸引更多的公众，组织好签约、合同、座谈讨论的安排、周密细致地接待来访工作，专人负责接待来访者，专门的签到、留言处和咨询台以及确定经费预算等都要有精细的考虑与具体的安排。

策划案示例：

××食品公司2002年全国秋季糖酒交易会策划方案

（一）策划书的封面内容

1. 主题：××食品，精益求精

2. 名称：2002年全国秋季糖酒交易会策划方案

3. 设计、制作：×××有限公司

4. 本方案最终解释权：本方案最终解释权在××有限公司，原件一份留存××。

5. 策划时间、地点：2002年9月，广州

（二）目录内容

1. 市场背景分析

2. 活动目的

3. 参展产品内容

4. 活动地点及时间

5. 活动工作分工

6. 活动氛围布置

展馆；

酒店。

7. 重点物料内容概述

8. 活动安排

活动准备进度表(略)；

工作执行安排表(略)。

9. 注意事项

10. 附件

活动费用预算(略)；

活动总物料清单(略)；

相关效果图(略)。

(三)策划文案正文部分内容

1. 市场背景(略)

2. 活动目的

(1)充分展示××食品品牌及服务,有效招商;

(2)介绍××第三代新产品"×××"系列;

(3)聚集××食品的潜在客户;

(4)收集目标客户资料;

(5)设立新的地区代理商及经销商;

(6)调查糖酒市场。

3. 参展产品内容(略)

4. 活动地点及时间安排:

地点:广东省广州市××广场

展期:2003 年 10 月 16 日~10 月 20 日

准备:2003 年 9 月 7 日~10 月 11 日

布展:2003 年 10 月 12 日~10 月 15 日

撤展:2003 年 10 月 21 日下午 4:00

5. 活动工作分工

(1)广告部门

①糖酒会的活动策划;

②平面设计;

③物料制作;

④布展。

(2)销售部门

①前期策划的协调、筹备、督导、配合;

②交易会的客户联络、资料寄送与邀请;

③现场接待、促销的执行、宣传品派发;

④活动评估及活动后期的客户跟踪。

6. 活动氛围的布置

展馆

说明:展馆每个展位的规格为 3 m×3 m×3 m,且限高 3.2 m。(分室内和室外馆)

①背景画 3 幅:

a. 正面背景画 1 幅:

　　材料:喷绘 + 灯光;

　　规格:长×宽 =3 m×3 m;

　　格调:绿色、健康、特别、醒目、大气;

　　用途:吸引客户的目光,展示企业形象。

b. 侧面背景画 2 幅:

　　材料:喷绘 + 灯光;

　　规格:长×宽 =1.5 m×3 m;

　　格调:绿色、健康、特别、醒目、大气;

　　用途:衬托主背景画、介绍产品。

②展柜 2 个(可重复使用):

　　材料:铝合金活动架、KT 塑料板、表面为带磁铁喷绘画,外配灯箱广告画;

　　规格:内长×内宽×高 =1.5 m×0.3 m×3 m 的半圆形;

　　格调:高档、方便、安全;

　　用途:装展示产品、衬托展馆气氛。

③展台 1 个(可以重复使用):

　　材料:不锈钢架、KT 板、表面为带磁铁喷绘画;

　　规格:长×宽×高 =0.9 m×0.3 m×1 m;

　　格调:绿色、柔和、高度适中、方便,要求不挡道为佳;

　　用途:装资料、放名片篮。

　④宣传手册 6 000 册:

　　材料:封面为 200 g 双面铜版纸,三折夹页,双面四色印刷,表面过哑胶;

　　规格:A4;

　　格调:绿色、健康、大气、显实力;

　　用途:有选择地发给参展客户,招商、介绍产品。

　⑤邀请卡 1 250 册:

　　材料:200 g 双面铜版纸、双面四色印刷、表面过哑胶;

　　规格:常规;

　　格调:绿色、亲切、柔和、特别、有号召力;

　　用途:邀请代理商、经销商。

　⑥海报 4 张:

　　材料:喷绘画;

　　规格:长×高 =60 cm×80 cm;

　　格调:绿色、亲切、柔和、特别、有号召力;

　　用途:介绍产品、烘托气氛。

　⑦名片花篮 1 个(可重复使用):

　　材料:小花篮(也可以用纸箱代替);

　　规格:常规;

　　格调:高档、小巧;

　　用途:装客户名片。

　⑧宣传单张两款(各 15 000 张):

　　材料:157 g 双面铜版纸,双面四色印刷,表面过哑胶;

　　规格:A4;

　　格调:绿色、健康、大气、显实力;

　　用途:派发给参展客户,招商、介绍产品。

　⑨计算机 1 台(有效解说公司和产品):

　⑩名片:(略)

　⑪公司招牌字(不干胶):绿色,放在展馆展位上方

　⑫手提广告纸袋 2 000 个

　　材料:250 g 高级铜版纸,双面四色印刷,表面过哑胶;

　　规格:30 cm×10 cm×36 cm;

　　格调:绿色、健康、大气、显实力;

　　用途:派发给参展客户,招商、介绍产品。

⑬礼盒样品:(略)

⑭地毯 9 平方米。

7. 重点物料的内容概述

(1)正面背景内容

①诱惑人的面;

②产品图片;

③绿色、健康、美观的画面;

④口号:××食品,精益求精。

(2)侧面背景画内容

①××系列产品介绍;

②"×××"系列产品介绍。

(3)易拉宝

①背景画的缩样;

②公司地址、电话。

(4)X 展架

①××系列产品介绍;

②"×××"系列产品介绍。

(5)宣传手册

①公司简介;

②产品说明;

③市场支持。

(6)邀请卡

①公司地址、电话;

②展馆地址;

③酒店地址;

④活动时间。

(7)宣传海报

①背景画的缩样;

②公司地址、电话。

(8)宣传单张(两款)

①活动介绍；

②展馆地点；

③酒店洽谈地点；

④公司地址、电话；

⑤A、B、C 系列产品介绍。

8. 活动安排（表略）

9. 注意事项

（1）活动过程中，必须按时间进度将各项准备工作落实到位。

（2）在产品展示过程中，各项细节都要特别加以注意，如电源、财物及人身安全、饮食卫生等，并准备必要的药品。

（3）操作过程中，有关人员必须保证各自的岗位工作落实，严禁擅离职守，单独行动。

（4）特别注意：要及时整理和保管好客户签到簿与所收集的名片，千万不能弄丢。

10. 附件

（1）活动费用预算表。（略）

（2）活动总物料清单。

①签到簿 2 本（酒店、展馆各 1 本）；

②签到笔 6 支（酒店、展馆各 3 支）；

③计算机 2 台；

④打印机 1 台；

⑤名片 30 盒（董事长 8 盒、总经理 7 盒、业务主管各 5 盒）；

⑥合同书 50～90 份（并准备计算机和打印机以便修改）；

⑦合同章（公司、业务、合同）；

⑧名片花篮 2 个（酒店、展馆各 1 个）；

⑨产品手册 3 000 册（酒店 1 000 册，展馆 2 000 册）；

⑩宣传单张（说明书）30 000 张（酒店 10 000 张，展馆 20 000 张）；

⑪宣传海报 10 张；

⑫招商手册 3 000 册（酒店 1 000 册，展馆 2 000 册）；

⑬易拉宝 2 个（酒店 1 个，展馆 1 个）；

⑭X 展架 2 个（酒店 1 个，展馆 1 个）；

⑮手提纸袋 5 000 个（酒店 1 000 个，展馆 4 000 个）；

⑯邀请卡 1 500 张；

⑰250 ml 矿泉水 10 箱(酒店 3 箱,展馆 7 箱);

⑱参展产品(每款 5 件,展馆 3 件,酒店 2 件);

⑲公司招牌字(不干胶 1 组)。

(3)相关效果图

展馆背景图、产品手册、宣传折页、宣传海报、招商手册、易拉宝、X 展架、手提纸袋、邀请卡、礼箱等,待确认后另附。

(4)交易会中的签约促销政策(×××出)

(5)礼品由×××准备

(6)其他酒会及招待会由×××自行负责

(7)企业服务用语规范(即客户疑问解答)

另文附。

11. 落款

11.2.3　实训的组织形式与控制要求

1)实训地点:教室。

2)实训组织形式:针对每个实训项目,教师通过案例分析阐述。在此基础上,学生以小组为单位分组练习,选择其中某一种公共关系活动进行角色模拟,并提交活动策划方案。

3)实训要求:针对每组学生提交的活动策划方案,其余各组学生予以讨论,最后,教师给以评判。

11.3　其他公共关系活动的组织与实施训练 2

11.3.1　实训的目的

1)通过实训,了解企业开展其他公共关系活动的必要性。体会不同的公共关系活动对于企业形象塑造所起的不同作用,从而学会在企业营销过程的不同时机选用适宜的公关活动来改善企业的营销环境,树立企业形象。

2)通过实训,掌握几种公共关系活动的策划、筹备和举行的方法与技巧,学会撰写相关活动的策划方案。

11.3.2 实训的基本内容

实训项目一:开放参观活动策划的实训

向社会公众开放、组织他们参观本组织是增进与公众之间的联系和了解的手段之一,是经常性的公众关系活动。

开放参观主要有两种形式:其一是一年四季都向公众开放,这种形式适用于服务行业;另一种形式是根据具体情况,选择某一日或某一节日把公众请进来,这种形式适用于工业企业。这两种形式都能加强公众对企业的了解,增进公众对企业的好感,扩大企业的知名度。因此,开放参观也是企业不可缺少的公关活动之一。

参观活动的组织安排

1)确定主题。任何一次参观都应确定一个主题。即想通过此次参观达到一个什么效果、目的,给观众留下一个什么印象。常见的主题有 5 个方面:

①强调企业的优良技术水平及条件。

②展示企业的优良工作环境。

③展示企业的成就及对社会的贡献。

④展示企业的精神风貌。

⑤展示企业的现代化管理水平及优势。

2)选择开放时机。对外开放时机是常年举行还是定期举行,要告示公众。定期开放的时间最好安排在特殊的日子里;不定期的对外开放应尽量避免在恶劣气候或天气里进行。

3)安排参观的线路。提前画好参观线路,制作向导图及标志,标明办公室、餐厅、休息室、医务室、卫生间等有关部位,如有保密和安全需要,应防止其超越之。

4)做好宣传工作。宣传工作应包括:简易说明书的发放;参观前先播放电视碟片、电影进行介绍,以帮助参观者了解主要概况和重点内容;沿途各站点的解说和回答提问也要进行精心的设计和安排。

5)搞好接待工作。这里主要应做好登记、讲解、向导、安全、休息、饮水及赠品选择等工作,竭诚征求大家意见。相关单位、人物的参观要由组织主要负责人亲自出场,热情迎送陪同。

6)听取意见,征询意见。参观后可视情况举行代表座谈会,以征询意见及建议;致函向参观者道谢、登报鸣谢。日本松下电器创始人松下幸之助曾深有体会地说:"让人参观工厂是推销产品的最好、最快的方法之一。"该公司自1982 年以来,每年都要接待 700 余万参观者。这些人参观后对公司留下了深刻的印象,成为该公司产品的忠实顾客和义务宣传员。

实训项目二:赞助活动的实训

赞助活动是组织公共关系活动的重要内容之一。它是组织为赢得政府、社区及相关公众的支持,保证组织生存和发展的良好环境而采取的一种公共关系手段。出资来赞助社会福利和慈善事业等活动,并通过这种赞助来证实组织为社会所尽的义务和所承担的社会责任,赢得社会的普遍好感,树立组织的美好形象。

并不是任何形式的赞助都会使赞助者如愿以偿,赞助活动的策划也是一门艺术,最有新闻价值的赞助活动才是最成功的。

赞助活动的步骤:

1)赞助的研究与筹划。赞助分主动赞助和被动赞助两种,无论是哪一类赞助,都应进行必要的研究。研究的主要内容包括:

①本组织的公共关系政策和目标,考察赞助是否对社会、公众、组织有益,有无其他影响。

②研究赞助活动的影响力。

③研究被赞助者的公共关系状况。

④研究社会公众的意愿。

⑤研究本组织的经济状况、成本核算和效果分析。

必须指出的是所赞助的应是公众最乐于支持的事业和最需要支持的事业。

2)赞助计划。在赞助研究的基础上,应制定相应的计划,计划内容可包括:

①赞助的目标、对象、形式。

②赞助费用的预算。

③为了达到良好的赞助效果而选择的赞助主题和传播方式。

④赞助的具体实施方案。

其要求是:量力而行,节制浪费现象,做到有的放矢。例如,健力宝赞助奥运会的计划中就有非常详细的规则,它包括:

①目标:第24届奥运会。

②对象:中国体育代表团。

③形式:提供运动饮料健力宝。

④重点传播对象:中国消费者和经销商。

⑤传播方式选择:四大新闻媒体。

⑥具体实施方案:

a. 征得国家体委和中国奥委会同意;

b. 争取新闻媒介的支持,并通过其谋求公众的支持;

c. 做好物质上的准备,生产出高品质饮料;

d. 将赠品送抵比赛现场。

3)审核评定。根据年度赞助计划,对其赞助项目进行逐项审核评定,确定其可行性、具体赞助方式、款额和时机。

4)具体落实计划。对具体项目,应指定专人负责,充分运用各种公共关系技巧,尽量扩大组织的社会影响。

5)效果测定。赞助完成后,应对其效果进行调查测定,并对照计划,检查完成情况,写成报告存档,以备研究参考之用。

11.3.3 实训的组织形式与控制要求

1)实训地点:教室

2)实训组织形式:针对每个实训项目,教师通过案例分析阐述。在此基础上,学生以小组为单位分组练习,选择其中某一种公共关系活动进行角色模拟,并提交活动策划方案。

3)实训要求:针对每组学生提交的活动策划方案,其余各组学生予以讨论,最后,教师给以评判。

4)能力检测题:

①请为某百货商场制订十周年庆典活动策划方案。

②请为某矿泉水生产企业制订每月开放参观日的活动策划方案。

③请为某大型运动品生产企业成为全运会赞助商,举办新闻发布会而拟订活动策划方案。

④请为某花卉生产企业参加全国园林园艺产品展销会拟订活动策划方案。

第 12 章　营业推广活动组织与实施训练

营业推广是企业在特有的目标市场中,为了刺激需求,打开销路,采用的能够迅速见效的各种鼓励性促销措施。20 世纪 90 年代以来,营业推广在中国的发展方兴未艾,各种各样的推广方式被企业广为应用,特别是消费品市场,营业推广被使用的频率和费用预算呈快速增长势头,营业推广已成为企业竞争的重要手段。本章主要训练学生制定价格折扣和促销定价技巧,锻炼学生策划、组织营业推广活动的能力。

12.1　价格折扣训练

12.1.1　价格折扣训练的目的

1)通过价格折扣训练,使学员了解基本的价格折扣方法。

2)通过价格折扣训练,使学员掌握几种价格折扣的依据、计算方法和具体运用时机。

12.1.2　价格折扣训练的基本内容

实训项目一:价格折扣训练

1)现金折扣训练。现金折扣是企业为了加速资金周转,给尽快付清货款的买主的一种减价。

①说明现金折扣的作用。

②实行现金折扣的适用商品是哪些。

③实行现金折扣的幅度以多少为宜。

④列出现金折扣一般的表达方式,并说明其意思。

2)数量折扣训练。数量折扣是企业给大量购买的顾客的一种减价。

①区分非累进数量折扣与累进数量折扣的差别。

②数量折扣适用哪类商品和何种类型顾客。

③向顾客合理地解释实行数量折扣的理由、对象、时间、范围等。

④合理地设计数量折扣的幅度。

3)职能折扣。职能折扣是制造商对中间商经营其产品所付努力的报酬。

①说出职能折扣的对象和目的。

②合理设计不同中间商给予的折扣额度。

③正确评估职能折扣换回的销售效果。

④调查不同中间商对职能折扣的回应。

4)季节折扣。季节折扣是企业给那些购买过季商品的顾客的一种减价。

①说出季节折扣的作用。

②列举说出季节折扣适用哪些商品。

③季节折扣适用的时机。

④季节折扣适用的技巧。

实训项目二:价格折让训练

1)旧换新折让。企业收进顾客同类产品的旧货,在新货价格上给予折让。

①说出这种折让适用哪些商品。

②列举这种折让的现实意义。

2)促销折让。促销折让是由制造商给予参加其产品促销活动的中间商的一种减价。

①说出这种折让适用在哪些场合。

②如何考核中间商促销活动的效果。

③制定合理的促销折让政策。

12.1.3　价格折扣与价格折让实训的组织形式与控制要求

1)地点:模拟商场/超市。

2)课时:一个学时。

3)组织形式:教师引导或销售主管指导,分成若干小组。每组 6~8 人,其中组员中一半扮演顾客/中间商,另一半扮演卖方,然后进行角色对调。

4)控制要求:

①要以具体商品实物为模拟媒介,增强真实感。

②角色双方从自身切身利益去谈判、演练。

③各小组间相互进行评价打分。

教师进行综合点评。以每组学员的平均总成绩作为每个学生的实训得分。

12.2　促销定价技巧实训

12.2.1　促销定价技巧训练的目的

1)通过实训,使学员了解常用的促销定价技巧有哪些。

2)通过实训,使学员掌握几种促销定价技巧的方法和应用。

12.2.2　促销定价技巧训练的内容

实训项目一:削价促销训练

1)列出削价促销的主要目标。常见的主要目标有以下几种:扩大销售量,提高市场占有率;打击竞争对手;清仓;适应竞争等。

2)合理选择削价促销的商品种类。

3)调查分析主要竞品价格动态。

4）合理确定削价的幅度。

5）正确评估定削价促销的效果。

6）列举削价促销可能带来的负面影响。可能的负面影响有:损害企业（产品）形象;引起老顾客反感;引起竞争对手不满,并可能受到打击报复;整个行业（市场）价格大战等。

实训项目二:"围魏救赵"降价术训练

1）确定一种或少数几种商品作为降价对象。

2）评估降价商品对顾客的吸引程度。

3）选择适宜的时间、媒体宣传降价商品。

4）计算降价商品可能损额与因降价而吸引顾客多消费其他商品带来的利润的差额。

实训项目三:赊销促销训练

1）确定哪些商品适用赊销活动。

2）鉴别赊销对象资格（信用评估）。

3）列出保证货款回笼的保障措施。

4）预测"坏账"大小。

5）制作、签订《赊销协议书》。

实训项目四:心理定价促销训练

1）说出哪些商品适用尾数定价促销。

2）说出哪些商品适用整数定价促销。

3）说出哪些商品适用声望定价促销。

4）说出哪些商品适用招徕定价促销。

12.2.3 促销定价技巧训练的组织形式和要求

1）地点:模拟商场/实习商场。

2）课时:一个学时。

3）组织形式:教师引导或销售主管指导,分成若干小组,每组 3~4 人,每组实训一个项目,实训结束后组与组之间进行项目对调,直至每一组实训完所有项目为止。

4)控制要求：

①每个项目以 1~2 种商品为范例。

②在实习商场实训时,可以直接面对顾客;如在模拟商场实训,部分学生扮演顾客角色。

③指导老师或销售主管根据每一组的具体表现打分,小组所有项目的总分为小组最后得分。小组最后得分的平均值为小组学员的最后得分。

案例一 "围魏救赵"降价术

20 世纪 90 年代,香港一商人投资 200 万港币在广州花园酒店附近兴建第一家南海海鲜酒店,生意平平后,在另一处开设一家南海渔村,但也不顺利,头 3 个月就亏了 50 多万元。一天他在西濠三马路看时装店,一家生意兴隆,另一家却相当平淡。什么原因? 他走进那旺店一看,原来里面除了高档货外,还有几款特价服装。他受到了启发。于是拿出了"海鲜美食周"的点子——每天有一款海鲜是特价,售价远低于同行的价格。当时基围虾的市场价格每500 g 为 38 元,他们降价为 18 元。不出所料,这一招一举成功,很多食客就冲着一款特价海鲜走进了南海渔村大门。原准备亏本降价,但由于吃的人多,每月销出 4 吨基围虾和大量的其他海鲜,反而赚了不少。因此,渔村门庭若市,顾客络绎不绝,生意越来越兴旺。

——选自《现代企业营销》(邓樵等著,中山大学出版社)

案例二 赊销

1995 年入夏,"只要先付 988,傻瓜空调搬回家"的广告以极高的频率出现在北京荧屏的黄金时间里,亚都公司投资 400 多万元发动的广告攻势,不仅使"988 傻瓜空调"在京城家喻户晓,也使人们接受了一种新的购物方式——赊销。

谈起亚都赊销策略的推出,亚都产品连锁销售总店公关经理说:亚都在经过社会调查和市场分析后确定,北京空调市场空间巨大,需求旺盛;但由于近年来经济形势趋紧,通常压力加大,人们更加关注商品价格,有鉴于此亚都进行策划,一方面,设计出操作简便,安全可靠,价格低廉的"988 傻瓜空调机";另一方面,采取赊销方式,以价格和营销新招将"988 傻瓜空调机"强有力地推向市场。

厂商选择赊销,究竟其利何在? 作为工商一体的亚都公司,通过赊销,显示出对自己产品的信任,如果产品质量和性能不稳定,不仅会使顾客纷纷退换,更会影响市场的开拓和企业的发展。所以,产品质量过硬是赊销的基础,否则必将弄巧成拙。赊销将主动权授给顾客,解除了顾客对产品质量和售后服务的担忧,从而带动起整个产品的销售,自 1995 年 4 月初至 7 月 25 日,亚都公司共计赊销出 2 000 多台,一次性付款销出 14 000 台,取得了较好的效益。

——选自《现代企业营销》(邓樵等著,中山大学出版社)

12.3 主题活动组织实施训练

12.3.1 主题活动组织实施训练的目的

1)通过实训,使学员掌握组织主题活动对促销的作用有一个全面认识。
2)通过实训,使学员掌握组织主题活动的基本方法。
3)通过实训,使学员知道如何利用主题活动与竞争对手进行市场竞争。

12.3.2 主题活动组织实施训练的内容

实训项目一:样品派送组织训练

1)简述样品派送活动(在确定的时间、地点,将新产品样品免费派送给目标消费者)。

2)制定详细派样计划,包括活动目标、产品、方式(是入户派样或街头派样)对象、时间、预算费用等。

3)联系派样场地。

4)招聘促销员。

5)分发样品。

6)流动稽查(以随机抽查的方式检查已经派过样品的住户,确认促销的有效性)。

7)清点物品。

8)活动总结。

实训项目二:赠发优惠券活动组织训练

简述什么是优惠券。厂家通过邮寄或在外包装及平面媒体中附赠优惠券,持有它的消费者在购买产品时可享受规定的价格优惠。

1)列举在哪些情况下可使用优惠券:

①产品价格比市场同类产品高。

②主要竞争者已经推出与新产品近似的产品。

③消费者对产品的价格敏感度高。

④新产品对消费者的产品利益点不突出,没有绝对的优势。

2)列举赠送优惠券的几种主要形式:

①直接将优惠券邮寄给目标顾客。

②在其他成熟产品包装上附赠优惠券。

③在报纸、杂志的广告中印有优惠券。

④直接在新产品包装上附赠优惠券,享受"再购买"优惠。

制订流送优惠券活动方案。方案中应包括时间、区域、规则、优惠券兑付流程、预算。

确定包装告知信息。

实训项目三:有奖销售活动组织训练

1)简述什么是有奖销售。是针对有购买行为的消费者进行的竞赛、抽奖或游戏活动。

2)有奖销售适用的范围和前提:

①促销的产品其消费者有强烈的投机心理。

②消费者对企业的活动组织能力,信誉评价较高。

③企业不愿意用价格促销吸引消费者,希望能同时提升企业形象。

④新产品消费群有喜欢参与社会、文化活动的特点。

3)列举有奖销售活动的几种操作模式:

①消费者竞赛(征文比赛、广告语征集比赛、技能比武大赛等)。

②抽奖(回函抽奖、现场抽奖)。

③几率中奖(将"中奖卡"、"刮刮卡"投放在产品包装内)。

④现场游戏(猜谜、投球、跳绳等)。

4)有奖活动的具体操作步骤:

①活动可行性研究。特别是要正确评估消费者的关注程度。

②确定促销活动方案,包括目的、方式、奖项设置、中奖比率计算、活动时间、活动区域、活动预算、预计销量等。

③将奖项设置和中奖率报工商行政部门备案。

④将活动方案提交公证机关申请公证。

⑤中奖卡的设计和制作。

⑥奖品兑换工作展开。

5)有奖销售活动的主要控制点:

①有奖销售活动一定要到当地有关部门进行备案。

②要对有奖活动的每一个细节反复推敲论证。因为一旦引起消费者投诉,会在一定程度上损害企业和产品形象,无论企业有理与否。

③中奖率的高低一定要科学合理。如果过高,企业难以负担;如果过低,会大大挫伤消费者的积极性,甚至会产生对企业的不信任感。

④奖项设计原则。大奖要足够大,反正中奖的没几个;小奖要足够多,反正花不了几个钱。

⑤中奖卡的管理要慎重,大奖的管理和投放应掌握在高层领导手中。

⑥要重视中奖卡的"打假"工作。

⑦认真做好防伪工作。所有中奖卡应设防伪功能;大奖除了防伪之外,还要有企业法人亲笔签字。

实训项目四:重大节假日促销活动组织训练

1)描述消费者在该节日期间的消费特点。

2)确定适合在该节日促销的商品种类。

3)明白在本节日促销的主要对象。

4)制订可行促销方案。包括活动日的主题、地点、时间、形式、预算、筹备、执行和活动总结等各环节。

5)渲染浓厚节日氛围。利用媒体广告、POP 广告、店面装饰等方式渲染节日氛围。

实训项目五:免费使用(试吃)促销活动组织训练

1)简述活动目的。

2)简述实施这种促销活动的前提:

①产品在功能上有独特性必需实际使用或品尝后才能感受到。

②厂家对产品口味和品质有足够的信心。

3)制订试用活动方案：

①活动目的。包括鼓励购买；树立形象；提高企业（产品）知名度；打击竞争对手等。

②活动产中。

③活动地点。

④试用活动工作流程（包括联系地点、招聘促销员、促销员培训、准备试用品、试用活动、物品清点）。

⑤配套用具。

⑥费用预算。

⑦效果预估。评估标准为：参与试用的人数；围观人数；参与试用者和围观者对产品及促销活动的评估等。

12.3.3　主题活动促销的组织形式和要求

1)地点：校园/实习商场。

2)课时：二个学时（或利用课余时间，或节假日）。

3)组织形式：分成若干小组，每组6~8人，每组选其中的2~3个项目训练，教师引导、监督或由商场销售主管指导。

4)控制要求：

①每个项目都要明确主题。如"三八"妇女节促销活动一定要突出"节日"特点。

②每个项目训练前都要有详细的操作计划。

③要对每个项目训练的成效进行考核。

④教师或实习老师要从促销的效果和组织、策划能力上综合评价学生的实训效果。

案例　SNN系列化妆品主题活动推广方案

一、活动目的

2001年新产品迅速上市，形成强劲的销售态势。

二、活动时间

2001年3月15日~4月15日

三、主推产品

瘦腹霜

四、上市区域市场

（1）前期以南京、成都、杭州三市为重点。

（2）后期以重庆市、上海市、北京市、广州市、深圳市等为中心。

五、活动场地

（1）天气好,商场广场(室外)。

（2）雨天,商场柜台前。

六、活动主题

1. 礼品大赠送(3月15日~3月21日)

（1）凡在某天到指定商场凭此广告均可免费领取价值30元礼品1份或产品小包装1份;购买满280元者,赠价值200元瘦腹带1条,限前100名。

（2）购买者均可免费带回家使用,详情见××商场内说明,或向××电话咨询。

（3）所有购买者均可获得100元以上的美容美体护理5次。

2. 有奖知识问答(3月30日~4月15日)

（1）答对5个答题者凭答题到××商场,均获礼品1份,所有参与者均可得到瘦腹霜试用装和靓目贴各1份,但前100名先到者获小瓶丰胸霜、瘦腹霜、玉腿霜任选一款;

（2）凡购买者均可免费带回家使用,详情请见××商场内说明,或向××电话咨询。

七、主题活动实施进程

1. 前期准备工作

（1）促销人员的培训;

（2）全体业务人员的激励;

（3）宣传海报的制作;

（4）所有物品、货品的准备;

（5）场地的申请;

（6）售后合作美容院的选择;

（7）广告合作商的选定。

2. 中期活动控制工作

（1）活动主持人;

（2）发赠品人员;

（3）测量人员;

（4）促销小姐;

（5）联系火车皮。

3.后期跟踪服务工作

(1)建立所有客户资料,做好售后跟踪服务(所有领取礼品的消费者必须留下地址、电话、真实姓名);

(2)按促销台词关心使用产品情况;

(3)售后美容院的免费护理工作是否到位。

八、列出主题活动推进表

表 12.1　主题活动推进表

序号	工作项目名称	时　间	内　容
1	促销人员培训/岗前激励	3 月 10 日前	促销小姐的导购培训
2	新品、促品到达区域城市	3 月 12 日前	丰胸霜、玉腿霜、靓目贴
3	宣传资料到达区域市场	3 月 12 日	美体手册、专刊
4	办理当地准销证	货到当天	
5	新品上柜	3 月 15 日前	全部上所有专柜
6	订立促销场地	3 月 10 日前	
7	落实当地广告代理商	3 月 8 日前	签署广告代理合同
8	落实当地售后美容院	3 月 7 日前	至少 3~5 家
9	专刊夹报发布	3 月 14 日前	信息量大而全
10	促销活动之一:免费赠送	3 月 15~21 日	
11	促销活动之二:旧盒换新品	3 月 22~29 日	
12	促销活动之三:有奖知识问答	3 月 30 日~4 月 15 日	
13	跟踪服务	从第一顾客开始	
14	招一级经销商	招商书到达后	
15	招二级经销商	与活动同时	
16	美容院产品招商	与活动同时	

——选自《新产品营销》四川人民出版社

第13章 广告活动的组织
与实施训练

广告活动是现代企业进行市场推广最常采用的方式,是企业促销组合中十分重要的组成部分,是运用得最为广泛和最为有效的促销手段。斑斓多姿、形形色色的广告时刻都冲击着人们的视觉和听觉。广告能将企业所要表达的营销信息准确、及时、形象地传递给目标消费者。熟练掌握广告的创意、写作技巧;广告预算方法和广告媒体的组合与发布计划的制定方法,是市场营销人员进行销售推广的重要技能。

13.1 广告文案的创意与写作训练

广告文案创意是指广告文案撰写者根据广告战略,广告产品及广告企业特征,针对市场营销实际和消费者心理面对广告的语言文字表现的构思,简而言之,广告文案的创意就是对语言文字的创意。广告文案创意要求达到"准"、"深"、"新"、"趣"、"奇"五方面。

13.1.1 实训目的

1)通过实训,了解广告文案创意的要求和方法,体会优秀的广告文案创意对产品推广和品牌形象建立所起的作用。

2)通过实训,了解广告文案创意的内容,掌握广告文案创意与写作知识,从而形成一定的广告营销技巧。

13.1.2 实训内容

实训项目一:广告文案创意方法训练

(1)直接创意法

直接创意法是指直接揭示广告内容,体现广告重点的创意方法。用直接法创意主要有直觉法、触动法、比较法等。

1)直觉法。直觉法是指凭直观感觉创意的方法。它是在了解与广告内容有关信息的基础上凭一般直观感觉确定广告文案主题的方法。这种方法较适宜于宣传产品及企业主要特征的广告。如下几则服装广告。

国际名牌——皮尔·卡丹。(皮尔·卡丹服装)

雪豹带您重归大自然!(雪豹牌皮装)

这几则服装广告创意紧扣品牌名称及产品,创意直接,特点鲜明。采用这种方法关键在于广告调查中掌握产品、企业及消费者信息,从大量信息中提炼出最有传播价值的信息或传播效果信息作为广告的主要内容。

采用这种方法创意时间短、见效快,创意明确,但要注意避免平庸化、一般化。

2)触动法。触动法是指创意者根据偶然事件触发引出灵感的一种创意方法。

3)比较法。比较法是通过对两种以上相对或相近的事物进行比较来创意的一种方法。广告方案的创作如果善于运用比较手法就可以更鲜明地突出广告的主要信息,从而收到更好的传播效果。广告文案创意中采用比较法可以将两种相近、相似或相对的产品放在一起比较,找出两种产品的相同与不同,同中求异或异中求同,以显示出广告产品独特的功效、或企业优良的服务。在两种事物间比较优劣要注意不能贬低其他产品而提高自己的产品,更不能指名道姓地与其他企业的同类产品比,说人家的产品不好。如联邦快递的广告对比较法的运用就相当精彩,其创意其实很简单,只是在 Fed 的盒子中又放了一个白色的快递箱。但是能从白色快递盒的侧面,露出字母的一部分,恰恰能让人猜出它是 Fed 的竞争对手 DHL 的快递。

(2)间接创意法

间接创意法是指间接提示广告内容,体现广告重点的创意方法。用间接创意主要有暗示法、悬念法、寓情法。

1）暗示法。暗示法是指通过对有关的事物的表述和说明来暗示广告宣传目的的一种创意方法。这种方法的特点是"声东击西"、"围魏救赵"。其妙处在于针对消费动机中的矛盾冲突，采取暗示迂回的方式，让消费者自我化解冲突，避免给人感官上刺激，这样更能发挥广告的宣传作用。暗示法较适宜于某些特殊商品。这类商品的主要信息不便直言，只好用委婉手法传递。但暗示不能太曲折、太晦涩，让消费者猜不透其中的意思，就达不到宣传产品的目的。创意要在避俗求新、敢于独到的同时，能让一般消费者理解和意会。

2）悬念法。悬念法是指通过设置悬念使人产生惊奇和疑惑，然后又翻出消除人的疑虑的创意方法。

3）寓情法。寓情法指给商品注入情感因素，侧重情感请诉求的一种创意方法。广告文案创意要重视消费者的情感因素，善于"以情动人"。以日常生活的人性人情观念进行创意最易打动人心。这些广告通过情感共鸣，把人们自然地导入对商品的认识，避免了生硬推销所产生的逆反心理。如"我不认识你，但是我谢谢你"、"好东西要和朋友分享"等情真意切的广告语。

实训项目二：广告文案主题创意训练

广告主题是广告信息传播中的主要意图。广告文案主题的创意就是确立并表现广告文案的主题。广告文案的主题主要由商品特征、企业特征和消费者特征等构成。

（1）广告文案主题的内容

1）商品特征。广告文案的主要内容是传播商品信息，因此商品特征是主题构成的主要因素。商品特征包括商品的品质和品位特征两个方面。

①品质特征。从商品品质来看，可以从商品的质量、产地、作用、性能等方面来确定广告主题。

商品的质量。商品的质量是非常重要的，创意时可抓住这个主题。例如，日本美津浓运动器材公司出售运动衫时，总要附上一张告示："本运动衫使用最佳染料和工艺染色，但遗憾的是，酱紫等颜色仍无法做到永不褪色。"这种"以退为进"的手法，不但不影响传播效果，反而会赢得人们信任。

商品的产地。产品的品质往往跟产地有关。旧时代四川产药，广东制药，品质都较好，所以药铺老板常把"川广道地"的匾额挂在店堂里。不少人喜欢买上海商品，就是因为上海的生产能力、技术水准较高，商品质量相对来说较有保证。

商品的作用。不同类型的商品作用是不同的。例如，"飞云进万家，安全你我他"广告主题定在安全上。"胃痛、胃酸、胃胀——交给斯达舒胶囊。"说明斯达舒对一般胃病有疗效。

②品位特征。从商品的品位来看,可以从商品的工艺水平、价格、信誉上确立主题。

商品的工艺水平。如:某衬衫广告:"高科技与传统工艺相结合的新产品。"

商品的价格。价格也是影响消费者购买决策的重要因素。如"价格也挨飞利浦一刀。"飞利浦剃须刀剃胡须有一套,削价更让人喜欢。

商品的信誉度。广告经常提及商品获得的荣誉称号或奖励,利用名牌、或名人、权威以提高商品信誉度。

2)企业特征:

①企业实力。从企业实力来看,可以从企业历史、资本性质、企业等级、企业荣誉等方面来确定主题。

②企业精神。企业精神是企业在生产经营活动中,为谋求自身的生存和发展而长期形成的一种健康向上的群体意识,它是企业富有魅力、宣传意义的无形的价值因素。如美国麦当劳快餐公司广告:"Q(品质)、S(服务)、C(清洁)、V(价值)"这则新颖的广告文案就是从企业精神角度创意,体现了整个公司形象。

3)消费者特征。说明产品给消费者带来利益、好处,能很好地打动消费者的心,因此要分析消费者层次与消费者的心理需求。

①消费者层次。消费者层次可根据年龄、文化、地域、信仰、消费能力、性别等因素分类。

②消费者心理特征。不同层次的消费者群体有不同的心理特征,也有不同的心理需求。

(2)广告文案主题创意的方法

1)选择法。选择法就是对广告文案内容进行多角度分析,然后选择一个最佳角度确立主题的创意方法。采用这种方法,一般分两步骤。

多角度分析。第一步要对广告信息进行多角度、多层面的分析,找出可能的角度进行创意。

比较选择。第二步要对众多角度的主题创意进行比较选择,确立一个最佳角度的主题创意。如香港汇丰银行广告:"分行最多,全港最大的银行。"这则广告是从宣传企业实力的角度确立主题。香港恒生银行广告:"充满人情味,服务态度最佳的银行。"这则广告就是从优质服务的角度确立主题。香港集友银行广告只有一个字"诚!",这则广告就是从企业精神角度确立主题。这几则银行的广告,都是结合企业、自身的特点来确立最佳广告主题的,创意恰当、新颖,有效地树立了良好的金融企业形象。

2)组合法。组合法就是对广告的众多信息进行选择,然后将几种主要信息组合在一起,来确定主题的创意方法。用组合法进行主题创意主要有两种方法。

①要点式组合。要点式组合指从最能反映商品或企业的特点的角度来选择若干要点,并将这些要点组合在一起来确定主题的创意方法。

②分类列举式。分类列举式就是指将广告所传递的信息分门别类地排列,然后选出某一类别信息并集中组合来确立主题的创意方法。

3)综合法。综合法就是全面反映产品特点、企业特点、消费者特点,并按一定程式来确立主题的方法。

如:美国 Grand Am 汽车广告就是用综合法进行创意的。

满载锋芒豪情,任您尽情挥洒。

高度动态,在风中快意的宣泄。

高性能,足以超越道路上的任何目标。

高感觉,完全的操控尽在掌握中。

高安全,第一步要防止意外的发生。

高满意度,售后完美的专业服务。

实训项目三:广告文案结构创意训练

广告文案结构的创意是指对广告文案结构方式的选择和各部分内容的安排。广告文案的结构可分为规范式、灵活式和品牌招牌式。

(1)规范式广告文案创意

规范式广告文案是广告文案中格式较正规的一种,较适合介绍企业情况,产品性能用途。规范式广告文案,一般有标题、正文、附文三要素构成。

1)标题的创意。标题就是广告文案的题目,是广告方案的重要部分。标题具备醒目的文字形式,多变的句型结构,鲜明的诱导作用。

①根据广告内容进行构思。要根据正文所反映的产品定位来构思。如同是鞋类广告,加迪克制鞋公司产品定位于舒适,广告文案的标题就是"舒舒服服地追赶时尚"。鹤鸣皮鞋的产品定位是质量上乘,广告文案的标题就是"天下第一厚皮"。

②根据标题的形式构思。标题有直接和间接标题,单行标题和复合标题。

直接标题能直接体现广告的中心思想,开门见山,一语道破。如"止咳有妙药,快服川贝精"。间接标题用词讲究,含而不露。"肺黑了,该洗洗了!"它使那些烟戒不掉或被动吸烟的人为之一震。用暗示的方法显示产品的疗效。

单行标题就是只有一行标题。形式简单,句式简短,简明扼要。复合标题是多行标题合用,取直接与间接标题两者之长,融为一体。

2)正文的创意。正文是广告文案的主要部分,要对标题所提示的内容作具体介绍。

①不分段表述。正文部分不分段落,实行整体表述,各种内容连成一片。好处是节省版面,节省广告费用;缺点是主要内容不醒目。用不分段表述方式的广告正文一般信息较集中,篇幅不长。如果篇幅长、字数多就不宜采用这种方式。

②罗列表述。将正文并列的几条内容分段分行罗列。适合那些有一定知名度或有较高知名度的商品或企业。

③分段表述。正文结构一般由若干个段落组成。大部分有三段:开头、中间和结尾,构成一个整体。

3)附文的创意。附文是广告文案中的附属部分,是广告内容的必要交代或进一步的补充与说明。附文主要由商标、商品名、公司名称、厂址、电话、联系、价格、电报挂号、银行账号、批销单位、广告设计单位等内容构成。

(2)灵活式广告文案创意

1)口号体式。口号是反映商品或企业特征的一种相对固定的带有强烈鼓动性的简短语句。如威廉·伯恩巴克为美国奥尔巴克百货公司所作的广告口号就是"做千百万的生意,赚几分钱的利润。"

广告口号创意的方法:

①确定构思基点。在构思口号时,要把产品、企业及消费者感兴趣的特征定为表述中心。如北大方正的广告口号"创造科技与文明"显示出北大这个著名学府与众不同的自信。

②选择口号类型。广告口号的类型分为普通型、颂扬型、号召型。

a. 普通型一般是用简洁的语言表述商品或企业特点。如爱立信的广告"一切尽在掌握"体现了产品与时代潮流相吻合。

b. 颂扬型一般是直接或间接颂扬产品的好处或企业的优势。如"玉兰油"广告口号"惊喜你自己!"用通俗口语称赞产品功效好,易于传诵。

c. 号召型一般是用或明示或暗示的语言号召消费者购买自己的产品。

③创造文化情调。在广告口号的创意中,如能体现一定的文化情调可以

提高商品或企业的文化品位。

2）文艺体式。文艺体式是指采用散文、诗歌、故事等体式安排方案的结构形式。

a. 散文体。散文体是指用散文形式创作的广告文案。其结构灵活，句式舒缓，形式上没有什么限制，便于抒情。如福星城市花园广告：

城市的中央，

机会不是别人的馈赠；

喜欢这座城市，

喜欢它给我无数机会，看得见和看不见的，

喜欢它多彩变幻，每天新鲜感觉，

还喜欢它成功中蕴藏失败的危机感；

城市的天空很高，空间无限，

我们只需要张开理想的翅膀尽情飞翔；

离成功最近的地方，

我有福星城市花园。

b. 诗歌体。诗歌体是指用诗歌形式创作的广告文案。诗歌句式整齐，分行排列，具有和谐的结构美，感情色彩也较浓厚，易唤起共鸣，赢得好感。

c. 故事体。故事体广告是通过讲故事的形式来传递信息的广告方案。主要特点是具有简单的故事人物和故事情节。

（3）品牌招牌式广告文案创意

品牌是商品在市场上使用的区别性语言标志，是产品的商业名称。招牌是企业的名称。品牌式文案创意就是对商品名称进行创意。招牌式文案创意就是对企业名称进行创意。

品牌的创意可从以下几方面入手：

1）以人名、地名、企业名命名。这种构思方法操作简单。较适宜借用名人、名地、名企业宣传产品。如"王麻子剪刀"、"太白酒"、"羽西化妆品"等是以人名作为品牌。"鄂尔多斯"、"阿里山瓜子"、"天府花生"、"青岛啤酒"等是以地名作品牌。

2）以动植物名称命名。名称多带有象征意义。在中国，"鹤"、"鹿"、"鲤鱼"、"松"、"柏"、"梅"、等动植物名称含有某种"民俗"意义。如"梅竹清"酒"梅"含有"高洁"的寓意。

3）以产品特征命名。以产品原料、工艺、效能、质量等特征命名。"飘柔"洗发水强调产品用后感受。"宝马"、"奔驰"等品牌就体现了汽车的某些特征。

4）以某种寓意命名。如"富康"汽车的命名就没有像其他合资汽车企业采用外国名称，而是选用有中国特色的品牌，寓有"走富康路，坐富康车"的深刻内涵。

5）以外文汉语译音命名。如"摩托罗拉"手机、"柯达"胶卷等。

13.1.3　实训的组织形式与控制要求

1）实训地点：教室。

2）实训组织形式：针对每个实训项目，教师以案例教学法进行示范讲解，在此基础上，学生分为若干创作小组，选择一至两种广告创意方式进行广告创作，撰写广告文案。然后通过角色模拟——广告商与企业营销人员，进行相互评判和选择。

3）实训要求：通过本项训练，要求学生能掌握基本的广告创作技巧，并且学会利用相关的广告创意知识评判、选择广告商所提供的广告文案。以创作小组为单位进行练习，最后由教师点评判分。

13.2　广告预算策划的实训

广告预算是在一定时期内，广告策划者为实现企业的战略目标，而对广告主投入广告活动所需经费总额及其使用范围、分配方法的策划。

广告策划的中心任务是以尽可能少的经费达到最佳的广告效果，广告预算的作用就在于使广告经费得到科学、合理的使用。

广告预算的内容包括广告活动中所需要的各种费用。具体地说，广告预算包括广告调查费 5%；广告制作费 10%；广告媒体费 80%；广告行政管理费 5%。

13.2.1　实训目的

1）通过实训，了解广告预算的基本内容和作用。

2）通过实训，掌握广告预算的几种方法，并学会在不同市场背景下相机选用不同的预算方法。为企业广告决策提供准确的资料。

13.2.2 实训内容

实训项目一:根据营销情况而定的广告预算方法实训

根据营销情况而定的预算方法。这种方法主要根据营销情况和营销需要来确定。主要有销售百分比法、利润百分比法和销售单位法。

1)销售百分比法。销售百分比法是以一定时期内销售额或利润额与广告费用之间的比率来预算广告费用的方法。其具体计算程序是,企业根据自身在特定阶段内销售总额的预测,把广告费用的投入确定为销售额一定百分比,就可以预算出下一阶段的广告费用的投入量。

销售百分比法的计算公式为:

广告费用 = 销售总额 × 广告费用与销售额的百分比

如果企业去年销售额为 2 000 万元,而今年预计的广告费占销售总额的4%,那么今年的广告预算为:

广告费用 = 2 000 万元 × 4% = 80 万元

销售百分比法可以根据销售额、利润额的不同计算标准细分为历史百分比法、预测百分比法和折中百分比法。历史百分比法,一般是根据历史上的平均销售额或上年度的销售额加以计算的。预测百分比法,一般是根据下年度的预测销售额加以计算的。折中百分比法,是以上两法的结果加以折中计算出来的。

2)盈利百分比法。盈利百分比法是根据一定期限内的利润总额的大小来预算广告费的一种方法。这里的利润可以是上一年度已经实现的利润,也可以是计划年度预计达到的利润;可以按毛利计算,也可以按纯利计算。但一般按毛利计算。其计算公式与销售百分比相同。

如某企业今年预计实现的毛利为 1 000 万元,广告费用占毛利的2%。其广告费用为:

广告费用 = 1 000 万元 × 2% = 20 万元

3)销售单位法。销售单位法是按照一个销售单位所投入的广告费进行广告预算的。它的特点是把每件商品作为一个特定的广告单位,对每个特定单位以一定金额作为广告费,然后再乘以计划销售额就可以得出广告费用投入的总额。

销售单位法的计算公式为：

广告费用＝每件产品的广告费×产品销售数

如某产品每件的广告费用为 1 角，计划销售 100 万件，其广告预算为：

广告费用＝0.1 元/件×100 万件＝10 万元

销售单位法简便易行，容易掌握，而且可了解产品广告的平均费用。这种方法尤其适合于薄利多销的商品，因为这类商品销售快，但没有较高的利润，能够较为精确地预算出商品被均摊后的广告费。

实训项目二：根据广告目标而定的预算方法实训

根据广告目标而定的预算方法又叫目标达成法。主要分为三个步骤：

第一，明确广告目标，即确定广告所要达到的传播目标、销售目标和系统目标。

第二，明确达成相应目标所要进行的工作。如广告策划、广告制作、媒体租金、管理费用等，从而确定整个广告活动的总体经费预算。

第三，计算这些工作所需要的经费。如调查费用、策划费用、制作费用、媒体租金、管理费用等，从而确定整个广告活动的总体经费预算。

目标达成法根据所依据的目标和计算方法的不同又细分为销售目标法、传播目标法和系统目标法。

1）销售目标法。这种方法是以销售额或市场占有率为广告目标来制定广告预算的一种方法。即依据设定的广告目标来拟订广告活动范围、内容、媒体、频率、时间等，再依此计算出每项所必需的广告费用。

2）传播目标法。这种方法是以广告信息传播过程中的各阶段为目标来制定广告预算的一种方法。它是以传播过程的"知名—了解—确信—行为"几个阶段为目标来具体确定广告预算的。因为广告费与销售额的关系，是通过消费者对广告信息的反应过程与深浅程度表现出来的。

3）系统目标法。系统目标法是采用系统分析和运筹学的方法，将系统的目标范围扩展到整个企业的生产经营活动之中，也就是说把与广告、销售密切相关的生产、财务等因素一并纳入广告预算所应考虑的范围之内，加以系统分析和定量分析，从而使广告预算更合理、更科学、更完善。

在通常情况下，目标达成法对新开发的产品有较大的广告推销优势。

实训项目三：根据广告收益和销售而定的预算方法实训

这是一种动态的广告预算方法，主要有根据广告收益递增广告预算和根据销售收益递减广告预算两种。

1)广告收益递增法。广告收益递增法是一种动态的计算广告费用的方法,即按照企业销售额的增加比例而增加广告费用投入比例的一种方法。其特点是使用方便,易于把握。其基本原则是,企业的广告费用按照企业的销售额的增加而增加。

2)销售收益递减法。销售收益递减法和广告收益递增法恰好相对照。当市场的产品需求量处于饱和状态时,就需要运用销售收益递减法来确定计算广告费,把市场处于饱和状态产品的广告费用支出限制在最佳销售额以下。

实训项目四:根据竞争对抗而定的预算方法

竞争对抗法是根据竞争对手的广告活动来制定广告预算的方法。具体地说,是根据同类产品的竞争对手广告费用的支出情况来确定本企业的广告预算的一种方法。采用这种方法的依据和参照系数是市场上同类产品的竞争对手。这一方法的基本特点是面对市场产品的销售实际情况,选择或确定广告费用的投入。这种方法强调在与对手竞争和比较中来动态地确定广告预算。

竞争对抗法主要有市场占有率法和增减百分比法。

1)市场占有率法。市场占有率法是根据竞争对手的广告费用与市场占有率的比例来确定本企业产品市场占有率所需广告费用的预算方法。其计算公式为:

$$广告费用 = \frac{对手广告费}{对手市场占有率} \times 本企业预期市场占有率$$

如竞争对手每年的广告费用为 100 万元,占有目标市场为 50%,而本企业则希望预期市场占有率达到 25%,那么其广告费为:

$$广告费用 = \frac{100\ 万元}{50\%} \times 25\% = 50\ 万元$$

本企业的广告费用至少在 50 万元以上。

2)竞争比照法。竞争比照法是企业根据其主要竞争对手的广告费支出水平来确定本企业保持市场占有率所需相应的广告费用的预算方法。其计算公式为:

广告费用 = 本企业上年广告费 × (1 ± 竞争对手广告费增减率)

如竞争对手上一年度的广告费为 500 万元,今年比上年的广告费增加了 10%,今年投入了广告费 550 万元,而本企业去年广告费为 750 万元,为了保持原来占有的市场份额,本企业今年的广告费为:

广告费用 = 750 万元 × (1 + 10%) = 825 万元

一般来讲,企业应尽可能保持同竞争对手差不多的广告费用水平。这是因为一方面企业虽然不愿使自己的广告费低于其竞争对手,否则就有可能由于广告宣传量的差异而使企业处于不利的竞争地位;另一方面,企业一般也不想使自己的广告费用过多地超出其竞争对手。双方增加广告费用所产生的效应,都有可能相互抵消。因此,企业一般采用广告费与竞争对手保持平衡,避免过多地刺激竞争对手。

实训项目五:根据企业实力而定的预算方法

这种预算方法是根据企业财力和营销情况而定的广告预算方法。主要有全力投入法和平均投入法、任意投入法三种预算方法。

1)全力投入法。全力投入法是根据企业的财力,将广告资金一次性全力投入的预算方法。企业在做广告预算时,根据企业财力能拨多少钱做广告,就拿出多少钱做广告。这种方法能够保证资金在"量入为出"的前提下进行适度的调整。如广告费在某个活动阶段相对地集中使用,而在有些阶段则可以相对减少使用,使广告活动尽可能具有完整性。这种方法适合于必须进行广告宣传,而又没有必要进行长期规划的中小企业。

2)平均投入法。平均投入法是根据企业财力,将广告资金分阶段等量投入的预算方法。如每月平均投资多少,或每季度平均投资多少,等等。采用这种做法的企业主要是资金不足,也可能是先要看看广告的实际效果再做决定。这种方法较适应于资金不足,而又有必要进行一定期限广告宣传的企业。

3)任意投入法。任意投入法是以一时期的广告费用为基数,根据企业财力和市场需要增减费用的广告预算方法。常见的做法是广告主只支付广告活动的启动资金即第一阶段的广告资金,后续资金要视第一阶段的广告促销效果,再考虑投不投入资金或投多少资金。采用这种预算方法通常由企业高层领导人决定下一时期的广告费用。这种方法较适合于没有必要进行长期广告规划的中小企业。

13.2.3　实训的组织形式与控制要求

1)实训地点:教室。

2)实训组织形式:针对五个实训项目,教师以案例教学法进行阐述,学生以小组为单位进行案例模拟练习。

3）实训要求：通过本项训练，要求学生能针对不同的市场营销环境和企业背景，相机选用适宜的广告预算方法测算广告的实际投入，可以采用小组练习或分散个人练习形式进行，最后由教师点评判分。

13.3　广告媒体的组合与发布计划制定训练

媒体计划是媒体策略形成后的执行方案，它是为品牌接触目标消费者，产品促销，以及建立品牌形象，提出和安排执行层面的工作。

是指在特定的营销环境下，从投资的角度去思考，如何形成媒体投放策略和执行方案，如何提供最有效的传播途径去接触目标消费群，以达到营销策略所要求的广告目标，并帮助建立品牌，维持品牌。

一个完整的媒体计划方案应包括：

1）媒体目标。

2）媒体策略：

①对谁传播。

②在哪些地区投放。

③什么时候投放。

④投放量多大。

⑤应该使用什么载体。

⑥预算的蛋糕怎么切。

⑦优先顺序如何。

3）媒体执行方案。

4）媒体发布日程安排：

①投放节奏。

②投放密度。

5）媒体计划的意义。媒体计划是一个需要通盘考虑的问题，任何一个策略项目的决策，都会影响到其他项目。媒体计划是营销的一环，媒体计划的终极目标是协助达成营销目标。

13.3.1　实训目的

1)通过实训,了解广告媒体组合的意义和目标,掌握优化广告媒体组合的基本方法和技巧。

2)通过实训,了解如何根据媒体策划和媒体预算,制定广告媒体发布计划,科学合理地安排广告推出时间,发布时机及频率。

13.3.2　实训内容

实训项目一:广告媒体组合计划的实训

媒体策划中,当使用一个以上的媒体时,就面临着如何组合的问题。组合的好处在于:一是增加针对目标消费者的广告传播的总到达率(覆盖面),以弥补单一媒体覆盖面的不足。二是补充单一媒体传播频度的不足。媒体中有长效媒体,也有一闪而过的短效媒体,这都会影响每个目标受众的接触频次,当频次到达不够时,就会影响传播的效果。当企业不能有足够的资金,支撑电视类短效媒体多次反复的播出时,就要考虑以长效媒体作为补充,或使用广播等廉价的能够反复播出的媒体,以加深广告信息的印象。三是能够整合不同的媒体传播优势,形成合力,提高广告整体传播的效果。四是科学的媒体组合,不是媒体的简单相加,而是相辅相成、优势互补的组合,因而在资金有限的情况下,不必将广告的大头放在花费高的单一媒体上,而是组合能最直接产生效果的媒体,配合销售终端的促销,花费较少的钱,取得良好的效果。

不同类型的广告媒体渠道在其传播功能上各有特色,也各有缺点。对不同类型的媒体进行综合比较,选择合适的广告媒体渠道,并对各种媒体进行合理搭配、各取所长。这就是广告媒体的优化组合问题。

广告媒体渠道的优化组合并不存在一成不变、放之四海而皆准的模式,何种媒体组合方式效果最佳,则需视具体情况而定。然而在广告实践活动中,人们通过概括总结,公认效果较好的媒体组合形式,主要有下列几种可供参考。

1)报纸与广播媒体搭配。这种组合可使各种不同文化程度的消费者都能接受广告信息传播。

2)报纸与电视媒体搭配。这种组合可以用报纸广告作先行,先将广告信息传播给广大受众,使之通过文字资料对本产品先有个较为全面详细的了解,再运用电视媒体通过图像来展示产品的优良品质和产品形象,以大规模的广告宣传,制造声势,配合产品销售,逐步扩大产品销售市场,亦可用之强力推销。

3)报纸与杂志媒体搭配。这种组合可利用报纸广告做强力推销,而借助杂志广告稳定市场;或利用报纸广告进行地区性信息传播,而借助杂志广告做全国性大范围的信息传播。

4)电视与广播媒体搭配。这种组合有利于城市与乡村的消费者能够普遍地接受广告信息传播。

5)报纸或电视与销售现场媒体搭配。这种组合有利于提醒消费者购买已有印象或已有购买欲望的商品。

6)报纸或电视与邮政媒体搭配。这种组合以邮寄广告为开路先锋,作试探性的广告宣传,然后利用报纸或电视广告做强力推销。这样,先弱后强,分步推出广告,可以取得大面积的成效。

7)邮寄广告与销售现场广告或海报搭配。这种组合可以对某一特定地区进行广告宣传,以利于巩固和发展市场。

总之,广告媒体渠道的组合方式还有很多,其优化组合,必须根据广告费预算、市场前景、广告时效要求来妥善安排,以利于扩展广告的功效。

实训项目二:广告媒体发布计划制定的实训

广告媒体发布计划,是根据媒体策略和媒体预算,制定具体的工作日程表。任务是:编排广告发稿计划,要精心做好广告发布的排期工作,掌握好"出街"时间,安置好密度与间隔,处理好每个媒体的每天、每周的广告暴露频次。

1)广告推出时间。广告在媒介上的发布时间,主要依据商品进入市场的状况,以及营销策略、产品特点来决定。一般有先期投放、同步投放和滞后投放等几种:

①先期投放。商品尚未投放市场,就进行广告发布,事先制造声势,先声夺人。这种策略往往运用于需要观念引导、进行消费教育的产品,而且这类产品多是高关注度的新产品,目的是让消费者受广告影响产生兴趣,形成需求欲望,让消费者翘首以待。待到商品上市之时,即可形成旺销。另外,这种广告发布方式,适用于季节性商品在旺季到来之前,一直延伸至旺季的到来,使消费者始终有较深刻的印象。特别是市场竞争比较激烈的产品,更多运用这种策略。需要注意的是,广告推出的时间与商品上市的时间间隔不可过长,否则

将失去拖拉的意义和作用。

②同步投放。广告发布的时间与商品推向市场的时间同步,选择这种发布方式最适用于老产品、供求平衡或供应稍偏紧张的产品,目的在于告知,好处是见到广告就可买到产品,但此种方式不适合竞争激烈的情况。

③滞后投放。发布广告的时间晚于商品进入市场的时间,此种方式用得不多。一般情况下,适用于没有把握的新产品。商品先上市试销,根据销售情况或少做或多做广告,且针对性强。另外一种情况,就是在商品先上市后,先做试探性广告,视情况再决定是否做广告及其投放的规模大小。

2)广告发布时机。利用媒体发布广告,还要善于利用和把握各种时机。企业的一切营销活动都存在着利用和把握时机的问题。抓住时机,就能事半功倍;错过时机,就会失去效益,就是最大的损失。广告的时机,是在时间上与广告商品、市场行情以及人们注意程度有关的一系列机会。发布广告信息的时机要注意把握下面几种情况:

①商品时机。利用商品与时机的内在联系,巧妙地发布广告信息。如啤酒、空调等季节性产品。

②重大活动时机。抓住重大活动的时机推出广告。一般来说,涉及全国甚至全世界注目的重大活动,如体育比赛、文艺演出、会议等,新闻媒体和受众的关注度高,信息量密度空前,是推出广告的良好时机。

③黄金时机。即抓住"黄金时间",把握人们记忆"最珍贵瞬间"的策略。电视和广播均有其"黄金时间",就是观(听)众收视(听)电视(广播)节目的高峰时段。在黄金时间,观(听)众收视(听)节目的注意力比较集中,易于接受信息,记忆率比较高。但此一时段的广告费也相对比较昂贵。

④节令时机。节令时机是节日和季节为商品销售带来的时机。逢年过节、假日,往往是人们大量消费的时间,会形成销售的旺季,要善于抓住这销售旺季前的机会发布广告。属于季节性的商品,也会在季节变换交替之时产生销售旺季。在销售旺季前的一段时间便是广告的良好时机,抓住节令时机发布广告,在选择时机时,要考虑安排恰当的提前量。

3)广告发布频率。广告以什么样的频度和进度推出,也需要精细策划安排。这主要是依据人们的记忆曲线来进行设计。从总的方面来看,同样数量的广告,如以一年为期计划发稿,可有集中型和分散型两种思路。集中型是把全年需要发布的广告集中在几个月内发出,分散型是把广告分散在全年内逐次发出。调查研究表明,集中型发稿一般在发稿期间可获得较高的广告再生率,但广告停止后,对广告的忘却也快。分散型发稿的广告再生率一般不高,但总体上是上升状态,在达到最高点时效果也比较理想。

具体来说,广告发布频率安排,常采用下列方式:

①固定频率式。即在一段时间内,广告均衡推出,广告费支出呈水平状况,以求有计划的持续的广告效果。固定频率有两种类型:一是均匀序列型,这种类型广告的频率按时限平均运用。如一旬 10 次,每天 1 次,或一旬 10 次,每隔一天 2 次。二是延长序列型,这种类型广告频率固定,但间隔距离越来越长。如广告仍按总量 10 次、1 次/天进度推出,但广告发布时间延长到 20 天,第一波每天 1 次间隔,持续 4 次,第二波每两天 1 次间隔,持续 3 次。第三波每三天 1 次间隔,持续 3 次。这是为了节约广告费,又按照人们的遗忘规律来设计的,使时距由密到疏,在广告费一定的情况下,延长广告影响的时间。

②变动频率式。在广告周期内发布广告的频率和进度是不等的,广告费的投入随着广告的频度的不同,有时先多后少,有时呈滚雪球式渐次加强。这可有三种类型:

a. 波浪型。在一个广告周期内广告频率由低到高,再由高到低变换的策略。如电视广告第一天发布 1 次,第二天发布 2 次,第三天发布 3 次……这时频率曲线最高,以后频率逐次下降……第六天 2 次,第七天 1 次,频率曲线呈波浪形。这种方式适用于季节性、流行性强的商品。

b. 渐进形。在一个广告周期内广告频率由低到高,至高峰时戛然而止,节日性促销广告常用此手法。

c. 递减型。在一个广告周期内广告频率由高到低,直至停止。

现代市场营销理念下,媒体投资已成为企业营销策略及广告传播策略的一个有机组成部分,媒体运作的重心从简单的媒体购买演变成计划与购买并重。

13.3.3　实训的组织形式与控制要求

1)实训地点:教室或案例分析室。

2)实训组织形式:针对每个实训项目,教师通过案例分析进行示范讲解。在此基础上,学生以小组为单位,练习广告媒体组合与发布计划的制定。

3)实训要求:学生以小组为单位提交广告媒体的组合与发布计划方案,其余各组学生选取一名代表予以评论,教师给以最后评判。

4)能力检测题

①请运用直接创意法为某品牌服装撰写广告文案。

提示:首先进行产品定位,如职业装、休闲装等;在此基础上为该品牌服装命名,撰写广告语。

②请选用间接创意法为某饮料生产企业撰写广告文案。

提示:首先为该饮料选择细分市场,然后根据细分市场的消费特点进行广告文案的创意与写作。

③请分别为下列三类不同类型的手表策划广告语:

分别是:a. 年轻浪漫型;b. 华贵大方型;c. 财富地位型。

④请撰写某种感冒药的规范式广告文案。

⑤请为某楼盘发售撰写灵活体式广告文案。

⑥请为某服装集团策划企业主打品牌名称,并提供该品牌释义。

⑦请简要描述 3～4 种广告预算方法的特点和适用的市场营销环境。

⑧请为某奶制品企业最新推出的新产品"牛奶干吃片"拟订一份广告媒体的组合与发布计划。

提示:该企业产品在国内奶制品市场占 20% 左右的份额,是行业内主要竞争者。而"牛奶干吃片"属新产品,在奶制品市场上首次出现。其他企业尚未推出。但是根据有关预测,同行企业将会迅速跟进,推出类似产品。

第14章 客户管理、企业主页的建立与维护实战训练

　　客户的定义是指客户、客人、买主,等等。这里所说的客户是指接受产品的企业或个人。

　　客户是企业最珍贵的资源,建立一个成功的利润创造系统,有赖于吸引住能长期一再重复购买的客户。按客户来源分,客户可以分为:

　　1)内部客户。在通常情况下,当企业的人数超过一定数量时,企业内部就要形成相应的部门或机构;而其在运行中,又会形成若干个环节和过程。所以,在一个企业中,员工与员工之间、部门与部门之间、过程与过程之间也就形成了客户关系。

　　2)外部客户。企业除了内部人员之外所面对的企业或个人,均为外部客户。

　　在一般情况下,客户满意就是指外部客户满意,客户满意的质量战略,其立足点也是针对外部客户的。按产品流转状态,可以分为:

　　1)中间客户。是指处于产品流转链中间的客户。产品往往要经过相当多的流转环节才能到达最终使用者手中。

　　2)最终客户。是指产品的最终使用者。作为产品使用者的最终客户,对产品质量最有发言权,他们的判定、取舍和选择最具权威性。一旦他们不满意,不论内部客户或中间客户的满意度如何高,也是没有意义的。在一般情况下,所谓客户满意,实质上就是最终客户满意。最终客户有两种情况:一种是购买者与使用者不是同一个企业或个人,如玩具,其使用者可能是孩子,而购买者可能是母亲,双方都是最终客户。如果购买者不满意,今后就可能不再购买;如果使用者不满意,就会将不满意转达给购买者,从而影响购买者的下次购买决策。另一种就是使用者包括两个或两个以上的企业或个人,典型的如汽车,驾驶员是当然的使用者,乘客也是使用者;在设计或生产汽车时,既要考虑驾驶员这一直接客户,又要考虑乘客这一间接客户,如果不考虑乘客的满意与否,也会导致直接客户的拒绝购买行为。

按客户表现形式则可分为:

1)现实客户。是指已经成为客户的企业或个人。一类是正在成为客户的企业或个人,如正在购买本企业提供的某种产品的人;另一类是已经接受过本企业提供某种产品的企业或个人。

2)潜在客户。是指尚未成为但可能成为客户的企业或个人,是企业争取的对象,是质量战略关注的重点。对某个地区来说,该地区可能是潜在的销售市场,该地区的企业或个人则成为潜在客户;对某个阶层(例如以收入划分的阶层,以城乡划分的阶层等)来说,该阶层的企业或个人则成为潜在客户;对某个企业或个人来说,可能是本企业的潜在客户。一般来说,对地区性的潜在客户可能较容易开拓,而对单个的潜在客户却难以使其成为现实客户,阶层性的潜在客户可能居于二者之间。但是企业不能只考虑自己的难易问题。况且,在当今经济全球化的时代,某个地区、某个层面的客户对本企业来说是潜在的,而对本企业的竞争对手来说可能早已是现实客户了。因此,要求企业去开拓,也要求企业更有效地管理现实和潜在的客户,建立合理的数据管理资料,及时调查,分析研究是营销人员应该经常进行和必不可少的活动。

14.1 客户管理数据库的建立和使用训练

14.1.1 客户数据库建立和使用训练的目的

1)通过实训,使自己学会建立客户资料的管理系统。

2)通过实训,使自己运用客户资料来了解客户实情来制定今后的销售计划和营销策略。

3)通过实训,使自己通过客户的资料的建立来提高客户的满意程度。

14.1.2 客户档案管理训练内容

实训项目一:客户基础资料档案库的建立训练

1)训练内容:客户基础资料档案库的建立。

2)操作:老师预先将客户的资料按照基础资料、客户特征、业务状况、交易现状四种进行分类。请学生将这4种分类大类的具体项目列举出来。

①基础资料:主要包括客户的名称、地址、年龄、电话、所有者、经营者、管理者、法人代表及他们个人的性格、兴趣、爱好、家庭、学历、能力、创业时间、与本公司交易时间、企业组织形式、业种、注册资金等。

②客户特征:主要包括服务区域、销售能力、发展潜力、经营观念、经营方向、经营政策、企业规模、经营特点等。

③业务状况:主要包括销售业绩、经营管理者和营销人员的素质、与其竞争者的关系、与本公司的业务关系及合作态度等。

④交易现状:主要包括客户的销售活动现状、存在的问题、保持的优势、本来的对策、企业形象、声誉、信用状况、交易条件以及出现的信用问题等方面。

3)问题:根据以上所提供的信息用计算机设计客户基础资料档案管理系统。

4)启示:该系统开发后应该可以合理地处理客户的基础资料,能够顺利的查找、调用等

实训项目二:客户销售资料档案库的建立训练

1)训练内容:客户销售资料档案库的建立。

2)操作:老师给学生列举出几种客户销售资料的整理方法。

①按照销售量的大小排序:按照销售量的大小排序,这种方法便于营销员随时关注主要客户的变动情况。如可以设定三个级别,一级客户是占销售量的80%客户;二级客户是占15%的客户;三级客户是占5%的客户。

②按销售的地区:按销售地区对档案进行分类,对于销售量大,产品销售区域覆盖面广的企业是比较实用的做法。

③按产品和服务行业:按产品和服务提供的行业划分,这种方法主要适用于生产中间产品或基础原料、能源产品的企业。

④按产品种类:按产品种类建立客户档案,这种方法适用于产品种类繁多

的企业。

⑤按客户资信等级：按客户资信等级建立客户档案。

3）问题：根据以上所提供的信息设计一个客户数据库管理的信息系统。

4）启示：该系统开发后应该可以合理地处理客户的销售资料，能够顺利的查找、调用等。

实训项目三：客户资料卡的制作利用训练

1）训练内容：客户资料卡的制作与应用。

2）操作：老师介绍客户资料卡的制作方法，再由学生亲手制作。

3）客户资料卡的制作：搜集了客户资料后开始制作客户资料卡，在制作客户资料卡时，采用硬质的纸张作为卡片，将其周围钻上小孔，在小孔上系住不同颜色的棉线，利用这些棉线的颜色，可做地区分类、企业规模分类、营业规模分类、信用额度分类等（可自行创新）。

4）问题：

①自我评价自己的客户资料卡的耐用性和实用性。

②客户资料卡制成之后在什么情况下使用。

5）启示：

①寄发广告信函。

②订立收付款计划。

③订立时间计划。

④对信用度分类。

⑤决定佣金折扣。

⑥区别现有客户与潜在客户（第二题参考答案）。

14.1.3 实训的组织形式与控制要求

1）实训地点：教室或计算机机房。

2）实训组织形式：在教师指导下，将测试学生分成相应的小组，再根据每个游戏的具体要求在小组内进行测试。

3）实训要求：测试的成绩按照所回答的问题以及能够达到的效果做出评定。实训项目一、实训项目二可根据学生实际操作情况请专业教师评定（效果：见训练的启示）。

14.2 企业网页的设计、建立、使用训练

14.2.1 企业网页设计、建立、使用训练的目的

1)通过实训使自己学会制作企业的电子商务网页。

2)通过实训使自己学会建立和保存企业的电子商务网页。

3)通过实训使自己懂得如何使用电子商务网页。

14.2.2 企业网页设计、建立、使用训练

实训项目一:网页的编辑训练

1)训练内容:网页的编辑制作。

2)操作:老师先给学生介绍网页制作的方法后,学生学会编辑网页。

3)编辑网页是网页制作中最基本的部分,首先要学会建立空白页,再编辑网页,编辑包括移动与复制、查找与替换等操作。

①建立空白网页

启动 FrontPage2000 以后,已经建立了一个空白网页,如图 14.1 所示。

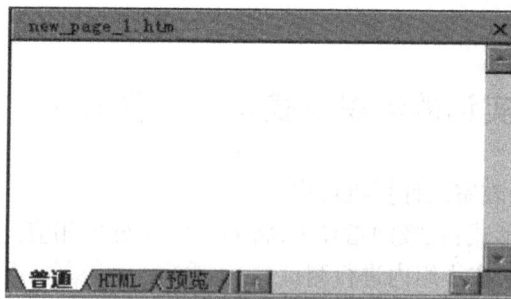

图 14.1 建立一个空白页

该空白网页的系统缺省文件名为 new_page_1.htm,在该网页中输入一行文字"这是设置网页属性实例"。该网页类似一个画板,用户可以在上面画出

最新、最美的图画。

②编辑网页

网页的编辑功能是网页设计中比较重要的部分,下面介绍网页中的基本编辑操作。

a. 插入点。在使用 FrontPage2000 编辑网页文本时,光标显示为一条闪烁的竖条,表明新的文本域图像等对象插入的位置,叫做插入点。插入点的定位有三种方法:一是光标命令,二是用鼠标移动插入点,三是快速定位。

用户可以在屏幕上移动插入点,除了可以用光标移动键(↑、↓、←、→)进行上下左右移动之外,还可以利用光标控制命令将插入点迅速移到文本的首部或尾部。

用鼠标直接单击要插入新文本的位置也可以移动插入点。用鼠标移动插入点的操作相当方便,如果要将插入点移动到当前窗口内的任何一个编辑位置,只需将鼠标箭头移到此位置,然后单击鼠标左键即可。

用鼠标按编辑窗口右方的滚动条上的方向按钮,可以使屏幕上下滚动一行;在滚动条中表示当前位置的方形按钮上面或下面按鼠标的左键,可以使屏幕上下滚动。但需要注意的是,在使用滚动条滚动屏幕时不改变当前插入点的位置,即插入点可以不在当前显示的窗口内,滚动到不可见的位置。

快速定位。对于一个比较长的网页,可以利用滚动条滚动屏幕,然后到要寻找的位置按鼠标左键,插入点就定位到这个位置上。但还有一种快速定位方法:利用"编辑(E)"菜单下的"查找(F)"命令实现光标的快速定位。

b. 在网页中录入文本。使用 FrontPage2000 编辑网页,由于总是处于插入方式,在文本中可增加任意数量的字符,字符在光标处写入,光标后的所有字符依次后移。

另外,在网页中输入文本时,英文文本不会自动换行,必须按回车键开始新的行(或段落)。中文文本则自动换行,即类似 Word 的软回车。

c. 文本的选定。使用 FrontPage2000 选定文字有两种方法:一是将鼠标指针移到要选定文字的开头,按下鼠标左键,不要松手,然后向右下方拖动,将该段文字变为黑底白字;另外一种方法是用键盘上的光标键(↑、↓、←、→)将插入点移动到要选定文字的开头,然后左手按住 Shift 键,右手按光标键,也可以将所选定的文字变为黑底白字。

例如,按 Home 键将插入点移动到当前行首位置,按 Shift + Home 则可以将已选定的范围扩展到当前行首。

当然用户也可以用鼠标配合键盘来选定文字块:按住 Shift 键,用鼠标单击文字块要扩展到的插入点位置。

如果要选定所有文本,则选择"编辑(E)"菜单下的"全选(L)"命令,可以选定当前网页中的所有内容。

d. 删除或修改文字。文本删除是删除已经编辑过的内容,可以是一个字符、一行字,甚至整个网页。在插入或删除文本之前,一定要仔细定位插入点的位置。所有的网页文件的修改、插入和删除都与当前插入点的位置密切相关。

e. 删除字符。按 Delete 键,删除插入点后面的字符。每按一次 Delete,插入点右边的字符向左边移动一个位置。

按 BackSpace 键,删除插入点前面的字符,插入点向左移动一个字符位置,插入点后的文本也跟着移动。

用户可以选定一个文字块,单击工具条上的"剪切"工具按钮,或按 BackSpace 或 Delete 键将所选的文字块删除。

使用"剪切"工具将文字块从网页文本中剪除,放在了剪贴板上;而使用 BackSpace 或 Delete 键是直接将文字块删除。

f. 剪贴板。剪贴板是一个在窗口之间用于传递信息的临时存储区。剪切或复制到剪贴板上的信息一直保留到清除剪贴板,或者把另外的信息剪切或复制到剪贴板,或退出 Windows 时为止。

在 FrontPage2000 中,可以用剪贴板剪贴文字或对象,也可以将其他应用程序中的内容复制到网页中。

在选定文字或对象之前,"编辑(E)"菜单中的"剪切(T)"和"复制(C)"是灰色的,工具条上的"剪切"和"复制"图标也是非活动的。如果此时剪贴板是空的,则"编辑(E)"菜单中的"粘贴(P)"项和工具条上的"粘贴"图标也是灰色的。

使用剪贴板移动或复制对象的操作方法如下:

ⓐ选要复制或移动的对象。

ⓑ选择下列某一操作:要移动选定内容,单击"剪切"工具,或按 Ctrl + X 键;要复制所选的内容,单击"复制"工具,或按 Ctrl + C 键;剪切或复制的文本放在剪贴板上。

ⓒ插入点设置到新的位置。

ⓓ单击"粘贴"工具或按 Ctrl + V 键。

g. 撤销与恢复操作。FrontPage2000 可以多次撤销与恢复在网页中所做的修改,如编辑、设置格式等。选择"编辑(E)"菜单中的"撤销"命令或直接按 Ctrl + Z 键,可以撤销最近进行的操作;选择"编辑(E)"菜单中的"恢复"命令或直接按 Ctrl + Y,可以恢复最近进行的操作。

问题:学生学会编辑一个空白网页。

实训项目二:网页的保存与预览训练

1)训练内容:网页的保存与预览。

2)操作:老师介绍网页的保存与预览方法,学生学会操作。

保存网页与预览网页是制作网页过程中经常使用到的功能。

①保存网页。网页制作完毕,最好是先将网页保存起来。网页的保存方法有两种,如图 14.2 所示。

图 14.2　网页保存的两种方法

一是单击"文件(F)"菜单下的"保存(S)"命令,或直接按"Ctrl + S"组合键;

二是直接单击工具栏上的"保存"命令按钮。

如果用户是在 FrontPage2000 中创建的一个新的网页,单击"保存"命令按钮后将出现如图 14.3 所示的"另存为..."对话框。

选择保存位置。在文件名(N)文本中输入框中输入保存的文件名,选择文件的"保存类型(T)",最后按"保存(S)"按钮将网页保存起来。

图 14.3 "另存为"对话框

如果要更改网页的文件名,可以在 ProntPage2000 的"文件夹列表"中修改或者在 Windows 的"资源管理器"中修改。

选中需要修改的文件,然后单击"文件(F)"菜单下的"重命名(M)"命令,就可以修改文件名了。

如果要修改网页标题,单击图 14.3 中的"更改(C)..."按钮,出现"设置网页标题"对话框,如图 14.4 所示。

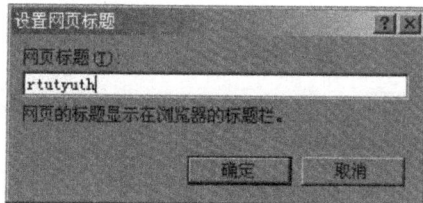

图 14.4 修改网页标题

在文本框中输入网页标题,单击"确定"按钮,返回到"另存为"对话框,按"保存(S)"按钮返回到网页编辑器。

②预览网页。网页制作完成,必须使用浏览器查看是否有问题。查看(或预览)网页有两种方式:

一是使用网页编辑器下面的"浏览",如图 14.5 所示。

在使用网页过程中,这是查看效果的最简单办法,但要看到实际浏览效

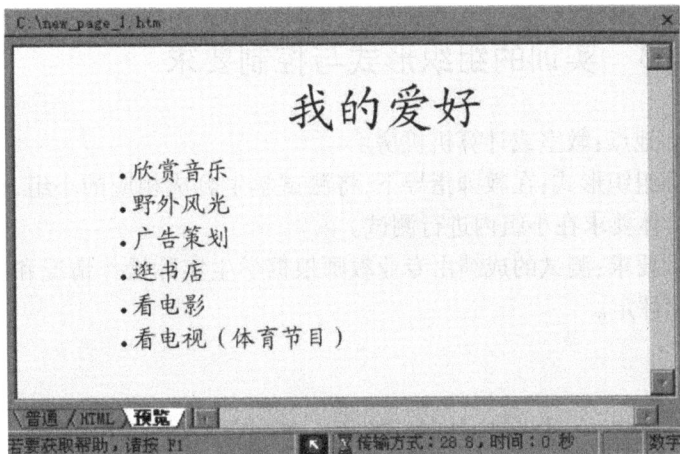

图 14.5　查看网页效果

果,还必须采用第二种方法是使用浏览器:单击"文件(F)"菜单下的"在浏览器中预览(B)…"命令选项,或单击工具栏的"在浏览器中预览"命令按钮,如图 14.6 所示。打开系统安装的默认浏览器(如 IE),就会看到制作好的效果了。

　　此外,为了防止意外,最好使用各种浏览器查看,以避免某些属性在浏览器中不兼容。

　　3)问题:学生学会设计一个网页。

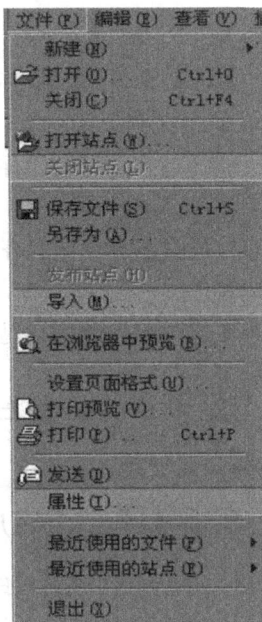

图 14.6　在浏览器中预览

14.2.3　实训的组织形式与控制要求

1）实训地点：教室或计算机机房。

2）实训组织形式：在教师指导下，将测试学生分成相应的小组，再根据每个游戏的具体要求在小组内进行测试。

3）实训要求：测试的成绩由专业教师根据学生实际操作情况和能够达到的效果做出评定。

14.3　大客户的开发、维护与管理训练

14.3.1　大客户的开发、维护和管理训练的目的

1）通过实训使自己懂得80∶20的帕累托效应原理的重要性，懂得如何开发大客户。

2）通过实训使自己学会如何尊重大客户，得到大客户的信任，吸引更多的大客户。

3）通过实训锻炼自己对大客户的信息管理能力。

14.3.2　大客户开发、维护和管理训练内容

实训项目一：大客户的确定训练

1）训练内容：大客户的确定与开发。

2）操作：老师先向学生解释80∶20的帕累托效应原理，再由学生将自己所有的客户填入大客户分析表进行整理后，按照销售产品数量寻找出大客户即可。

80∶20原理又称帕累托效应原理，是由意大利著名经济学家帕累托首先提出的，且只运用于分析社会财富的分布的一种原理。随着社会的发展，这种帕累托图已成为生产、营销等各个行业常用的工具。80∶20原理即：80%的价

值来自于20%的因子,其余20%的价值则来自于80%的因子。无论从事何种产品的市场营销,如果你企业中的客户按照营销量的大小进行排名,然后按企业客户总数的20%这一数额,将排名最靠前的这些客户的营销量累计起来,你会发现这个累计值占企业营销总量的比例有多大,可能是60%,70%,甚至80%以上。企业可利用帕累托图将各个客户按购买数量或购买频率,将他们顺次排列做出柱形图,然后据此确定大客户。

表14.1 大客户分析表

名 称	区 域	经营性质	销售产品数量
大 客 户 因素分析			
产品质量			
售后服务质量			

3)启示:大客户确定之后会发现这些客户可能是企业在某个地区的总代理;可能是某个市场部的核心客户;也可能是一个大型企业的工业企业,这些客户决定着企业的命运。

实训项目二:大客户的维护训练

1)训练内容:大客户的维护。

2)操作:与大客户沟通的方式。

①电话。打电话是一种快捷的个人之间直接接触的方法,具有同步反馈、效率高、费用较低的优点,所以打电话成为与大客户保持联系的一种普遍方式。近年来,已有不少企业开始设立服务热线电话,以保持企业和大客户的及

时联系。任何大客户只要拨通电话,就可以得到与企业产品有关的各种信息和答复。掌握打电话的技巧是十分重要的,营销人员打电话的口气和态度,会对大客户产生有利或不利的影响。另外,这种电话应选择自己付费的方式,对大客户免费、由企业负担费用的方式。

②信函。在商务活动中,信函也是一种与大客户联系的常用方法,尽管电话联系常常可以节省时间,并进行交谈,但却无法保证信息的准确无误。在传递内容复杂、重要的信息时,信函是一种合适的方式。

③演示。企业营销人员也常以现场演示的方式向大客户传递信息,并试图影响大客户。这里的演示可能是非正式的介绍、展览现场讲解,也可能是正式的信息发布会。有很多大企业派出营销小组到大客户集中的地区召开演示会,邀请本地区的核心客户和潜在客户参加。应该清楚核心客户肯来听你介绍很不容易,大客户为此要付出购买时间成本,而且演示费用也通常很高。因此,为了利用这类难得的机会影响大客户,必须注意演示的准备工作及演示的技巧。

④会谈。企业与客户会谈也是有效的沟通手段。虽然同演示一样,会谈也是一种面对面的交流,但演示不能保证发生客户的参与和反馈,或者说是以单向交流为主。与大客户会谈的突出特点是双向交流,因而可以保证核心客户的参与,从而实现更有效的交流。相比之下,电话交流虽然也是双向的,但无法借助非语言的形式实现多方面的交流。为了使会谈顺利进行,并达到预定目标,需要分别注意会前的准备、会谈引导、后续措施等三个方面。

⑤参与核心客户的购买决策。

a. 为核心客户设计配套产品服务。

b. 为核心客户再购买提出建议和计划安排。

c. 帮助核心客户分析产品购买和使用效益。

⑥建立核心客户组织。以某种方式将核心客户组织到一起,是保持企业和核心客户之间联系的一个十分有效的方法。通过核心客户组织,企业可以提供更有针对性的服务,从而使核心客户感到企业对他们的关心和重视;加深核心客户的情感信任,密切双方关系。

国内外企业建立核心客户组织的形式包括正式和非正式的俱乐部、核心客户协会、核心客户联谊会等。俱乐部的成员资格可以在购买后由核心客户自愿取得,也可以在达到规定的购买量后自动给予。作为俱乐部成员,核心客户可以得到比别人更多的优惠或特殊服务。

注意,要更好的维护大客户就要做到:

童叟无欺——给以真货实价；

设身处地——诚心当好参谋；

讲信誉——信誉常在,财源长存；

重感情——情投意合,有话好说；

笑脸常开——人无笑脸莫开店,不讲和气难生财。

实训项目三:大客户的管理训练

1)训练内容:大客户的管理。

2)操作:图表分析是根据营销额实绩来进行大客户的顺序排列。J 图表分析则是根据一个大客户的营销额及其他各种因素的综合来进行顺序排列。

J 图表分析顺序:

- 画出四个正方形,从左上角起依次注上 A,B,C,D。
- 选出四个评价的内容,分配在各边。
- 在四边外注上各边的刻度及评价项目。
- 按四个评价项目评价大客户,形成数字,注在各边上。
- 用线连接上边与底边的点,左边与右边的点。
- 在两线相交的点注上"P",然后根据坐标来进行大客户的顺序排列。

J 图表分析评价内容:

将营销涨幅、市场占有、每次签约商谈的平均访问次数、营销额作为评价项目。也可以将评价内容换成支付条件、对本企业的协作等。营销个体应做好上述工作,综合评价大客户,发掘管理重心,总结今后营销活动中必须强化的要点,以此来进行大客户的管理。

问题:根据 J 图表分析法的介绍顺序,自己动手制作图表。

14.3.3　实训的组织形式与控制要求

1)实训地点:教室或专业实训室。

2)实训组织形式:在教师指导下,将测试学生分成相应的小组,再根据每个游戏的具体要求在小组内进行测试。

3)实训要求:测试的成绩由专业教师根据学生实际操作情况和能够达到的效果做出评定。

第三篇

营销专业技术综合能力策划训练

第15章 营销成本核算与 进、销、存管理训练

对营销成本的核算是企业进行营销控制的关键。营销成本通常包括固定成本、市场调研成本和可变营销成本三部分。通过实务训练,使同学能将所掌握的会计学基础知识和管理学原理运用到营销实践中。

15.1 营销成本核算的方法与技能训练

15.1.1 营销成本核算的方法与技能训练目的

成本费用是企业在生产经营过程中发生的各项耗费。就营销成本而言,通常由固定成本、市场调研成本和可变营销成本三部分组成。其中固定成本是会计部门根据会计准则对营销部门核算的成本,营销部门在进行成本核算时,只需要到会计部门获取相关数据即可。因此,固定成本核算的方法不作为本节实训的要求。

15.1.2 营销成本核算的方法与技能训练的基本内容

实训项目一:根据财务目标确定营销目标

2004 年华润公司的财务目标是:

①在下一个五年内获得15%的税后年投资报酬率。

②在2004年净利润达180万美元,且目标利润率是销售的10%。

③在2004年现金流量达200万美元。该产品的历史数据如下:

表15.1　华润公司2000—2003年损益表

年份 变量		2000	2001	2002	2003
1. 行业销售(单位计数)		2 000 000	2 100 000	2 205 000	2 200 000
2. 公司市场份额		0.03	0.03	0.04	0.03
3. 每单位平均价格/美元		200	220	240	250
4. 每单位变动成本/美元		120	125	140	150
5. 每单位贡献毛利/美元	3-4	80	95	100	100
6. 单位销售量(单位计数)	1×2	60 000	63 000	88 200	66 000
7. 销售收入/美元	3×6	12 000 000	13 860 000	21 168 000	16 500 000
8. 总贡献毛利/美元	5×6	4 800 000	5 985 000	8 820 000	6 600 000
9. 管理费用/美元		2 000 000	2 000 000	3 500 000	3 500 000
10. 贡献毛利净额/美元	8-9	28 000 000	3 985 000	5 320 000	3 100 000
11. 广告和促销费用/美元		800 000	1 000 000	1 000 000	900 000
12. 销售人员和分销费用/美元		700 000	1 000 000	1 100 000	1 000 000
13. 市场调研费用/美元		100 000	120 000	150 000	100 000
14. 营业净利润/美元	10−11−12−13	1 200 000	1 865 000	3 070 000	1 100 000

上表第11,12,13行显示在广告和促销、销售人员和分销、市场调研上的营销费用。表中显示了,2000年前利润逐年增加,但2003年的利润下降为2002年的1/3。很显然。公司需要制定一个在2004年恢复健康成长的战略,

使该产品在销售额和利润上都有所增长。

根据财务目标制定营销目标：

上表第 3,4,5 行的数据表明,产品平均单价上浮的程度远远小于每单位变动成本增加的程度,造成每单位贡献毛利的逐年减少,因此,公司产品平均单价必须上浮。如果预计整个行业的销售为 230 万单位,为保持 3% 的市场占有率,销售量必须达到 69 230 单位。在此销售量下,要保证 10% 的目标利润率,则产品的平均单价应上浮 10 美元。因此,该公司的营销目标可以是：

①在 2004 年获得总销售量收入 1 800 万美元,比上年提高 9%。

②销售量为 69 230 单位,它占预期的市场份额 3%。

③经过该计划工作后,产品品牌的消费者知名度从 15% 上升到 30%。

④扩大 10% 的分销网点数目。

⑤打算实现 260 美元的平均价格。

实训项目二:根据营销目标核算营销成本

每一个营销组合战略都将产生一定的利润水平。该利润能够通过下面的利润方程式来估算。

$$Z = (P - k - c)Q - F - M$$

式中:

Z = 总利润;

P = 标价;

k = 单位折让费(诸如运费折让、佣金、折扣);

c = 生产和分销的变动成本(诸如人工成本、运输成本);

Q = 销售数量;

F = 固定成本(诸如工资、租费、电费);

M = 可自由支配的营销成本(诸如广告、销售促进)。

若华润公司 2004 年预计总利润 Z 为 180 万美元,标价 P 为 260 美元,标价的预期折让 k 为 0 美元,预计单位变动成本 c 为 155 美元,销售数量 Q 为 69 230,固定成本 F 为 189 万美元,那么,根据利润方程式,可知可自由支配的营销成本 M 为 3 579 150 美元。又因为促销弹性是广告弹性的 2 倍,所以促销费用应为广告费用的 2 倍。即为实现公司 2004 年净利润达 180 万美元,销售收入为 1 800 万美元的目标,公司需投入的促销费用为 1 193 050 美元,广告费用为 2 386 100 美元。

15.1.3　实训的组织形式与控制要求

1)实训地点:教室。

2)实训组织形式:在教师指导下,学生分为若干模拟业务小组(公司),各小组分别根据实训要求分散训练,之后在给定时间内集中各小组进行交互式对抗演练。

3)实训要求:如果你在一家销售小型家用吸尘器的公司。公司对每台吸尘器实行固定标价为 160 元人民币。多年来公司一直采用低价格,低促销的战略。去年公司在广告上花费了 1 万元,在其他促销上花费了 1 万元,销售了 1 200 个单位,利润为 25 000 元。公司领导认为利润太低。现聘你为公司销售经理,你必须找到一个能增加利润的较好战略。通过向财务部的咨询你得知固定成本为 68 000 元,单位变动成本为 96 元。此时,请你为公司拟写一份营销计划书。

15.2　进、销、存管理方法与技能训练

15.2.1　进、销、存管理方法与技能训练的目的

通过实务训练,使同学们能够对已掌握的进、销、存管理知识有进一步的理解,并熟练掌握针对实际情况编写进、销、存管理制度文案的方法。

15.2.2　进、销、存管理方法与技能训练的基本内容

实训项目一:企业购进业务管理方法与技能训练

由于每采购一次商品,就要花费一次采购费用,包括采购员的差旅费、运杂费、手续费等。当一定时期内某种商品采购总量一定时,每次进货的批量大,进货次数就少,进货费用就少;反之,进货批量小,进货的次数就多,进货费用就大。但每次进货批量大,平均库存量也大,因而付出的储存费用,包括保

管费、商品损耗以及库存占压资金的利息等就大;反之,进货批量小,平均储存量小,储存费用也就小。显然,企业在确定进货批量时,必须对储存费用和进货费用进行综合考虑,而不能只顾某一方面。

案例: A商城食品部主要经营卷烟类、茶叶、国酒洋酒三大类商品以及楼层休息厅的冷饮、糕点和茶水。商品从价值几元钱的饮料到价值数万元的高档名酒,差异很大。通过几年来的实践不断总结经验,建立了一套比较完整的进货管理制度。他们的进货原则是"计划购物,渠道优化,资信可靠,质高价优,以销定进,勤进快销",强化合同管理,提高商品适销率。这个进货原则,始终贯穿进货工作的全过程,使部门购进的商品很快实现销售,无积压货,企业获得了良好的经济效益。他们主要抓了以下几个方面:

(1)抓好进货计划管理,防止盲目进货

根据商城下达到部门的销售计划,按小组进行分解,各级再按照销售计划做商品的购进计划,制定购进计划的原则是:评估上年度的销售量及进货前库存量的运营周期,制定本期进货数量。部门分月、季对各小组的购进金额与年初制定的计划进行对比,及时调整不合理的购进及计划外的购进,真正做到在保证销售的前提下,控制好商品购进,以避免占压资金,影响资金周转。

部门规定,凡是新品种第一次购进,须由部门经理、副经理、业务组长三人共同参与谈判,共同分析市场后,同厂家签署经销或代销合同,补货则由小组按照计划和销售情况及时提出购进。财务每月从计算机中打印商品进销售调存表,监督商品购进和商品销售的情况,督促销售小组进货计划的完成以及补充调整。遇到春节等节假日或组织重大的促销活动及季节性的商品需大量进货时,部门派一名业务人员主管此次工作,并专门召开有经理、组长、财务人员参加的业务扩大会,共同讨论购进商品的厂家、商品价格、购进数量及到货日期。经常组织员工进行市场调研,研究商品价格的变化特点,进行预测分析,从而调整购进计划,减少盲目进货,以避免造成库存积压,同时,也使员工们清楚地掌握价格,对进货工作起到监督作用。

(2)择优选择进货渠道,注重商品质量,加强对厂商的资信管理

进货渠道问题是一个敏感的问题。面对着纷杂的进货渠道,面对着物质金钱的诱惑,进货人员如何能够把住关,不以进货牟取私利,部门制定了相应的管理制度,加强制约,使其贯穿于进货工作的全过程。该部门规定,选择进货渠道时,主要考察供货商品信誉、商品质量、价格、进货费用、进货风险及促销手段。严格考察供货商等级,测算外埠源头公司的进货成本,根据不同商品采取不同的购进方式,同类商品的进货成本,要与进货厂商的价格进行对比,

择优购进,这是进货工作的主线,凡是有条件从源头进货的,绝不从中间商拿货。在这方面部门领导以身作则,起到了榜样的作用。真正做到了对质次价高的商品,无论采取什么方式也进不了 A 商城,而对质优价廉、名特优新的商品,千方百计地寻找,也要请进 A 商城。

他们还特别注重对厂家的资信情况进行全面的考察,凡是入店的厂商需要提供企业基本情况及经营发展情况的资料,厂商有效的营业执照、税务登记证及卫生许可证、产品检验报告,凡是进口商品,还要向厂商索要北京市进口食品卫生监督检验局提供的《卫生质量鉴定证书》、《商检证明》等证件。对上述证书、证明的有效期进行登记,到期进行更换。另外,他们还要同厂商签订《经营商品质量保证协议书》,如果是代销商品,要签订《代销商品协议书》。在协议书上规定了,如果厂家提供的商品质量有问题,未能达到《卫生质量鉴定书》的标准,除了进行一定的罚款之外,所提供的商品立即退货并进行清户处理。进货人员的责任是对商品质量进行事前监督,不能使有问题的商品上柜出售。

他们对重点厂商加强业务联系,考察经营规模、经济实力及技术情况,了解生产全过程。1997 年,该部门同福建茶叶公司联合开发了"A"品牌的包装茶叶,经过了三年的运作,由原来的四个品种发展到现在的二十多个品种,年销售额达 60 余万元,将经营触角渗透到生产领域,为部门创造了良好的经济效益,提高了 A 的知名度。

(3)加强进价管理,强调成本领先

对商品的进价管理是他们管理工作的一个方面,对补货商品的进价调整,他们不是简单的将零售随之调高,而是要厂家出具商品价格调整证明,说明调价原因。部门根据原材料、运输费用等相关因素进行分析,找出压低进价的突破点,同厂家反复协商,以达到进价成本最低。加大从一级供货商进货的比例,是降低成本提高利润的重要途径。茶叶的进货渠道较全,对于那些著名的茶叶,例如"龙井"、"碧螺春"、"大红袍"等,坚持从产地进货或从代理商进货,减少了中间环节,降低了进货成本。他们还制定了降低成本的计划,从降低茶叶的进价入手,区别不同类型的商品和厂家不同的情况,与不少茶叶商达成协议,从而为压缩进货成本,提高利润打下了良好的基础。

(4)建立商品检验制度,加强购进商品经营运转的监督管理工作

商品购进后在验收商品质量时,他们还把商品质量作为检查的重点。凡是购进的散茶都要对比封存的小样,特别是对商品的生产日期、保质期、保存期进行登记,采取预警制。对那些即将到期的商品,提前两个月通知厂家退换

货。最大限度地避免售后商品发生质量问题。对于进口商品,如洋酒就要与进口商品检验报告的各项指标核对,并及时加贴进口商品防伪标识和各项中文标识。

对库存的管理和监督也是他们日常监督的一个方面,每月盘点时,他们都要对三个月未动的商品进行清理,按厂家打印出滞背商品明细单,由财务逐一找组长进行核对。分清情况,查找原因,及时处理,使损失最大限度的降低。组长通过清理滞品库存,及时调整进货计划。

(5)加强对进货人员的商德教育,实行岗位轮换,完善考绩制度

该部门日常进货工作,基本上是由各组组长负责。坚持每周二的例会制度。班组长都要参加,其内容是对班组长进行思想、道德、专业知识、技能的教育培训,定期交流进货工作经验与心得,以及目前经营中存在的问题,坚持一年一度的民主评议会,采取背对背的形式,员工在会上可以评议部门的业务工作、经营工作,提出合理化建议,有效地将整个购销活动呈现在大家面前,便于员工检查监督。浓厚的民主气氛,增强了员工主人公的责任感和部门的凝聚力。

对组长进货工作的考核,按年度进行。年初部门都要给各组长下达硬指标,年度内按照经营上的需要,确定拓展新增名优商品的品种数及源头厂商。年末组长要总结一年来商品购进情况、新进商品货源情况,以及购进商品的进价处于什么水平,是否是源头厂商或代理商。部门根据个人总结,结合商品销售、库存情况综合评定,优者奖,劣者撤及罚。为了加强管理,部门经常对组长实行岗位轮换,这样不仅使组长全面熟悉部门业务,增长商品知识,还能有效地遏制一些进"人情货"、收受好处等腐败现象的发生,防患在前,从而起到保护员工的作用。

实训项目二:企业销售业务管理方法与技能训练

案例 销售管理制度

□总则

第一条 以质量求生存,以品种求发展,确立"用户第一"、"质量第一"、"信誉第一"、"服务第一",维护工厂声誉,重视社会经济效益,生产物美价廉的产品投放市场,满足社会需要是工厂产品的销售方针。

第二条 掌握市场信息,开发新产品,开拓市场,提高产品的市场竞争能力,沟通企业与社会,企业与用户的关系,提高企业经济效益,是工厂产品销售管理的目标。

□市场预测

第三条　市场预测是经营决策的前提,对同类产品的生命周期状况和市场覆盖状况要作全面的了解分析,并掌握下列各点:

1. 了解同类产品国内外全年销售总量和同行业全年的生产总量分析饱和程度。

2. 了解同行业各类产品在全国各地区市场占有率,分析开发新产品,开拓市场的新途径。

3. 了解用户对产品质量的反映及技术要求,分析提高产品质量,增加品种,满足用户要求的可行性。

4. 了解同行业产品更新及技术质量改进的进展情况,分析产品发展的新动向,做到知己知彼,掌握信息,力求企业发展,处于领先地位。

第四条　预测国内各地区及国外市场各占的销售比率,确定年销售量的总体计划。

第五条　搜集国外同行业同类产品更新及技术发展情报,国外市场供求趋势,国外用户对产品反映及信赖程度,确定对外市场开拓方针。

□经营决策

第六条　根据工厂中长期规划和生产能力状况,通过预测市场需求情况,进行全面综合分析,由销售科提出初步的年度产品销售方案,报请厂部审查决策。

第七条　经过厂务会议讨论,厂长审定,职代会通过,确定年度经营目标并作为编制年度生产大纲和工厂年度方针目标的依据。

□产销平衡及签订合同

第八条　销售科根据工厂全年生产大纲及近年来国内各地区和外贸订货情况,平衡分配计划,对外签订产品销售合同,并根据市场供求形势确定"以销定产"和"以产定销"相结合的方针,留有余地,信守合同,维护合同法规的严肃性。

第九条　执行价格政策,如需变更定价,报批手续由财务科负责,决定浮动价格,由经营副厂长批准。

第十条　销售科根据年度生产计划,销售合同,编制年度销售计划,根据市场供求形势编报季度和月度销售计划,于月前十天报计划科以便综合平衡产销衔接。

第十一条　参加各类订货会议,扩大销售网,开拓新市场的原则,巩固发展用户关系。

第十二条　建立和逐步完善销售档案,管理好用户合同。

□编制产品发运计划,组织回笼资金

第十三条　执行销售合同,必须严格按照合同供货期编制产品发运计划,做好预报铁路发运计划的工作。

第十四条　发货应掌握原则,处理好主次关系。

第十五条　产品销售均由销售科开具"产品发货通知单"、"发票和托收单",由财务科收款或向银行办理托收手续。

第十六条　分管成品资金,努力降低产品库存,由财务科编制销售收入计划,综合产、销、财的有效平衡并积极协助财务科及时回笼资金。

第十七条　确立为用户服务的观念,款到发货应及时办理,用户函电询问,三天内必答,如因质量问题需派人处理,五天内与有关部门联系,派人前往。

□建立产品销售信息反馈制度

第十八条　销售科每年组织一次较全面的用户访问,并每年发函到全国各用户,征求意见,将搜集的意见汇总,整理,向工厂领导及有关部门反映,由有关部门提出整改措施,并列入全面质量管理工作。

第十九条　将用户对产品质量,技术要求等方面来信登记并及时反馈有关部门处理。

第二十条　负责产品销售方面各种数据的搜集整理,建立用户档案,收集同行业情报,提供销售方面的分析资料,按上级规定,及时、准确、完整地上报销售报表。

实训项目三:企业库存业务管理方法与技能训练

存货是企业在生产经营过程中为销售或耗用而储备的物资,包括各种原材料、在产品、产成品。它是流动资产中所占比例较大的项目。

案例　库存量管理作业细则

存量基准设定

第一条　预估月用量设(修)订

(一)用量稳定的材料由主管人员依据去年的平均月用量并参酌今年营业的销售目标与生产计划设定,若产销计划有重大变化(如开发或取消某一产品的生产,扩建增产计划等)应修订月用量。

(二)季节性与特殊性材料由生产管理人员于每年 3 月、6 月、9 月、12 月的 25 日以前,依前三个月及去年同期各月份的耗用数量,并参考市场状况,拟订次季各月份的预计销售量,再乘以各产品的单位用量,而设定预估月用量。

第二条　请购点设定

(一)请购点——采购作业期间的需求量加上安全存量。

(二)采购作业期间的需求量——采购作业期限乘以预估月用量。

(三)安全存量——采购作业期间的需求量乘以25%(差异管理率)加上装船延误日数用量(欧、美地区15天用量,日本与东南亚地区7天用量)。

第三条　采购作业期限

由采购人员依采购作业的各阶段所需日数设定,其作业流程及作业日数(自订)经主管核准,送相关部门作为请购需求日及采购数量的参考。

第四条　设定请购量

(一)考虑要项:采购作业期间的长短,最小包装量,最小交通量及仓储容量。

(二)设定数量:外购材料的欧美地区每次请购三个月用量,亚洲地区为两个月用量,内购材料则每次请购25天用量。

第五条　存量基准呈准建立

生产管理人员将以上存量管理基准分别填入"存量基准设定表"呈总经理核准,送物料管理建档。

□请购作业

第六条　请购单提出时由物料管理单位利用电脑(人工作业)查询在途量、库存量及安全存量,填入以便于审核,确认无误后送采购单位办理采购。

□用料差异管理作业

第七条　用料差异管理基准

(一)上旬(1～10日)实际用量超出该旬设定量×%以上者(由公司自订)。

(二)中旬(1～20日)实际用量超出该旬设定量×%以上者(由公司自订)。

(三)下旬(即全月)实际用量超出全月设定量×%以上者(由公司自订)。

第八条　用料差异反应及处理

生产管理人员于每月5日前针对前月开立"用料差异反应表",查明差异原因及拟订处理措施,评判是否修正"预估月量",如需修订,应于反应表"拟修订月用量"栏内修订,并经总经理核准后,送物料管理单位以便修改存量基准。库存查询及采取措施。

第九条　库存查询

物料管理人员接获核准修订月用量的"用料差异反应表"后应立即查询"库存管理表",查询该等材料的在途量及进度,评判是否需要修改交货期。

第十条　采取措施

物控人员评判需修改交货期时,应填具"交货期变更联络单"送请采购单位采取措施,采购单位应将处理结果于"采购单位答复"栏内填妥,送回物控人员列入管理。

□存量管理作业部门及其职责

第十一条　物控人员

为材料存量管理作业中心,负责月使用量基准设(修)订,用料差异分析及采取措施。

第十二条　采购单位

负责各项材料内、外购别的设(修)订,采购作业期限设(修)订及采购进度管理与异常处理。

15.2.3　实训的组织形式与控制要求

1)实训地点:校外。

2)实训组织形式:在教师指导下,学生分为若干模拟业务小组,各小组分别根据实训要求分散训练,之后在给定时间内集中各小组进行实习心得交流。

3)实训要求:联系当地一家批发企业或零售企业,让学生进行实习,在实习中了解其商品进、销、存流程及商品采购中曾出现的失误和存在的问题,并为企业提出改进方案。

15.3　会计报表的阅读与分析能力训练

15.3.1　会计报表的阅读与分析能力训练的目的

会计报表作为企业会计信息的主要载体和对外披露的主要途径。通过阅读与分析会计报表,可以了解企业某一时点的财务状况和一段时间的生产经营成果,了解企业现金流量情况,从而做出相应的决策。按照《企业会计制度》的规定,他国的企业会计报表体系已基本与国际上较为通行的会计报表体系接轨,形成了以资产负债表、利润表和现金流量表三大报表为主的会计报表体系。资产负债表反映了企业会计报告期末的财务状况,是该时点的静态值。利润表反映了企业在某一会计期间的业务状况,是该时段的动态值。现金流量表从动态上反映了企业现金变动情况,为报表使用者提供企业在一定会计期间现金的流入、流出与结余情况的信息。

15.3.2 会计报表的阅读与分析能力训练的基本内容

实训项目一:资产负债表的阅读与分析能力训练

资产负债表是反映企业在某一特定日期(年末、季末、月末)的资产、负债和所有者权益数额及其构成情况的会计报表。它是以"资产 = 负债 + 所有者权益"这一会计恒等式为理论根据,按照一定的分类标准与次序把企业一定日期的资产、负债和所有者权益项目予以适当排列,并从企业的总分类账、明细分类账等基本会计资料中摘取相关的数据编制而成的。它是企业财务状况的"晴雨表"。见表15.2。

表 15.2 资产负债表

编制单位:×××股份有限公司　　　　2002 年 12 月 31 日　　　　　　单位:元

资产	行次	注释号	年末数	年初数	负债和股东权益	行次	注释号	年末数	年初数
流动资产					流动负债:				
货币资金	1		312 782 160.13	209 241 080.94	短期借款	68		43 000 000.00	43 000 000.00
短期投资	2				应付票据	69			
应收票据	3				应付账款	70		101 171 725.61	29 268 607.33
应收股利	4		10 714 791.94	22 714 594.01	预收账款	71		556 256.00	
应收利息	5				应付工资	72			156 581.93

资产	行次	注释号	年末数	年初数	负债和股东权益	行次	注释号	年末数	年初数
应收账款	6	6.1	113 274 456.77	118 705 703.79	应付福利费	73		6 800 864.36	2 876 122.22
其他应收款	7	6.2	11 146 293.91	12 421 131.09	应付股利	74		26 600 364.88	36 400 143.52
预付账款	8		3 895 466.44	69 299 741.59	应交税金	75		5 900 756.13	12 707 652.53
应收补贴款	9				其他应交款	80		156 028.25	602 641.78
存货	10		89 016 798.67	40 948 984.71	其他应付款	81		5 790 151.87	3 436 442.17
待摊费用	11				预提费用	82			
一年内到期的长期债权投资	21				预计负债	83			
其他流动资产	24				一年内到期的长期负债	86			
流动资产合计	31		540 829 967.86	473 331 236.13	其他流动负债	90			
长期投资					流动负债合计	100		189 976 147.10	128 448 191.48
长期股权投资	32	6.3	126 212 641.54	119 399 086.19	长期负债:				
长期债权投资	34				长期借款	101		16 006 532.22	17 912 025.30
长期投资合计	38		126 212 641.54	119 399 086.19	应付债券	102			
其中:合并价差					长期应付款	103			
固定资产					专项应付款	106		4 567 225.90	2 103 020.00
固定资产原价	39		45 977 081.67	39 594 222.17	其他长期负债	108			

续表

资产	行次	注释号	年末数	年初数	负债和股东权益	行次	注释号	年末数	年初数
减：累计折旧	40		19 058 916.56	20 338 654.70	长期负债合计	110		20 573 758.12	20 015 045.30
固定资产净值	41		26 918 165.11	19 255 567.47	递延税项				
减：固定资产减值准备	42		713 582.16	209 837.00	递延税款贷项	111			377 359.21
固定资产净额	43		26 204 582.95	19 045 730.47	负债合计	114		210 549 905.22	148 840 595.99
工程物资	44								
在建工程	45		753 047.63	498 271.28	股东权益：				
固定资产清理	46				少数股东权益				
固定资产合计	50		26 957 630.58	19 544 001.75	实收资本(或股本)	115		140 000 552.00	140 000 552.00
无形资产及其他资产					减：已归还投资	116			
无形资产	51				实收资本(或股本)净额	117		140 000 552.00	140 000 552.00
长期待摊费用	52		849 784.56	0	资本公积	118		305 620 338.77	305 608 467.20
其他长期资产	53				盈余公积	119		21 816 326.06	14 698 127.87
无形资产及其他资产合计	60		849 784.56	0	其中：法定公益金	120		7 272 108.68	4 899 375.95
递延税项：					未分配利润	121		16 862 902.49	3 126 551.01
递延税款借项	61				股东权益合计			484 300 119.32	463 433 728.08
资产总计	67		694 850 024.54	612 274 324.07	负债和股东权益合计	122		694 850 024.54	612 274 324.07

(1)资产结构

资产结构反映企业实物形态生产结构、原料供应、产品销售之间的协调关系,帮助他们从宏观上掌握企业所在行业的特点、经营管理特点和技术装备水平。

1)流动资产率 = 流动资产额/资产总额,是反映企业资产的结构的重要指标。流动资产占资产总额的比例越高,企业的日常生产经营活动越重要。流动资产率高的企业在企业产品市场需求旺盛或扩大经营规模的时期,企业投入当期生产经营活动的资金,要比其他企业、其他时期投入的多。该指标也是行业划分和进行行业比较的重要指标。一般地讲,纺织、冶金行业企业该指标在30%～60%之间,商业批发企业可高达90%以上。

2)在同一行业中,流动资产,长期投资所占的比重反映出企业的经营特点。流动资产和负债较高的企业稳定性较差,却较灵活;而那些结构性资产和负债占较大比重的企业底子较厚,但调头难。长期投资较高的企业,金融利润和风险较高。

3)无形资产增减和固定资产折旧快慢反映企业的新产品开发能力和技术装备水平。无形资产多的企业,开发创新能力强;而那些固定资产折旧比较高的企业,技术更新换代快。

(2)负债结构

负债结构反映企业长期投资资金来源和生产经营过程资金来源之间的关系。

1)自有资金负债率 = 负债总额(流动负债 + 长期负债)/资本总金额(所有者权益),反映企业自负盈亏能力的大小。自有资金负债率越高,债权人所得到的保障越小,获得银行贷款的可能性越小。企业的原料供应商也可依据此指标确定付款方式、付款期限。自有资金负债率越低,股东及企业外第三方对企业的信心就越足,但过低说明企业没有充分利用自有资金,发展潜力还很大,一般认为 1:1 最理想,即:

负债总额(流动负债 + 长期负债) = 资本总金额(所有者权益)

2)负债经营率 = 长期负债总额/所有者权益总额,反映企业负债结构的独立性和稳定性,一般认为 1:3 或 1:4 较为合理。比率越高说明企业独立性较差,比率越低说明企业的资金来源稳定性越好。

(3)资产结构的弹性

通过资产结构弹性衡量企业持有多少金融资产最为合适。金融资产包括:货币资金、应收票据、一年内到期的长期债券投资。资产结构弹性 = 金融资产/总资产,可见,资产结构弹性的变动范围在 0~1 之间,如果资产弹性为0,则企业资产的内部结构难以随时进行适当的调整,企业的资产结构缺乏弹性,同时企业还面临难以满足临时支付需要的危机,以致带来不能及时偿付的风险;如果企业的资产弹性为 1,企业没有投入生产经营的资产,从而会丧失大量的周转利益,给企业带来巨大的机会成本。

(4)短期偿债能力分析

1)营运资本周转。营运资本周转 = 主营业务收入/平均营运资本,营运资本 = 流动资产 - 流动负债,公式中采用会计年度年末、年初的营运资本平均数,计算结果如果是营运资本周转指标过低,反映营运资本使用效率太低,也就是说销售不足。但是,指标过高可能反映出企业的营运资本不足,销售规模太大,超过实际能力。只要经济条件发生变化,就有可能带来严重的资本周转问题,特别是清偿债务的问题。这个指标没有经验数据可用来规定营运资本一年必须周转几次,但可以做纵向和横向比较看其合理性。

2)流动比率。流动比率 = 流动资产/流动负债,比率越高,偿债能力越强,流动比率下降,偿债能力下降。

3)速动比率。速动比率 = (流动资产 - 存货)/流动负债,流动比率和速动比率与历史相比不断下降,说明企业破产机会增加,投资者、债权人风险加大。

4)现金比率。现金比率 = (货币资金 + 短期投资)/流动负债,现金比率反映企业即刻变现能力,该指标过高,可能反映企业不善于利用现金资产,没有把现金投入经营。

(5)长期负债能力分析

1)资产负债率。资产负债率 = 负债总额/资产总额,该比率反映企业偿还债务的综合能力,比率越高,企业偿债能力越差;反之,偿还债务的能力越强。

2)股东权益比率与权益乘数。股东权益比率 = 股东权益总额/资产总额,该比率反映企业资产中有多少是所有者投入的。

股东权益乘数 = 资产总额/股东权益总额,该乘数越大,说明股东投入的资本在资产中所占的比重越小。

3)负债股权比率与有形净值债务率。负债股权比率 = 负债总额/股东权益总额,该比率越低,说明企业长期财务状况越好,债权人贷款的安全越有保障,财务风险越小。

有形净值债务率 = 负债总额/(股东权益 - 无形资产及其他资产总额),

该比率越低,说明企业财务风险越小。

4)利息保障倍数。利息保障倍数=(税前利润+利息费用)/利息费用,该指标太低,说明企业难以保证用经营所得来按时按量支付债务利息,这会引起债权人的担心。一般来说,企业的利息保障倍数至少要大于1,否则,就难以偿付债务及利息,若长此以往,甚至会导致企业破产倒闭。

(6)资产营运能力分析

1)应收账款周转率。应收账款周转率=主营业务收入/应收账款平均余额,应收账款周转天数=360/应收账款周转率,一般而言,企业的应收账款周转率越高,平均收账期越短,说明企业的应收账款回收越快;反之,则企业的营运资金过多地停滞在应收账款上,会严重影响企业资金的正常周转。

2)存货周转率。存货周转率=销售成本/存货平均余额=销售成本/(期初存货+期末存货)÷2,存货平均周转天数=360/存货周转率,一般而言,企业存货的周转速度越快,存货的资金占用水平就越低。所以,提高存货周转率可以提高企业的变现能力。

3)营业周期。营业周期=存货周转天数+应收账款周转天数,一般而言,一个企业的营业周期短,说明资金周转速度快;营业周期长,说明资金周转速度慢。

4)流动资产周转率。流动资产周转率=主营业务收入/流动资产平均余额,流动资产周转天数=360/流动资产周转次数,一般而言,流动资产周转快,会相对节约流动资产,相当于扩大了企业资产投入,增强了企业盈利能力;反之,若周转速度慢,为维持正常经营,企业必须不断投入更多的资源,以满足流动资产周转需要,导致资金使用效率低,也降低了企业盈利能力。

5)固定资产周转率。固定资产周转率=主营业务收入/平均固定资产净值,平均固定资产净值=(年初固定资产净值+年末固定资产净值)÷2,一般而言,固定资产的周转率越高,周转天数越少,表明公司固定资产的利用效率越高,公司的获利能力越强;反之,则公司的获利能力越弱。

6)总资产周转率。总资产周转率=主营业务收入/平均资产余额,总资产周转次数越多,周转天数越少,则表明一家公司全部资产的利用效率越高,公司的获利能力越强。

实训项目二:利润表的阅读与分析能力训练

利润表(也称损益表)是反映企业在一定期间的经营成果及其分配情况的报表。利润表是以"收入-费用=利润"这一平衡公式所包含的经济内容为编制依据的。收入项目包括主营业务收入、其他业务收入等。费用项目包括各种费用、成本以及从收入中补偿的各种税金及附加,如主营业务成本、营业费用、主营业务税金及附加、管理费用、财务费用等。利润类项目如营业利润、投资收益、营业外收入、营业外支出、利润总额等。利润表表体部分列示收入、费用和利润项目时,根据排列方式的不同,可分为单步式利润表和多步式利润表,他国现行企业会计制度采用了后者。见表15.3。

表15.3　利润及利润分配表

编制单位:×××股份有限公司　　　　　2002年度　　　　　　单位:元

项　目	行次	注释号	本年实际数	上年实际数
一、主营业务收入	1	6.4	604 407 173.57	359 290 218.74
减:主营业务成本	4	6.5	512 039 217.28	319 143 691.30
主营业务税金及附加	5		1 798 287.09	1 662 937.36
二、主营业务利润(亏损以"－"号填列)	10		90 569 669.20	38 483 590.08
加:其他业务利润(亏损以"－"号填列)	11		515 809.43	795 118.43
减:营业费用	14		11 815 505.47	3 550 601.12
管理费用	15		43 745 710.45	17 833 430.77
财务费用	16		174 774.80	945 426.58
三、营业利润(亏损以"－"号填列)	18		35 349 487.91	16 949 250.04
加:投资收益(亏损以"－"号填列)	19	6.6	18 352 301.62	26 913 322.70
补贴收入	22		111 891.21	
营业外收入	23		75 599.76	51 812.33
减:营业外支出	25		1 294 054.65	342 340.31
四、利润总额(亏损以"－"号填列)	27		52 595 225.85	43 572 044.76
减:所得税	28		5 140 571.30	2 721 965.90
减:少数股东损益	29			
五、净利润(亏损以"－"号填列)	30		47 454 654.55	40 850 078.86
加:年初未分配利润	31		3 126 551.01	4 804 127.49
其他转入	32			

项 目	行次	注释号	本年实际数	上年实际数
六、可供分配的利润	33		50 581 205.56	45 654 206.35
减:提取法定盈余公积	35		4 745 465.46	4 085 007.88
提取法定公益金	36		2 372 732.73	2 042 503.94
提取职工奖励及福利基金	37			
提取储蓄基金	38			
提取企业发展基金	39			
利润归还投资	40			
七、可供投资者分配的利润	41		43 463 007.37	39 526 694.53
减:应付优先股股利	42			
提取任意盈余公积	43			
应付普通股股利	44		26 600 104.88	36 400 143.52
转作资本(或股本)的普通股股利	45			
八、未分配利润	46		16 862 902.49	3 126 551.01

(1)企业盈利结构分析

1)收支结构分析。首先,了解企业在一定时期内的总收入是多少,总支出是多少,总收入减去总支出后总利润是多少。通过分析可以判明企业盈利形成的收支成因,能够揭示出企业的支出占收入的比重,从整体上说明企业的收支水平。

其次,揭示各个具体的收入项目或支出项目占总收入或总支出的比重。

2)盈利结构分析。利润表所揭示的利润类型:

主营业务收入 - 主营业务支出 = 主营业务利润

主营业务利润 + 其他业务利润 - 期间费用 = 营业利润

营业利润 + 投资收益 + 营业外收支净额 = 利润总额

利润总额 - 所得税 = 净利润

利润表可能具有的盈利结构如下:

状态\项目	A	B	C	D	E	F	G	H
主营业务利润	盈	盈	盈	盈	亏	亏	亏	亏
营业利润	盈	盈	亏	亏	盈	盈	亏	亏
利润总额	盈	亏	盈	亏	盈	亏	盈	亏

A 种状态下,盈利结构的各部分都是盈利的。通常情况下,这是一种正常的状态。企业只有经常处在这种状态,才能保证盈利的持久性和稳定性。当然,要确切判断企业盈利的持续性和稳定性,还要分析主营业务利润、其他业务利润、投资收益和营业外收支差额占企业利润的比重。

B 种状态下,企业从总体来看是亏损的,这意味着企业当期净资产已不能补偿账面资本。但主营业务和经常性业务都是盈利的。企业亏损的原因是营业外损失过大,企业的营业利润不足以抵补。如果企业营业利润保持不变甚至提高,当营业外损失不存在时,企业又会恢复到盈利状态。

C 种状态下,虽然企业从总体来看仍然盈利,但已潜伏危机。企业主营业务虽然有毛利,但经常性业务总的来看是亏损的,即主营业务利润和其他业务利润不足以抵补期间费用。企业有盈利是因为有营业外收益,营业外收益弥补了经常性业务的亏损。但是,企业的营业外收益很难持久。一旦营业外收益减少,企业就会陷入破产的危机之中。

D 种状态下,企业虽主营业务有毛利,但经常性业务总的来说是亏损的,此时,企业必须将亏损的原因找出来,否则,企业会走入困境。

E 种状态下,企业仍有利润,但这种状态是极不正常的。因为作为企业利润主要来源的主营业务出现了亏损,而企业通过其他业务利润抵补了亏损。在这种盈利结构下,企业很有必要做经营战略的转变。

F 种状态下,企业出现亏损。虽有营业利润,但不足抵补营业外损失。此时,企业更有必要作调整经营的部署,否则,企业出现的亏损会将企业的净资产慢慢蚕食,最后甚至出现资不抵债的困境。

G 种状态下,企业表面上还保持盈利,经常性业务全面亏损,仅靠营业外收益维持暂不亏损。此时,企业实质是接近破产。

H 种状态下,企业已进入破产状态。

(2)企业盈利能力分析

1)销售毛利率。

销售毛利率 =（主营业务收入－主营业务成本）/主营业务收入×100%

2)销售净利率。

销售净利率 = 净利润/主营业务收入 × 100%

3)总资产报酬率。

总资产收益率 = 净利润/总资产平均余额 × 100%

4)净资产收益率。

净资产收益率 = 净利润/[(起初所有者权益 + 期末所有者权益)÷2] × 100%

5)资本保值增值率。

资本保值增值率 = 期末所有者权益/期初所有者权益 × 100%

(3)企业自身发展能力分析

1)销售增长率 = 本年销售增长额/上年销售额 × 100%;

2)净利润增长率 = 本年净利润增长额/上年净利润 × 100%;

3)总资产增长率 = 本年总资产增长额/年初资产总额 × 100%;

4)资本积累率 = 本年所有者权益增长额/年初所有者权益 × 100%;

5)固定资产成新率 = 平均固定资产净值/平均固定资产原值 × 100%;

6)三年利润平均增长率 = 最近三年利润环比增长率;

7)三年资本平均增长率 = 最近三年所有者权益环比增长率。

实训项目三:现金流量表的阅读与分析能力训练

现金流量表是反映企业在一定会计期间现金收入和支出的一种会计报表。它通过会计期间营业所得现金收入,减去需用现金支付的费用以后的余额(或不足额)来说明企业财务状况的变动。

现金流量表主要能够提供以下几方面的信息:(1)企业在本会计期间内参加了何项新的投资活动? (2)企业经营中来自新的投资资金有多少? 来自借贷的资金又有多少? (3)企业偿付债务的资金从哪儿取得? 见表 15.4。

表 15.4　现金流量表

编制单位:×××股份有限公司　　　　2002 年度　　　　单位:元

项　　目	行次	注释号	金　　额
一、经营活动产生的现金流量			
销售商品、提供劳务收到的现金	1		710 357 614.20
收到的税费返还	3		1 753 941.31
收到的其他与经营活动有关的现金	8		22 404 803.24

续表

项　　目	行次	注释号	金　　额
现金流入小计	9		734 516 358.75
购买商品、接受劳务支付的现金	10		508 383 059.87
支付给职工以及为职工支付的现金	12		32 770 842.60
支付的各项税费	13		29 004 624.07
支付的其他与经营活动有关的现金	18		44 786 726.99
现金流出小计	20		614 945 253.53
经营活动产生的现金净流量	21		119 571 105.22
二、投资活动产生的现金流量			
收回投资所收到的现金	22		9 000 000.00
取得投资收益所收到的现金	23		24 550 389.91
处置固定资产、无形资产和其他长期资产所收回的现金净额	25		
收到的其他与投资活动有关的现金	28		42 377.46
现金流入小计	29		33 592 767.37
购建固定资产、无形资产和其他长期资产所支付的现金	30		3 494 921.42
投资所支付的现金	31		10 000 000.00
支付的其他与投资活动有关的现金	35		2 492.40
现金流出小计	36		13 497 413.82
投资活动产生的现金流量净额	37		20 095 353.55
三、筹资活动产生的现金净流量			
吸收投资所收到的现金	38		
其中:子公司吸收少数股东权益性投资收到的现金	39		
借款所收到的现金	40		56 000 000.00
收到的其他与筹资活动有关的现金	43		2 464 205.90
现金流入小计	44		58 464 205.90
偿还债务所支付的现金	45		57 905 154.80
分配股利、利润和偿付利息所支付的现金	46		36 681 999.81
其中:子公司支付少数股东的股利	47		
支付的其他与筹资活动有关的现金	52		
现金流出小计	53		94 587 154.61
筹资活动产生的现金流量净额	54		− 36 122 948.71
四、汇率变动对现金的影响	55		− 2 430.71
五、现金及现金等价物净增加额	56		103 541 079.19

续表

补充材料	行次	金　额
1. 将净利润调节为经营活动现金流量：		
净利润	57	47 454 654.55
加：少数股东本期损益	58	
计提的资产减值准备	59	911 820.54
固定资产折旧	60	2 738 884.37
无形资产摊销	61	
长期待摊费用摊销	64	8 075.44
待摊费用减少（减：增加）	66	
预提费用增加（减：减少）	66	
处置固定资产、无形资产和其他长期资产的损失（减：收益）	67	
固定资产报废损失	68	790 309.49
财务费用	69	174 774.80
投资损失（减：收益）	70	−18 352 301.62
递延税款贷项（减：借项）	71	−377 359.21
存货的减少（减：增加）	72	−50 423 436.96
经营性应收项目的减少（减：增加）	73	26 397 492.89
经营性应付项目的增加（减：减少）	74	110 248 190.93
其他	75	
经营活动产生的现金流量净额	76	119 571 105.22
2. 不涉及现金收支的投资和筹资活动：		
债务转为资本		
一年内到期的可转换公司债券		
融资租入固定资产	77	
	78	
	79	
3. 现金及现金等价物净增加情况：		

续表

补充材料	行次	金　额
现金的期末余额		312 782 160.13
减:现金的期初余额		209 241 080.94
加:现金等价物的期末余额	80	
减:现金等价物的期初余额	81	
现金及现金等价物净增加额	82	103 541 079.19

(1)分析经营活动的现金流量

现金流量表第一分类"经营活动的现金流量"是企业正常经营活动产生的现金流量。现金流入为正数,通常说明企业经营进入良性循环,销售带来现金流入,而现金流入越大,企业经营越稳健、越成功。在经营活动现金流量分类中,要重点关注的是"销售商品、提供劳务收到的现金",他们可以将它同利润表中营业收入总额相对比,以大致判断企业现款销售率。高收现率是企业经营管理者成功管理的结果,亦表明企业产品定位正确、适销对路,并已形成卖方市场的良好经营环境。此外,"购买商品、接受劳务支付的现金"一项,还可用于成本分析。将企业主管业务成本与购买商品、接受劳务支付的现金相比较,可以知道企业实际成本是否过高,从而可以更加清楚地认识到企业目前所面临的形式是否严峻。

(2)分析投资活动的现金流量

在企业投资活动符合长期规划和短期计划的条件下,若投资活动产生的现金流量净额为负数,一般是由于企业挖掘利润增长点、扩大投资行为的结果。当企业投资活动产生的现金流量为正数时,一般是由于企业在本会计期间投资回收活动的规模大于支出的规模,或者是由于企业在经营活动与筹资活动方面急需资金而不得不处理手中的长期资产来变现。

(3)分析筹资活动的现金流量

分析企业筹资活动产生的现金流量大于零是否正常,关键要看企业的筹资活动是否已经纳入企业的发展规划,是企业管理层以扩大投资和经营活动为目标的主动筹资行为,还是企业因投资活动和经营活动的现金流出失控,企业不得已的筹资行为。同样,企业筹资活动产生的现金流量小于零时,可能是由于企业经营活动与投资活动在现金流量方面运转较好,有能力满足各项支付对现金的需求,也可能是由于企业在投资和企业扩张方面没有更多作为的一种表现。

(4)现金流量比率分析

现金流动负债比率＝现金及现金等价物余额/流动负债期末合计；

现金到期的债务比＝经营现金净流入/本期到期的债务；

现金负债总额比率＝经营活动产生的现金流量净额/全部债务；

现金股利保障倍数＝每股经营现金净流量/每股现金股利；

每股现金流量＝(经营活动产生的现金流量净额－优先股股利)/发行在外的普通股股数；

全部资产现金回收率＝经营现金净流量/全部资产×100%；

现金满足投资比率＝近 5 年经营活动现金净流量/近 5 年资本支出、存货增加、现金股利之和。

15.3.3 实训的组织形式与控制要求

1)实训地点：教室

2)实训组织形式：在教师指导下，学生分为若干模拟业务小组，各小组分别根据实训要求分散训练，之后在给定时间内集中各小组进行交互式对抗演练。

3)实训要求

根据表 15.2～15.4 分析该公司的经营状况。

第16章　市场定位实战研究与策划

一个企业试图单凭一种产品或一个品牌来满足整个市场的所有需求的时代已经结束。在当今这个崇尚个性的时代,"大众化市场"已经被细分化的个性市场代替,企业必须从"为多数人制造产品"转移到"替每个人定制产品"。如何从顾客需求的差异性入手,细分市场,结合企业优势确定目标顾客需要的产品或服务,并在众多竞争者中找准自己在顾客心中的位置,从而获取消费者的信赖,最终赢得市场竞争的胜利,是现代企业必须掌握的竞争利器。本章就如何进行市场细分,如何选择目标市场及市场定位技巧的训练进行了全面介绍。

16.1　市场细分技巧训练

企业在市场营销活动中要解决的一个中心问题是如何制定营销战略。营销战略的制定,首先要选择好正确的目标市场;目标市场的正确选择又必须依靠市场细分来提供可能。可见科学合理地细分市场是企业制定营销战略的基础。

16.1.1　市场细分技巧训练的目的

1)通过实训,使学生掌握市场细分的基本程序、方法。
2)通过实训,使学生熟练掌握市场细分的技巧。

16.1.2　市场细分技巧训练的基本内容

实训项目一:细分实训

(1)细分前的准备

1)明确市场细分的对象和细分的目的。

2)调查顾客对产品、服务或该行业了解有多深。

3)明确产品是现有产品还是新产品。

4)评价现有产品的市场结构是否合理。

(2)确认细分指标

1)列出可能的细分指标和变量。一般可分为七大类:人口和社会因素、地理因素、心理因素、行为因素、客户因素、产品和服务因素以及客户价值。

2)选择细分指标。

(3)采集客户数据

1)调查被细分的顾客的需求状况。

2)了解顾客对该产品的各种属性等级评估。

3)分析顾客对某一品牌产品的态度。

4)分析被调查顾客的人口因素、心理因素、行为因素等。

5)调查顾客使用产品的方式。

以上顾客信息数据可以通过多种方式获取。如发放登记卡和折扣券;发展会员;由销售店搜集;热线电话收集;电子邮件与网站收集和通过赠送礼品收集等。

(4)据处理分析和客户分类

1)对收集信息进行归类分析。

2)筛选有价值信息。

3)用重要的细分变量把顾客分类。

4)对细分市场中群体进行简要描述。

(5)描述细分市场

1)说出细分出的各市场的名称。

2)明确各子市场的差异性。

3)对细分出的各市场进行详细描述,剔除模糊的变量。

(6)选定细分市场

1)分析对比各子市场的特点。

2)结合企业自身条件和竞争对手实情选定子市场。

3)用相关指标再次评价所选定的子市场。

16.1.3 实训组织形式与控制要求

1)地点:教室/实验室/模拟商场/实习商场。

2)课时:1学时。

3)组织形式:分4~6人一组。

4)要求:①以生活中常见的商品或服务作为实操的对象。如可以选择洗衣粉作为细分对象。②根据上述步骤进行训练。③教师检查学生的实习报告。报告应达到以下效果:了解本市场主要的洗衣粉品牌有几个;购买的顾客有哪些;把顾客按主要的细分变量分类;描述各类顾客的特点。

16.2 目标市场选择技巧训练

从上一节可以看出,细分出来的子市场可以有多个,但对于一个公司而言,由于受其资源能力以及特定的营销目标的限制,并非所有的环境机会都具有同等吸引力,因而企业也不大可能进入每一个细分市场,选择目标市场成了公司市场营销活动的重要环节。在这一节中,主要目的就是训练学生选择目标市场的实战能力。

16.2.1 目标市场选择实操训练的目的

1)通过实训,使学生了解目标市场选择的模式和策略。

2)通过实训,使学生掌握目标市场选择的程序和方法。

3)通过实训,使学生掌握进入目标市场的技巧。

16.2.2　目标市场选择实操训练的内容

实训项目一：熟悉目标市场的选择模式及策略训练

1)结合市场上的实际案例,说出目标市场选择模式的类型及其特点。

2)结合现实生活实例,试说明目标市场选择的策略及其特点。

实训项目二：目标市场选择实操训练

1)估算细分市场潜量及其增长速度。

①在充分考虑消费者的消费倾向、收入状况及替代品情况下估算细分市场的最大容量。

②用销售量和销售额两个指标衡量细分市场的增长速度。

2)分析市场的竞争结构。

①估计同一市场竞争者的数目,列出主要的竞争者。

②分析潜在的主要竞争者的基本情况。包括生产能力、科研能力等。

③分析现实的和潜在的替代品和主要的生产者。

④分析买方和供应商的合作能力和议价能力。

3)分析本公司战略目标和资源能力。

①明确公司发展的战略方向及市场份额、利润率和收益率等战略目标。

②分析公司的综合实力。包括生产能力、科研能力、资金实力、市场营销实力、资源获取能力等。

4)选择目标市场。

①列出影响公司目标市场策略选择的因素。如公司实力、产品同质性、市场同质性、产品生命周期、竞争者策略和竞争者数目等。

②对本公司及产品上述因素进行中肯的评价。

③选择目标市场。

④在正确的时间进入目标市场。

16.2.3　实训组织形式与控制要求

1)地点:教室/实验室/模拟商场/实习商场。

2)课时:1 学时。

3）组织形式:分 4～6 人一组

4）要求:

①以生活中常见的商品或服务作为实操的对象。如可以选择洗衣粉作为实训对象。②根据上述步骤进行训练。③教师检查学生的实习报告。报告应达到以下效果:分析本市场主要的洗衣粉品牌的优势和劣势;分析本品牌的优势和劣势;确定本品牌有能力满足的目标顾客群。

16.3　市场定位实战训练

经过市场细分和选择目标市场后,公司决定了自己所要服务的客户和所要面临的竞争对手。如何在众多的竞争对手中脱颖而出,维持和保有自己的客户,甚至把竞争对手的顾客争取过来,企业必须在消费者的心目中找准和突出自己的位置,把顾客的"眼球"和"芳心"吸引住,即进行市场定位。

16.3.1　市场定位实战训练的目的

1）通过市场定位实战训练使学生加深对定位概念及其重要性的理解,并从感性认识上升到理性认识。

2）通过市场定位实战训练,使学生了解市场定位的几种方式,并具备结合企业实况选择具体定位方式的能力。

3）通过市场定位实战训练,使学生了解市场定位的几种方法,并具备能结合企业实况和产品特点确定市场定位方法的能力。

16.3.2　市场定位实战训练的基本内容

实训项目一:市场定位方式选择训练

1）列出市场定位的 5 种基本方式:领先战略、维持战略、补缺战略、共存战略和重新定位战略。

2）上述 5 种基本方式的特点:

①领先战备。领先战备,即公司寻找自身方面在同行业或同一市场中占

据的首席特殊位置,并把它重点突出,努力树立本公司产品在客户心中的第一位置。如长虹是中国最大的彩电生产企业,七喜汽水是非可乐饮料的第一品牌等。

②维持战略。维持战略,即在客户心目中维持和提高自己现在的定位,如"蒙牛"乳品一直把"伊利"奉为"老大",自己定位为内蒙"第二"以避免与"伊利"正面碰撞,但从未放弃向更高位置的努力。

③补缺战略。补缺战略,即公司寻找为客户所重视而未被竞争对手所重视的空间进行定位。这种战略避免直接与强有力的竞争对手发生碰撞。如我国一些地方的农村合作信用社避开在城镇与众多大商业银行竞争,深入农村拉储户,也获取了一块属于自己的"天地"。

④共存战略。这是一种把自己往高层次靠拢的战略。在市场中,能在某一方面当"老大"的公司毕竟是极少数,公司只能把自己往最佳圈子靠。如把自己列入"三甲"或"十强"、"百强"等,向顾客灌输"我"是属于最优档次的。

⑤重新定位战略。当公司发现原来所选定的产品定位与客户心目中对该产品的印象不相符时,公司就会采取重新定位战略。例如,一种专门为老年人设计的产品在青少年中也流行起来,这时公司就有必要进行重新定位。

3)全面搜寻公司(产品)的潜在优势。

4)结合实际情况确定公司(产品)的定位方式。

实训项目二:市场定位方法运用训练

1)列出常用的定位方法:特色定位、利益定位、使用者定位、质量和价格定位、产品品目定位、竞争定位等。

2)分析主要竞争品的定位方法和效果。

3)分析自身产品的潜在优势。如有无特色,能否带给顾客特别利益,是否针对特别的消费群体,质量或价格上是否有特别优势等。

4)确定产品的核心竞争优势。所谓核心竞争优势是与主要竞争对手相比,在市场上可获取明显差别利益的竞争优势。可以通过列表对比方式来识别核心优势。如表16.1。

表 16.1　产品核心竞争优势分析表

比较项目	对顾客的重要性	公司优势	主要竞争对手优势	公司改变现状能力	竞争者改变现状能力	核心优势
质量	10	9	9	9	9	
技术	8	8	8	7	8	
价格	10	9	5	9	4	√
服务	7	7	8	9	8	

每项满分为 10 分。

5）结合产品的核心竞争优势进行定位。

6）向目标顾客宣传竞争优势。

7）把握好定位原则。定位的基本原则有：重要性、明晰性、优越性、可沟通性、可接近性、难以替代性和盈利性等。

8）避免定位误区。常见的定位误区有：定位模糊、定位偏窄、定位过低、定位过高、定位混乱等。

16.3.3　实训组织形式与控制要求

1）地点：教室/实验室/模拟商场/实习商场。

2）课时：1 学时。

3）组织形式：分 4～6 人一组。

4）要求：①以生活中常见的商品或服务作为实操的对象。如可以选择洗衣粉作为定位对象。②根据上述步骤进行训练。③教师检查学生的实习报告。报告应达到以下效果：确定本品牌的定位策略；确定本品牌的定位方法；向目标顾客传达本品牌定位信息的方案。

"飘影"洗发露市场定位实战录

洗发水行业的丰厚利润吸引着众多企业"前仆后继"，而激烈的竞争和巨大的资金压力使它们中的大多数在进入初期便被扼杀。2001 年，在洗发水市场的竞争趋于白热化的时候，飘影植物精华洗发露上市了，令人刮目的是，经历了 2 年的拼杀，这个品牌奇迹般地生存下来，并开始立足于市场，朝着"健康、稳步、快速"的方向发展。作为新产品洗发水中少数的胜者之一，"飘影"究竟是如何为自己争得一方生存空间的呢？经调查证明，"飘影"的成功与其准确的市场定位策划息息相关。

前期的市场调研分析

2000 年下半年,"飘影"在全国 20 个城市举行了洗发水市场大型调研活动,对整个洗发水市场进行细分。

一、洗发水市场各品牌竞争、分布态势分析

1. 处于一线市场(各大省会城市和直辖市)领导品牌第一团队的主要是宝洁公司系列品牌(如飘柔、潘婷、海飞丝、沙宣)和联合利华公司的系列品牌(如力士、夏士莲)。

2. 处于一线市场领导品牌第二团队的主要是丽花公司的舒蕾、风影品牌。

3. 处于二线市场(地级市和农村市场)的主要品牌有:好迪、名人、拉芳、柏丽丝、亮妆等。

二、同类产品的价格定价幅度(零售价)

规格	推广力度及促销力度	价格幅度
200 ~ 220 ml	较大	15 ~ 20 元/瓶
200 ~ 220 ml	较小	9 ~ 14 元/瓶
400 ~ 440 ml	较大	18 ~ 28 元/瓶
400 ~ 440 ml	较小	14 ~ 22 元/瓶

三、各品牌产品功能诉求点分析

(一)成分概念

1. 天然植物精华(芦荟、首乌、人参等);

2. 果酸精华(水果);

3. 海洋护理元素(珍珠、珊瑚、海藻等);

4. 化学护理元素(氨基酸、精华素、B5 等);

5. 现代营养元素(乳酸、牛奶等);

6. 科技含量元素(负离子、肥料等)。

(二)功能诉求

1. 去屑;2. 柔顺;3. 洗护发二合一;4. 补充水分保温、防止干枯;5. 乌黑亮泽;6. 清爽、清洁;7. 止痒;8. 防脱发;9. 焗油;10. 漂染修复;11. 防止开衩;12. 直发。

飘影品牌洗发露市场分析

一、飘影品牌市场优劣分析

(一)优势

1. 公司自身实力优势(设备、厂房、人才、原料、配方、技术等)是生产先进产品的前提和先决条件。

2. 公司的资金优势：公司富裕的资金及良好的财务状态为新产品开发、推广、延续提供了条件。

3. 现成的营销网络减少了前期用于网络建设的投资，同时，也缩短了新产品上市布网的时间。

4. 通过的 ISO9002 的国际认证体系将严格控制新产品品质，使得每一个入市新产品的品质得到保障，并达到国际标准。

（二）劣势

1. 从未深入涉足该类产品的生产及推广、销售，缺乏丰富的经验。

2. 部分营销推广人员此前没有从事该类产品推广的工作经验。

二、飘影的市场机会和威胁分析

（一）机会点

1. 产品的品质保障、物美价廉最终将会被市场和消费者认可，但需要时间。

2. 今后广告的投放及 SP 活动开展，在前期将会给部分冲动型消费的地区带来较快的直接刺激。

3. 中档的价格定位，大众化的消费路线定位将会使接触飘影产品的群体加大。

4. 各地代理商现有网络及客情关系将会使"飘影"快速和顺利进入终端渠道直接和消费者见面。

5. 其他在激烈市场搏杀中被淘汰的品牌将会给"飘影"腾出一定的市场空间。

6. 部分群体近两年来接触的飘影香皂的产品信息将会缩短和减少他们与飘影洗发水的距离和陌生抗拒感。

7. 品牌过去两年来在各地市场所获得的荣誉与成就，会给飘影洗发水的上市带来积极的影响。

（二）威胁点

1. 其他品牌在看到一个新品牌争吃"蛋糕"时定会采取种种不利于"飘影"入市的抵制甚至是"扼杀"动作。

2. 广告投放后假货将会相继出现，扰乱市场。

3. 在飘影品牌上市的同时，若干个各地新品牌也将陆续上市，加剧市场竞争。

三、飘影目标市场的选择

1. 目标市场:二、三线市场(乡镇包围城市)。

2. 目标顾客群:原来对飘影香皂比较忠诚的消费群(即大众化工薪阶层的档位)。

四、飘影市场定位策略

(一)市场角色定位:以市场挑战者及市场抢占者的身份进入市场,参与市场竞争;并用 1 年的时间作为市场导入及市场培养期,力争成为第三团队里的领导品牌,并逐步朝第二团队跟进。

(二)产品概念功能定位:"植物精华/绿色护发",一个倡导 21 世纪绿色健康消费的绿色环保型先驱产品。

1. 产品定位。根据市场调查,目前洗发水宣扬的功能卖点,多以自身所含有的化学成分而自豪,从 ZTP 去屑到原 B5 营养,都给消费者以化学合成的理解;而在 21 世纪,联合国推出的消费口号是"绿色消费",意义在于是在安全、无污染、无刺激的消费环境中让生命得以延续。因此,在这个追求健康,推崇绿色环保的时代,消费者更倾向于"回归自然"的消费心理,这种消费也已成为一种时尚和养生之道。为此,"飘影"确立了天然植物一派的概念,并界定了 5 种天然植物原料,制成了 5 种飘影植物洗发露:

芦荟精华保湿柔润——适合中干性发质

银杏精华营养修复——适合受损性发质

绿茶精华清爽去屑——适合油性和多头屑发质

海藻精华止痒顺滑——适合敏感性发质

黑芝麻精华黑亮去屑——适合多头屑发质

2. 包装定位。产品包装设计加入绿色环保元素,风格贴近国际化。拉近产品与国际公司产品的距离。

产品包装时尚、简洁明快,在货架陈列更富视觉冲击和跳跃醒目。

瓶盖的色调——代表宽广的蓝天、蔚蓝的海洋、绿色的森林、黑色的土地,赋予产品天然自然环保的气息。

瓶身的白色——一种纯净洁白的象征,并给人平静、温和安逸的视觉享受。

中间红色和蓝色的两个色块搭配——从企业的 LOGO 中演变而来。

两个尖角的几何图形——向上犹如嫩芽出土,显示一种年轻向上、朝气蓬勃的活力和生命力。

红蓝两色的大胆搭配——更是时尚,更显前卫。

绿色的抽象植物图形——既区分开了品种,也更直接地突出了"植物精华,绿色护发"的产品内涵!

（三）产品价格定位。作为上市新产品,飘影既要考虑各级通路的利润空间,又要顾及目标群体的购买能力,因此,洗发露的价格定位在大众工薪阶层及打工一族均能接受的中低价格:

200 ml 零售价在 10 元以内。

400 ml 零售价在 20 元以内。

（四）产品渠道定位。以城市市场为窗口,农村市场为基地,农村包围城市,二三线市场为主导目标市场。

案例思考题

(1)"飘影"是如何细分洗发露市场的? 用了哪些细分变量?

(2)"飘影"的目标市场在哪里? 其选择这一目标市场的依据是什么?

(3)"飘影"的定位策略是什么? 其一共用了几种定位方法?

(4)"飘影"最成功的定位点在哪里? 为什么?

第17章　新产品开发研究与策划

一个成功的企业必然拥有一系列成功上市的产品,当然,由于新产品上市失败而使整个企业陷入困境的案例也屡见不鲜。新产品上市是对企业营销水准的全面考验,也是一个十分复杂的课题,它涉及市场环境分析、上市机会选择、竞争角色定位、上市规划的制定等。如何才能严谨、科学、高效地开发新产品,并使其成功上市? 新产品上市通常有如下七个步骤:第一,发现市场机会;第二,新产品概念提出;第三,新产品可行性评估;第四,新产品上市开发及准备;第五,新产品上市的计划与安排;第六,新产品上市执行;第七,新产品上市追踪。当然,新产品成功上市的运作方法并非千篇一律,昨天成功的经验今天不一定有效。这就要求营销策划人员有敏锐的洞察力和大胆的创新精神。

17.1　新产品概念的提出及可行性评估的方法与技能训练

17.1.1　新产品概念的提出及可行性评估的方法与技能训练目的

发现市场机会是新产品开发上市运作的基础,其操作步骤如下:首先,把握市场整体趋势;其次,认真研究消费者偏好和已有的细分市场;最后,仔细分析并学习市场领导者和主要竞争者的营销策略。

17.1.2 新产品开发的方法与技能训练的基本内容

市场机会研究阶段提供了有关市场整体发展趋势、消费者以及主要竞争品在产品、区域、渠道、价格、人力投入各环节的优势、劣势等方面的有效信息，指出了市场机会在哪里。接下来企业要考虑的就是他要生产怎样的产品来利用这个市场机会。新产品概念至少应包括以下几项：品牌、产品定位、目标消费者特征、目标市场总量、产品描述、销售通路及价格、包装特征、销售区域及预估销售量、上市进度。

可行性评估包括四层含义：组织的可行性（市场部产品经理负责新产品可行性研究、开发、上市准备、价格制定、上市推广活动追踪和复核；研发部门负责新产品开发研制、试用、成本核算、基本资料提供及制造过程工艺制定等；生产部门负责生产设备评估及采购、试用及批量生产等；财务部门负责提供费用成本核算、企业资金实力与产品上市资源匹配程度等资料；销售部门负责评估新产品上市与现有销售团队、销售通路的匹配程度，并实际展开新产品销售动作）；生产的可行性；财务的可行性（销售部要参照市场竞争品价格对产品提出建议出厂价。成本＋毛利＝价格的计算方式已不再适用，产品价格设定要倒推，零售价格定多少才有竞争力？通过利润留多少才更有优势？最后定出产品的生产成本上限不能超过多少，这个产品才可能成功？生产研发部门要做出回应，按这个成本上限可否研发出符合要求的产品。研发部和营销部要有该产品的销量、利润初步预估和营销、研发费用初步预算；财务部衡量目前企业资金实力是否足够新产品开发费用，按照销量预估费用预算，企业在这个新产品上多长时间才能实现损益平衡，产品最终可否盈利）；市场推动的可行性（销售新产品往往需要有新的渠道、通路、销售政策与之匹配。而企业现有的销售能力、现有的销售网络往往也会成为产品上市不可行或暂不可行的原因，最后产品大量生产却不能上市，造成滞销，占用巨额资金，甚至拖垮一个企业。）

案例一　XA 的品牌的提出及可行性评估

（1）行业规模

复读机市场近年来一直保持 30% 的高速增长，行业已进入成熟后期，未来 2 年将维持在 1 000 万台的行业规模，2003 年预计销量下降 20%，其行业特征是中心及发达城市销量下降，县级、乡镇市场有较大幅度的增长（如图 17.1）。

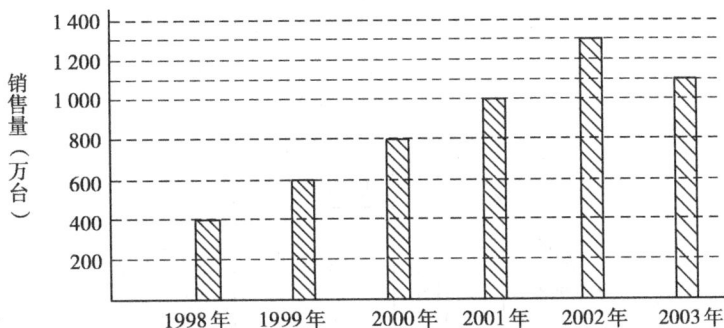

图 17.1　1998—2003 年复读机行业规模

（2）产品状况

复读机市场三大主流产品包括超薄普通型复读机、电控普通型复读机、随身听型复读机，占总市场份额的 95%；三大边缘产品包括光盘复读机、可视复读机、MP3 复读机，占总市场份额的 5%（如图 17.2）。

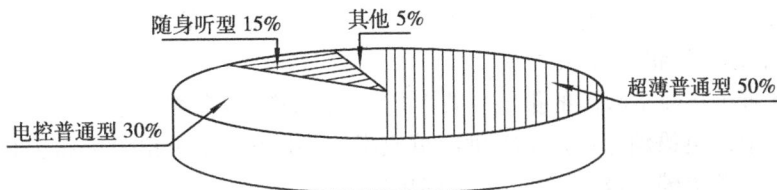

图 17.2　复读机市场分布情况

（3）市场竞争状况

目前，复读机市场上品牌主要分为三类：以"步步高"为代表的第一类品牌，品牌特征已经固定，为行业的领导者；第二类品牌以"X"、"万信"、"金正"为代表，在市场上具有较好的品牌知名度和美誉度，为行业的挑战者；第三类品牌的共同点是有一定的品牌知名度，市场占有率不高，在局部市场有较稳定的销量，为行业的跟随者。

复读机行业已经进入成熟后期，市场竞争体现在产品、渠道、价格、广告及促销全方位的竞争，在产品方面进一步细分，体现在工业设计、创新技术、营销概念方面；渠道趋于扁平化，体现在纵向网络重心下移到乡镇农村市场，横向终端网络广度、密度进一步加强；价格竞争白热化，成为市场竞争的主要手段；广告大战、促销大战是复读机旺季主要竞争形式（如图 17.3）。

（4）消费者状况

复读机产品目标消费者是大、中、小学生，了解消费者群体分布情况，可以

市场竞争趋势

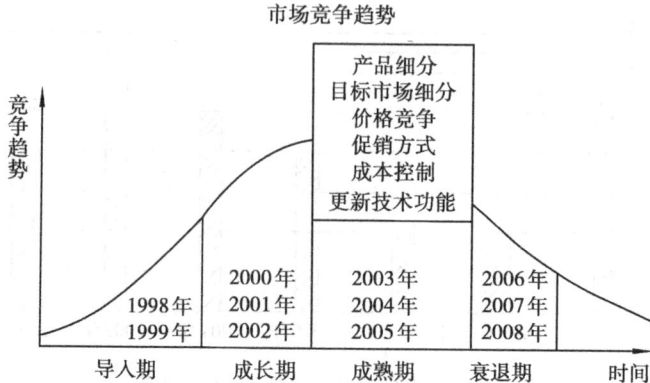

图 17.3　复读机市场竞争情况

间接预测市场潜量、产品生命周期,可以更科学地制定市场营销策略。

青少年媒体收视调查(资料来源:新生代监测机构)

• 电视仍最具影响力:70% 的中学生表示,电视是他们接触的主要媒体。他们最喜爱的节目是音乐节目、电视连续剧和动画片,最喜爱的综艺节目是"欢乐总动员"和"快乐大本营"。

• 青少年经常阅读的报纸主要有几类:学习类、体育类和综合类。在学习类报纸中,《英语辅导报》、《21世纪英文报》、《中小学生英语学习报》经常订阅,其中《英语辅导报》经常阅读比例最高。

• 杂志也是青少年乐于接受的媒体:《读者》、《少男少女》、《当代歌坛》是他们最喜爱的杂志,见表 17.1。

表 17.1　复读机的市场消费情况表

学　校	学校数量/所	在校生人数/万人
小学	609 600	13 954
初中	63 940	5 363
高中	13 900	938
特殊教育学校	1 535	36
大学	1 078	487
其他		20
总计		20 798

(5)对市场领导者、主要竞争者的分析

2002 年复读机品牌媒体投放情况:

- B 品牌：

CCTV—1：特 A 段，《午间海浪预报标版》(12:33)；

午间新闻 30 分(12:00)；

杂志：《读者》。

- W 品牌：

CCTV—1：A 段、《天气预报标版》；

午间新闻 30 分；

报纸：《体坛周报》。

- Z 品牌：

CCTV—1：大风车栏目、湖南卫视；

杂志：《读者》；

报纸：《南方都市报》。

- J 品牌：

CCTV—1：午间《今日说法》；

晚间新闻；

报纸：《中国足球报》。

"望子成龙——X 学习机"已经成为"X"品牌固定特征。如何对品牌进行重新定位和刷新，以新的营销概念形成差异化，将品牌、产品及市场推广全方位整合，是他们在营销企划时考虑的主要问题。经过对营销状况的认真研讨和分析，他们为"X"品牌复读机拟定了行业挑战者的总体营销策略，确立了"A"作为"X"品牌复读机的副品牌。

下面从品牌功能、品牌形象、品牌差异、品牌来源四个方面来度量"X"品牌的实际状况：如表 17.2 所示。

表 17.2　"X"品牌分析

基本认同	产品：学习机	
	品质/价格/服务：品质较好/价格较高/服务较好	
延伸认同	产地：广东中山	附属品牌：无
	商标：拳标	第一代形象代言人：成龙
	广告语：望子成龙小霸王	
	企业联想：曾经辉煌过；　　成龙《拍手歌》	
	品牌个性：儿童/学生产品	
品牌感知	实用功能：学习机质量较好	
	消费者心理感觉：用着还行	
	品牌感觉方向：老品牌、学生产品	

应该说"X"品牌儿童/学生产品特征是明显的,但由于近年来品牌维护方向投入较少,品牌差异化趋于模糊不清。至于品牌来源方面,人们对于品牌的了解仍然是"X"学习机、成龙、拍手歌等,品牌老化现象产生。

"X"复读机在市场上销售的机型有十二款之多。

"X"复读机采用区域总经销的传统渠道模式。

案例二　手机某品牌新产品的推出及可行性评估

一、××品牌的辉煌

××电子集团,是大型国有企业,曾为中国的电子事业做出了巨大贡献,也曾创造了许多的辉煌和中国第一:

国产第一部模拟手机出自××;

国产第一部双频手机出自××;

国产第一部数字手机,还是出自××。

……

二、××的战略调整

近几年来,××手机的经营状况,一直处于不上不下的尴尬局面,一直处于国产手机的二流水平。

2003年,××集团的上层做出了战略上的调整,加大了手机的投资份额和经营力度。毅然与爱立信分手,终止了OEM贴牌生产和经营,直接与世界级移动通信的研发机构——芬兰麦克赛尔公司紧密合作,拥有了自己的研发机构和知识产权。不在中、低档产品的市场中徘徊,直接进入了高端市场。

在这一年中做出了很多大的举措:

(1)与爱立信分手,停止OEM贴牌经营。

(2)与芬兰麦克赛尔合作。

(3)生产、经营高端产品,推出真彩彩屏GM100、GM600、GM700。

(4)成功聘请香港巨星梁朝伟为形象代言人。

(5)一举夺得本年度央视广告的标王。

(6)投巨资打造渠道和终端。

三、市场状况

当时的手机市场一片混战。外国品牌有诺基亚、摩托罗拉、三星等著名品牌牢牢占据着高端市场,国产品牌有夏新、TCL、波导、海尔、联想等占据着中底端市场。

国产手机在中、低端市场上的竞争,主要是打价格战。由于高端市场的附加值较高、利润空间较大,是很多厂家垂涎的肥肉。

可××手机由中、低端直接进高端市场也有许多难度。

1. 知名度不高问题；

2. 美誉度一般问题；

3. 品牌定位不清晰问题。

······

当然，××也有自己的很多优势，特别是新技术和新产品方面。

当时，××是第一家生产 65536 色真彩彩屏和 40 和弦的手机厂家，这一技术在世界上也处于领先地位。

彩屏分为 65536 色、4096 色、256 色等几种。

只有 65536 色的彩屏才是真彩彩屏。这种彩屏，采用 TFT 显示技术，屏幕色彩饱和，显示细腻、均匀，表现稳定、亮丽，号称"可放电影的小液晶"。

用影帝梁朝伟的话说："真的很漂亮。"

在××推出真彩彩屏以前，市场上已有很多彩屏，他们都是 256 色或 4096 色，这种产品的技术含量较低，俗称"伪彩"。

由于这些生产伪彩的手机厂家故意回避技术方面的量化指标，只强调彩色屏幕，不提显示技术，使很多消费者有一种模糊的概念：即彩色都是一样的。

在这种情况下，××彩屏手机一方面不能直接揭露其他厂家的"伪彩"，那样会引起这些厂家的报复；但另外一方面，也必须凸显××"真彩"的技术优势和时尚风格。

那么到底怎么办呢？

案例三　摩企 A 新产品的推出及可行性评估

中国加入 WTO 后，国内摩托车企业相对于国外企业的产品价格优势日益削弱，谁的技术更高，谁的品牌更强，谁就会赢得营销的最后胜利。国内某摩托车企业（以下简称摩企 A）目前虽然发展势头良好，但是已深感其品牌塑造的不足。

摩企 A 所遇到的问题，首先表现为 A 品牌与洋品牌相比认知度较低，与国内品牌相比则差异性不够。其次是其产品走在形象前面，严重本末倒置。

面对如此繁复的品牌弊端，稍有不慎，营销的步伐就会因此停滞，并使摩企 A 遭遇前所未有的危难。在接手这个策划案后，他们为其制订了解决品牌营销的方案，并在后期的推广活动中，全面有效地提高了摩企 A 的品牌知名度，极大的激励了消费者购买欲望。

一、摩托车行业市场环境分析

市场环境一：WTO 使中国摩托车行业机遇与挑战并存

具体表现为:

1. 行业"洗牌"冲击中国摩托车行业,中外品牌攻守之势交替上演;

2. 消费者期望加入 WTO 后降价的消费心理,使中国摩托车行业遭遇持币待购;

3. 日本借中国入世之机,以保护知识产权为名,图谋打压中国摩企。

总结:寻求出路的中国摩企必将与洋品牌共战高低!

市场环境二:三大板块演绎中国摩托车行业竞争格局

具体表现为:

1. 目前,重庆、江浙、广东三大板块主宰中国摩托车行业的命运;

2. 重庆板块形成大中小、国有、民营一应俱全的格局;

3. 江浙板块依靠完善的配套体系,形成独特的开发规模;

4. 广东板块整合国内外的优势资源,综合竞争力强。

总结:三大板块中,广东板块虽暂处劣势,但其善于整合国内外的优势资源,加上有五羊本田、豪爵铃木在此坐镇,综合竞争力同样令竞争对手不敢掉以轻心。今后几年,以三大板块为核心的淘汰组合仍将是中国摩托车市场竞争的主旋律!

市场环境三:无序竞争阻碍中国摩托车行业良性发展

具体表现为:

1. 盲目投资、低水平重复建设等现象严重,相当一部分企业停留在模仿、抄袭的低层次阶段;

2. 非法拼装、假冒伪劣产品冲击市场;

3. "散、乱、低、假、差"、"势力割据"和地方保护主义的改变尚待时日。

总结:中国摩业普遍竞争水平不高,激烈竞争将使不合格者淘汰出局!

市场环境四:农村市场白热化竞争日益增强

具体表现为:

1. 政策限牌使大农村和城乡结合部成为市场发展的新热点;

2. 中国摩企把市场开拓重点转向城镇和大农村市场,并有步骤地建立和完善农村市场销售和服务网络;

3. 国外摩企积极调整中国市场战略以反扑中国摩企,占领农村市场。

总结:农村市场这一新热点将成为中外品牌发动市场新战略的试金石!

市场环境五:日本摩企以新战略火拼中国市场

具体表现为:

1. 制定"主动进攻,以中制中"的新战略;

2. 制定"入侵低端，专利扫荡"的市场策略，对中国摩托车企业进行"反围剿"；

总结：日本摩托车企业新战略对中国摩托车企业产生极大威胁与促进，促使中国摩托车企业不断发展壮大！

二、摩托车市场竞争状况分析

预测中国摩托车市场现阶段的竞争态势为：

1. 竞争的重点仍然以价格为主，在低端市场这一竞争态势更为激烈；

2. 企业间的战略联盟将成为新的竞争方式，形成摩企鼎立格局；

3. 中外摩企竞争日益激烈，竞争也让彼此共求发展之路；

4. 大农村市场成为中外摩企生死攸关的战略要地。

综上所述，即中国摩托车市场未来竞争将是高价值品牌企业分割天下的竞争，其竞争焦点将转为技术/品质/服务和品牌。

三、消费者特征分析

根据地域的划分，A 品牌要传播的对象分别为大农村市场的富裕农民和城市的工薪阶层、个体经营者和机关干部等。他们将对这些消费者在购买摩托车时表现出的特征做重点分析，下面让他们来看一个比较典型的消费者调查。

通过这个消费者调查，他们认为由于摩托车是大件耐用消费品，所以消费者呈现为认知性的理性购买，但在一些区域，A 品牌的品牌忠诚度还没有完全形成；当无法满足消费者需求时，他们开始转移目光。此外他们还发现，影响消费者购买的主导因素有两点：

1. 价格、车型、性能和服务是直接影响消费者购买的因素；

2. 口碑、广告、软文、SP、公关对消费者同样具有说服力。

四、A 品牌的 SWOT 分析

作为在中国摩托车市场打滚多年的 A 品牌来说，它的优势非常的明显，例如：

1. 某排量系列被授予"中国名牌产品"荣誉；

2. 企业荣获"全国质量效益先进企业"称号；

3. 车型品种、档次齐全，能够满足消费者的不同需求；

4. 研发能力已跨入世界先进水平，能够针对市场与消费者的需求变化快速反应；

5. 拥有遍布全国的市场营销体系、健全的行销渠道和销售服务网点。

但是，它的劣势也是显而易见的，例如：

1. 有一定的品牌认知度,但相对合资品牌较低;

2. 与国内其他品牌如嘉陵、钱江的差异性不够;

3. 高档市场价格偏低,低档市场则偏高;

4. 店面 VI 形象不规范,没有统一标准。

经过 SWOT 分析,他们认为 A 品牌在消费者的心中所面临的挑战与机遇如下:

挑战一:品牌认知度弱且差异化不强;

挑战二:价格偏高(针对大农村市场);

挑战三:日本品牌加快对国内市场进攻;

机遇一:研发能力达到国际水平;

机遇二:WTO 下的新竞争是挑战更是机遇;

机遇三:市场重心转向大农村市场。

17.1.3 实训的组织形式与控制要求

1)实训地点:教室。

2)实训组织形式:在教师指导下,学生分为若干模拟业务小组(公司),各小组分别根据实训要求分散训练,之后在给定时间内集中各小组进行交互式对抗演练。

3)实训要求:洗发水行业的丰厚利润吸引着众多企业“前仆后继”,而激烈的竞争和巨大的资金压力使它们中的大多数在进入初期便被扼杀。在洗发水市场的竞争趋于白热化的时候,你作为一家日化企业的执行经理,必须做出是否在今年推出一种植物精华洗发露的决策。请对此新产品进行可行性评估。

17.2 新产品营销策划的方法与技能训练

17.2.1 新产品营销策划的方法与技能训练目的

到此为止,企业已经明确了要利用哪些市场机会,生产怎样的产品,而且对这一产品上市的可行性进行了论证,接下来要做的就是对该产品如何上市销售进行策划。

17.2.2　新产品营销策划的方法与技能训练的基本内容

案例一　XA 品牌营销策划

一、品牌定位/副品牌策略

1. 品牌定位

品牌定位是营销传播的起始点,是一项科学的系统工程,必须遵循一定的游戏规则,如何对 X 品牌进行战略规划,运用哪些工具及采取什么样的战术、怎样规划一致化的主题活动,等等,需要得当的研究方法,缜密的理性思维和科学的工具模型。以下他们给出 X 品牌未来描述:

表 17.3

品牌名称	XA 品牌
品牌符号及标志	拳标
品牌代言人	年轻而富有活力的青少年偶像
行业与产品类别	教育电子第一品牌; 消费类电子的强势品牌
业界盈利能力	盈利能力在业界居偏上水平
知名度	在业界和目标消费群体中有较高的知名度
消费者认可方面	在人格化方面认可度高,成为值得消费者尊重和喜爱的品牌
消费者对品牌的感性方面	是值得信赖,伴随青少年成长的品牌
品牌行业及产品带动能力	行业著名品牌,产品引导消费潮流
品牌于同业中的直感差异点	不同于其他品牌,具有独特个性及内涵

2. 副品牌策略

X 品牌是一个知名品牌,成龙的《望子成龙 X》、《拍手歌》广告已经深入人心。他们把 2003 年作为 X 品牌恢复年、刷新年,应该说即使邀请国内外一线明星,并在媒体宣传上有较大的投入,都无法超越当年望子成龙 X 的经典形象。经过认真的研究和讨论,他们认为今年 X 复出必须还要有一个载体来烘托品牌复出的氛围,要符合 X 教育电子产品第一品牌的定位,能给业界和目标消费者一个华山论剑、再战江湖、誓作天下第一的印象。

这个载体他们终于找到了,那就是:A。

在他们准备 X 复读机企划案时,正值新版《倚天屠龙记》在各地方台热播,《倚天屠龙记》播出后受到热烈反响,被誉为青春武侠剧。

金庸武侠剧在青少年中有着无法估量的巨大影响,央视第二次投拍使之不仅登上了大雅之堂,更日趋"主旋律"化。《倚天屠龙记》是金庸代表作之一,倚天剑是武林人士趋之若鹜的神圣兵器,内藏在剑中的武林秘籍更是克敌制胜的法宝。

他们把 X 复读机副品牌命名为"A",推出 XA 系列复读机,A 复读机含义:学习外语的有效工具,攻克外语难关的法宝。

二、形象代言人

随着《倚天屠龙记》的热播,其男女主角精彩演绎受到一致好评,他们考虑以下三位主要演员作为倚天系列产品的形象代言人:

贾静雯:《倚天屠龙记》女主角赵敏扮演者,外形靓丽,演技出色,在台湾被誉为"戏剧天后",但在国内市场尚不属一线明星,品牌投资回报率较高。

苏有朋:《倚天屠龙记》男主角张无忌的扮演者,应属 X 品牌形象代言人最合适人选之一,但 2002 年已为同行业 JY 品牌作过形象代言人。

释小龙:《倚天屠龙记》少年张无忌扮演者,相关行业部分品牌的形象代言人。

他们从品牌关联度、目标消费者喜爱度、投资收益比等几个方面认真研讨,最终确定贾静雯为继成龙之后 X 第二代形象代言人。

三、产品规划

根据复读机产品线情况,增加超低价产品,目标群体是乡镇农村市场;增加高端机型数量,目标群体是中心及发达城市市场,2003 年上市新品有 15 款之多,必须对其进行合理规划和定位,产品规划不仅是功能定位,更重要的是产品概念定位和市场定位。

他们把暑期上市新品分为三大系列(见表 17.4)。

表 17.4　三大系列产品

产品系列	功能定位	产品型号	推广主题
XAE 系列	低端机型,功能够用	790X 系列(7905,7906…)	普及风暴,谁与争锋
XAH 系列	中档机型,功能好用	799X 系列(7990,7992…)	性能卓越,博采众长
XAG 系列	高端机型,功能强大	GXX 系列	金属本色,时尚先锋

四、电视广告创意

<贾静雯篇>

创意阐述：

创意以"倚天剑"为切入点，采用剑光、锋芒的游走，体现产品"听、触、量、变、看"五大卖点，喻意产品个性化、潮流化以及卓越感，贾静雯采用《倚天屠龙记》中赵敏的造型，电视广告实现了人物、倚天剑、倚天复读机巧妙的结合，达到了 1 + 1 + 1 > 3 的效果。

1. 金庸手书——倚天。《倚天屠龙记》中赵敏打扮的贾静雯舞动倚天剑，特写缓慢旋转的剑身，在光线勾勒下散发金属的光泽，继而转出一样具金属美感的复读机产品。

字幕：触——金属质感。

2. 贾静雯把倚天剑一抛，剑身在空中翻腾落下，锋芒闪动间，交错叠换着产品的同样轻盈超薄。

字幕：量——轻巧灵动。

3. 贾静雯接住剑，一摁一挑一划，清脆的剑声破空响起。

字幕：听——清晰原声。

4. 特写产品液晶指示屏数字变化，相同的声效被变速复读。

字幕：变——随心所欲。

5. 贾静雯一个完美收势，自信的眼波前是锋芒毕现的倚天剑，随锋芒闪过，剑身迭现产品。

字幕：看——时尚本色。

6. 现代时装打扮的贾静雯，手托一款倚天复读机，复读机发出金色粒子光芒。

（画外音）倚天在手，天下任你走。

7. 特写产品，叠加 LOGO。

（画外音）XA 倚天复读机。

五、媒体投放策略

1. 媒体策略

● 以电视广告为主导，向目标消费者做重点诉求，争取以电视广告达到最广泛的覆盖面。

● 以报纸广告为补充，向目标消费者传达关于产品更丰富的信息，同时将各种促销活动的内容及时告知消费者。

● 以售点广告作为焦点广告，对消费者进行提醒性诉求，以促使他们及时采取购买行动。

2. 媒体选择

●由于广告预算有限,电视广告在央视黄金时段投放有限,计划以央视套播广告和卫视联播广告为主。其央视投放主要集中在一套、二套、五套,卫视联播以湖南卫视、山东卫视为主,在时间段的选择上应选择学生收视率较高的时段;央视套播广告以白天时段为主,播出时间选择在 7 月～9 月份学生放假时间,卫视联播广告以晚上黄金时段为主,白天和晚间时段的选择形成了立体交叉,不仅价格便宜而且效果良好。

●平面媒体广告可选择《南方周末》、《体坛周报》、《读者》等。

六、整合营销

因为本次 XA 复读机市场推广活动是 X 公司近年来较大规模的投入,不仅要全面提升品牌形象,还要求产品销量方面较大幅度的增长,因此,除广告之外,还需要促销活动的配合。通过广告来促使消费者产生购买欲望,通过促销促使消费者直接产生购买行动。整合营销活动由下面内容构成:

1. 媒体广告

●电视广告为主:空中优势,最大范围覆盖消费者;

●平面广告为辅:地面优势,传播丰富的产品信息;

●终端广告为补充:焦点广告,拉动销售量。

2. 市场推广

●品牌定位:

教育电子第一品牌;

伴随青少年成长的品牌。

●推广主题:A 在手,天下任你走。

●形象设计:产品包装、广告物料、VI 手册。

●促销活动:九月份复读机销售旺季正值学生开学,全国范围开展"开学典礼礼上礼"主题促销活动。

3. 产品方面

XAE、XAH、XAG 三大系列共十五款主销机型投放市场:

XAE 系列:经济型,够用的复读机;

XAH 系列:中档机型,好用的复读机;

XAG 系列:高端机型,功能强大的复读机。

4. 价格政策

●总经销商利润率 10%～15%;

- 区域经销商利润率 15% ~20%；
- 零售商利润率 20% ~35%；
- 采用扁平式销售网络，加强对市场销售过程的控制能力；
- XA 复读机采用低价、超低价产品低价渗透，扩大市场份额，成为行业挑战者；
- 控制批发价，统一零售价。

5. 渠道方面
- 传统渠道

渠道由"广耕"变为"深耕"，终端建设由"经营"变为"精营"；
- 现代渠道

国际性、全国性、地区性超市加强开拓力度；
- 直销渠道

校园营销活动，直接为消费者提供产品；
- 渠道促销

针对各级经销商进行促销，给予各种鼓励政策，以促使他们配合广告进行促销，提高销售积极性。

案例二　手机某品牌新产品营销策略

一、提炼差异化的概念

厂家如果直接说"真彩"是多少色，"伪彩"多少色，或者采用什么技术，可能消费者根本不感兴趣，因为你的技术和数据对他没有吸引力。

通过"真彩"与"伪彩"的比较研究发现：真彩的饱和度、鲜艳度、亮度都大大超过了伪彩。特别在阳光下的比较更加明显，伪彩基本看不清，而真彩却非常清晰、亮丽。

由此，××真彩彩屏提出了一个很有差异化的概念，即："阳光下也能看得见的真彩彩屏"。

相形之下，"伪彩"即是阳光下看不清的。

在以后的推广中，一直坚持使用"阳光下也能看得见的真彩彩屏"这句广告语，效果非常明显，成为很多手机厂家效仿的对象。

很多厂家都在说："他们的手机阳光下也能看得见"，但××第一个提出来，××占据了第一的位置。

二、差异化推广

概念出来了，还必须推广出去，让更多的消费者感受这种真彩手机的精彩之处，让他们通过比较，比出精彩，比出奥妙。

随后,他们又采取了:免费试用,体验真彩的互动活动。

活动的主要内容是:所有想了解、试用、购买××"真彩"手机的消费者,都可通过电话、信件、电邮等方式,与××市场部联系。通过抽奖,将有 20 名幸运者免费得到××彩屏手机一部。

这个消息刊登后,报名的人络绎不绝。短短 10 天,电话 7 000 多个,电邮 3 000 多个,信件 600 多封。3 部电话热得烫手,电邮多次被发爆。

很多性急的人,不等活动结束,不等抽奖结果揭晓,跑到终端商场,都想一睹真彩彩屏的风采。

××真彩彩屏上市的消息,在短时间内得到快速传播。同时也引起了很多消费者、特别是潜在消费者关注,起到了广告所达不到的效果。

三、差异化的信息反馈

以往,手机厂家都是在报纸上写一些软文或介绍产品性能和质量,或吹捧自己的服务,很少有消费者参与。这种自吹自擂式的宣传,一般效果都不理想。

××手机没有那样做。

通过前期免费试用者的征集活动,引起了众多消费者的关注,通过幸运者的揭晓,使活动达到高潮。幸运者中有教授、公司老总、商务人事以及私营老板等,基本涵盖了高、中层消费人群。

随后,通过对免费试用者的调查,将他们的体验和感受,通过媒体,及时反馈到消费者那里,使消费者及时了解××真彩的性能、质量。

免费试用者的体会真实、亲近,消费者更容易接受,也更容易相信。

活动持续了两个多月,反响非常强烈,销量大幅增加,可以说非常成功。

案例三　摩托车企业 A 新产品的营销策略

通过对中国摩托车市场进行环境分析、竞争分析及对消费者进行调查研究和对 A 品牌进行 SWOT 分析后,A 品牌的品牌定位此时也是呼之欲出——

1. A 品牌的品牌定位:

中国摩托车行业真正的领导者;

A 品牌的核心竞争力:

集研发、制造、营销、服务于一身的国际品质标准摩托车生产企业;真正国际品质的中国摩托车领导品牌。

2. A 品牌的品牌策略

高端树立形象,低端占领市场(即用高端产品树立 A 品牌的品牌形象,用低端产品占领市场份额)。

3. A 品牌的品牌核心价值

人定胜天的企业理念；

扎扎实实，追求完美品质；

尽善尽美的工作态度；

无限追求的品质标准。

4. A 品牌的品牌传播口号

驾驭品质梦想。

创作阐述：

1."驾驭"体现了 A 品牌的行业属性、企业实力及企业雄心，符合 A 品牌驾驭市场、驾驭品质、驾驭消费的真正王者气概；

2."品质"是企业无限追求的核心；

3."梦想"是消费者、企业的共同愿望。

整个品牌传播口号体现了：人、摩托车、生活的关系，能够引起共鸣，又有一定的高度，支撑品牌长期走下去的制高点，并奠定了 A 品牌在业内的领先地位。

4. A 品牌的品牌传播表现基调

根据 A 品牌的品牌传播口号内涵，他们将其传播表现基调设定为：国际化、大气、内敛霸气、专业、权威及人性化。

接下来，首先确定 A 品牌的传播策略，然后制订 A 品牌的推广计划，最后对其品牌及市场推广进行详述。

一、A 品牌传播策略

为了达到最大的广告效果和营销绩效，并为 A 品牌积累强势的品牌资源，针对 A 品牌的市场特点和消费者行为特征，为其制定了一套包括 TVC、报广、软文、促销活动、POP 及路牌灯箱在内的科学有效的整合营销传播组合。

二、A 品牌推广计划

1. 品牌推广计划要点

①集中资源形成威力超凡的广告核弹，全面攻陷全国市场；

②以影视广告为市场先锋，结合新产品的 SP 促销活动，并配合其他传播渠道（路牌、灯箱、POP）；

③广告策略确定后，广告传播主题和广告风格在推广阶段内要求全国市场统一和不变。

2. 品牌广告重点区域市场

①全国未禁牌城市及大农村市场；

②所有以经销商为核心的城市及区域。

3. 品牌推广步骤

A 品牌的品牌及市场推广步骤

表 17.5　A 品牌的品牌及市场推广步骤

时　间	2002 年×月—2002 年×月中旬
第一波段阶段目标	A 品牌形象全新登场（品牌与产品广告同时推出，在行业内形成 A 品牌潮）
推广策略	＊在央视推广，快速建立高端形象； ＊广告以宣传企业品牌形象为主； ＊利用春节制造亮点，吸引眼球，促进购买，掀起新年购物热潮； ＊规范销售渠道，在主要销售区域利用 SP 激励经销商，促进销售
目　的	规范渠道，充分调动经销商积极性，配合新品的上市； 促进与经销商之间的关系，加强彼此间的配合
具体方式	通过 2003 年 2 月—2004 年 2 月全国经销商的销售业绩，评选月度、年度最佳经销商、经销商和个人的销售冠军、最优服务奖； 奖品除物质奖励外，有信誉抵押提货、优先提货、高利润返还比率、组织优秀销售人员旅游等多种奖励方法
总部支持	广告支持、提供销售规范手册等资料辅助培训、协助规范销售终端并给予丰富的 POP 支持

时　间	2002 年×月下旬—2002 年×月
第二波段阶段目标	A 品牌新形象全线追击（在第一波段的市场影响基础上，保持品牌形象的曝光率，使消费者对 A 品牌有一定认知度）
推广策略	＊品牌形象继续在央视保持曝光率； ＊产品广告结合具体的 SP 促销活动； ＊以产品广告加强对品牌形象的支持； ＊利用"五一"制造新的消费热潮

时　间	2002 年×月—2002 年×月
第三波段阶段目标	扩大 A 品牌的品牌形象认知度； 在第二波段的市场影响基础上继续扩大 A 品牌的品牌形象认知度，使其更加丰满
推广策略	结合国庆 SP 促销活动，配合电视、平面的广告宣传攻势，使 A 品牌的品牌形象、产品形象及产品的档次得到大丰收； 在广告的全方位配合下，利用品牌形象广告提升"豪爵"的产品档次

分四步走的媒介策略主要为：以央视广告为主，结合地方台、平面、户外及海报形成立体轰炸攻势，具体措施为：

A. 在央视投放品牌广告，快速拉动 A 品牌的高端形象；

B. 围绕央视投放策略，在地方台配以产品广告，集中火力传播信息；

C. 利用针对性高的专业杂志传播品牌及产品信息；

D. 利用软文详述品牌新形象，将 A 品牌新的品牌定位及品牌核心价值、品牌传播口号传递给消费者。结合具体的 SP 促销活动，掀起"十一"消费高潮；利用地方台向消费者传播详实的产品信息为国庆销售热潮制造市场前奏，并利用央视及地方媒体持续建立 A 品牌的品牌形象。

17.2.3　实训的组织形式与控制要求

1）实训地点：教室。

2）实训组织形式：在教师指导下，学生分为若干模拟业务小组（公司），各小组分别根据实训要求分散训练，之后在给定时间内集中各小组进行交互式对抗演练。

3）实训要求：洗发水行业的丰厚利润吸引着众多企业"前仆后继"，而激烈的竞争和巨大的资金压力使它们中的大多数在进入初期便被扼杀。在洗发水市场的竞争趋于白热化的时候，你作为一家日化企业的执行经理，必须做出是否在今年推出一种植物精华洗发露的决策。请为新产品上市销售制定营销策略。

第18章　价格政策构建与实施方案策划

价格是企业市场营销的重要因素之一。商品价格的变化直接影响着消费者的购买行为,影响着生产经营者利润目标的实现,是市场竞争的重要手段。随着市场经济的日趋成熟,企业间产品的竞争越趋激烈,价格问题很为敏感。科学而艺术地进行商品的价格决策既有利于吸引和保持消费者、扩大市场份额,又能使企业获得最佳的经济效益。本章通过定价实训,目的是使学生了解影响定价的因素及价格由哪些要素构成;知道制定价格的基本程序;掌握几种常用的定价方法和定价策略;学会如何及时进行价格调整等基本技能。

18.1　熟悉价格政策和制定价格训练

18.1.1　熟悉价格政策和制定价格训练的目的

1)通过训练,使学员知道价格构成的基本要素及国家有关政策法规。
2)通过训练,使学员了解企业定价的目标和策略。

18.1.2　熟悉价格政策和制定价格训练的内容

实训项目一:熟悉价格政策训练

1)熟悉国家基本价格政策。包括《中华人民共和国价格法》、《禁止价格欺诈行为的规定》、《价格行政处罚程序规定》和《关于商品和服务实行明码标价的规定》等。

2）说明地方物价及税收政策对商品定价/调价的影响。

3）分析近几年来同类竞争品价格总体走势。

4）向消费者解释企业定价的基本原则。

5）更新商品价目表或其他价格标志。

实训项目二：制定价格训练

1）选择定价目标。一般而言,企业的定价目标主要有:利润最大化目标;销售最大化目标;维持或提高市场占有率目标;适应和防止竞争目标;稳定价格目标等。结合企业自身条件和市场竞争态势选择企业定价目标。

2）测定市场需求。测定需求主要包括两个方面:一是通过市场调研,大致了解产品的市场需求量;二是分析需求的价格弹性;即产品价格的变动对需求量的影响。如果产品需求价格弹性大,可以用降价来刺激需求和扩大销售额;反之,可以考虑适当提高产品价格以获得更丰厚的利润,当然,还要参考市场竞争对手的实况。

3）估算成本。成本是企业定价的基础,只有价格高于成本,企业才有利可图。

4）分析竞争者的价格和产品。除了掌握产品的需求和成本的情况,企业还必须了解市场供给的情况,即了解竞争对手的情况。认真调查分析竞争对手的产品价格和产品特色,包括竞争产品的非价格因素,如品质、款式、商誉和服务等。

5）选择定价方法和定价策略。根据产品及需求特点,以及生产成本和市场竞争状况,企业就可以选择适应企业定价目标的具体定价方法和定价策略。

6）选定最后的营销价格。通过一定的定价方法得出基本价格后,再根据市场和需求的具体情况,采取相应的价格策略,对基本价格进行调整,制定出最终价格。

18.1.3 熟悉价格政策和制定价格训练的组织形式和控制要求

1）地点:教室/模拟商场/实习超市。

2）课时:一个学时。

3)组织形式:分成若干小组,每组 4~6 人;实行分组学习、讨论形式。

4)控制要求:学习国家和地方相关的价格法规和条例;每一个同学要结合现实案例阐述价格法规对企业定价的影响;每一个同学要结合具体产品设计定价的基本思路;教师做好引导和考核工作。

18.2 定价方法训练

18.2.1 定价方法训练的目的

1)通过训练,使学员了解几种基本定价方法。

2)通过训练,使学员熟悉掌握几种定价方法的运用技巧。

3)通过训练,使学员知道影响价格的主要因素。

18.2.2 定价方法训练的内容

实训项目一:成本导向定价法运用训练

1)成本加成定价法训练。

①简述这种定价方法。即按产品单位成本加上一定比例的毛利定出销售价。

②列出该定价方法的计算公式:

价格 = 单位总成本(1 + 加成率)

③实际应用训练。

例:某产品的单位产品成本为 100 元,加成率为 18% ,用成本加成定价法计算该产品价格。

④分析这种定价方法的优缺点。其优点是:这种方法简单易行,对买方较为公平。其缺点是:它只从卖方、成本角度考虑价格,忽视市场需求和竞争,从而适应性不是很强。

2)目标收益定价法训练。

①简述这种定价方法。即根据企业总成本和计划的销售量,加上按投资

收益率确定的目标利润额作为定价基础的一种方法。

②列出该定价方法的计算公式：

价格 = 总成本(1 + 目标收益率)/预期产销量

③实际应用训练。

例:某企业年生产能力为 100 万件产品,估计未来市场可接受 80 万件,其总成本为 1 000 万元,企业的目标收益率,即成本利润率为 18%,求产品单价。

④分析目标收益定价法的优缺点。其优点是:有利于加强企业管理的计划性,可较好地实现投资回收计划。其缺点是:要先预测销售量,而销售量又与价格有关。

3)售价加成定价法训练。

①简述这种定价方法。即按产品单价的一定比例提取利润的定价方法。

②列出这种定价方法计算公式：

价格 = 单位产品成本/(1 - 加成率)

③实际应用训练。

例:某种产品的单位产品成本为 100 元,企业期望每售出一件产品所获利润是其价格的 18%,即加成率为 18%,计算该产品单价。

④指出该定价方法的特点。

4)盈亏临界点定价训练。

①简述这种定价方法。这种方法也叫损益平衡定价法,即企业按照生产某种产品总成本和销售收入维持平衡的原则来制定产品的保本价格的一种方法。

②列出这种定价方法的计算公式：

价格 = (固定成本 + 变动成本)/预计销售量

③实际应用。

例:某企业生产甲产品需固定成本 100 万元,预计当年产销量为本 10 万件,总的变动成本为 80 万元,求甲产品的保本价格。

④指出这种定价方法的运用范围。

这种方法较多地适用于工业企业定价,商贸企业一般不采用这种定价方法。

5)边际贡献定价法。

①简述边际贡献定价法。也叫高于变动成本定价法,也就是企业只计算变动成本,不计算固定成本,而以预期的边际贡献来适当补偿固定成本的定价方法。

②列出边际贡献定价法公式：

价格＝（总的变动成本＋边际贡献）/预计销售量

③实际应用训练。

例：某企业生产甲产品预计当年产销量为本 8 000 件，总的变动成本为 31 800 元，边际贡献为 40 000 元。①求甲产品的价格；②假设市场上现行价格为 3 元/件，问企业应否停产？

④分析边际贡献定价法的运用范围。

这种定价方法较灵活，适用于市场商品供过于求，卖方竞争激烈的市场环境。

实训项目二：需求导向定价法训练

1）认知价值定价法训练。

①简述这种定价方法。认知价值定价法是指企业以消费者对商品价值的理解度为定价依据，运用各种营销策略和手段，影响消费者对商品价值的认知，形成对企业有利的价值观念，再根据商品在消费者心目中的价值来制定价格。

②列出这种定价方法的具体操作步骤：

a. 确定顾客的认知价值。即确定顾客对产品的性能用途、质量、外观及市场营销组合因素等在其心目中的认知价值。

b. 根据确定的认知价值，决定商品的初始价格。

c. 预测商品的销售量。即在估计的初始价格的条件下可能实现的销售量。

d. 预测目标成本并列出公式：

目标成本总额＝销售收入总额－目标利润总额－税金总额

单位产品目标成本＝单位产品价格－单位产品目标利润－单位产品税金

e. 决策：

ⓐ如果实际成本高于目标成本，表明在初始价格条件下，目标利润得不到保证。这时，可以调低目标利润，使初始价格可行；或保持目标利润，更新调整初始价格。

ⓑ如果实际成本低于目标成本，表明在初始价格前提下，目标利润可以保证，因而初始价格可以定为商品的实际价格。

2）需求差别定价法训练。

①简述这种定价法。需求差别定价法是指产品价格的确定以需求为依

据,首先强调适应消费者的不同特性,而将成本补偿只放在次要的地位。

②分别举例说明以顾客为基础、以地点为基础、以产品式样为基础、以时间为基础的差别定价法。

a. 以顾客为基础的差别定价。指对同一产品针对不同的用户和顾客,制定不同价格。具体做法是:可以分别对老客户和新客户、长期客户和短期客户、女性和男性、儿童和成人、残疾人和健康人、工业用户和居民户等分别采用不同价格。指出现实生活中哪些产品采取了这种定价法,并进行评价。

b. 以地点为基础的差别定价。即根据不同地点收取不同的价格。较典型的例子是影剧院、体育场、飞机等,其座位不同,票价也不一样。列举生活中采取这种定价方法的其他例子。

c. 以时间为基础的差别定价。同一种产品,成本相同,而价格随季节、日期、甚至钟点的不同而变化。如在旅游旺季和淡季,旅游景点的门票价格不同;电影院的票价白天和晚上不同。列举 3 种以上其他以时间为基础的差别定价现象。

d. 以产品为基础的差别定价。不同外观、花色、型号、规格、用途的产品,也许成本有所不同,但它们在价格上的差异并不完全反映成本之间的差异,而主要差别在于需求的不同。如电力对工业用户的生产用电、生活用电,收取的电费不同;不同的同类产品售价也可以不同。举例生活中采取以产品为基础的差别定价现象。

③实际应用与思考。选择几种商品分别采取以上定价方法制定价格,同时,要注意满足以下条件:

a. 从购买者方面来说,购买者对产品的需求有明显差异,市场能够细分,不会因价格而导致顾客反感。

b. 从企业方面来看,卖到不同价格的总收入要高于同一价格收入。

c. 从产品方面看,各个市场之间是可分割的,低价市场的产品无法向高价市场转移。

d. 从竞争状况看,无法在高价市场上进行价格竞争。

实训项目三:竞争导向定价法训练

1) 阐述随行就市定价法。这是根据同行业的现行平均价格水平定价的方法。

2) 阐述倾销定价法。这是指一国企业为了进入某一国市场排除竞争对手,以低于国内市场价格,甚至低于生产成本的价格向国外市场抛售商品而制定的价格。

3)阐述垄断定价法。这是指垄断企业为了控制某项产品的生产和销售,在价格上做出的一种反应。

4)阐述密封投标定价法。这是一种依据竞争情况来定价的方法,是招标人通过引导卖方竞争的方法来寻找最佳合作者的有效途径。

5)阐述拍卖定价法。这是指卖方委托拍卖行,以公开叫卖的方式引导买方报价,利用买方竞争的心理,从中选择高价格成交的一种定价方法。

18.2.3 定价方法训练的组织形式和控制要求

1)地点:模拟商场/实习超市。

2)课时:两个学时。

3)组织形式:分成若干小组,每组4~6人;每两个小组为一个组合,分正反两方;正反两方分别代表商家和顾客,或主张提价方和主张降价方,或主张采用取脂定价策略和主张采用渗透定价策略。

4)控制要求:学生独立完成各计算题;列举各定价方法的操作方案;教师或实习导师做好考评工作。

18.3 制定价格策略训练

18.3.1 制定价格策略训练的目的

1)通过训练,使学员了解几种基本价格策略的特点。

2)通过训练,使学员掌握基本价格策略的运用技巧。

18.3.2 制定价格策略训练的内容

实训项目一:新产品定价策略训练

1)描述新产品的特点。包括新产品的性能、质量、功能、技术先进程度、市场透明度、成本等特征。

2）确定新产品的目标顾客，分析目标顾客的特征。

3）新产品全面市场分析。包括市场需求水平大小、与竞争品的差异程度、价格需求弹性大小、生产能力扩大的可能性、消费者购买力大小、被仿制的难易程度及投资回收期长短等。

4）阐述撇脂定价策略、渗透定价策略和满意定价策略的含义。

新产品上市之初，将新产品价格定得较高，在短期内获取厚利，尽快收回投资。这一定价策略就称为"撇脂定价"策略。一般而言，对于全新产品、受专利保护的产品、需求的价格弹性小的产品、流行产品、未来市场形势难以测定的产品等，可以采用撇脂定价策略。

渗透定价是与撇脂定价相反的一种定价策略，即在新产品上市之初将价格定得较低，吸引大量的购买者，扩大市场占有率。利用渗透定价的前提条件有：

①新产品的需求价格弹性较大；

②新产品存在着规模经济效益。

适中定价策略既不是利用价格来获取高额利润，也不是让价格制约占领市场。适中定价策略尽量降低价格在营销手段中的地位，重视其他在产品市场上更有力的手段。当不存在适合于撇脂定价或渗透定价的环境时，公司一般采取适中定价。

5）对比分析上述3种定价策略的优、缺点及适用范围。

使用撇脂策略的根本好处是利用高价产生的厚利，使企业能够在新产品上市之初，即能迅速收回投资，减小了投资风险。此外，撇脂定价还有以下几个优点：

①在全新产品或换代新产品上市之初，顾客对其尚无理性的认识，此时的购买动机多属于求新求奇。利用这一心理，企业通过制定较高的价格，以提高产品身份，创造高价、优质、名牌的印象。

②先制定较高的价格，在其新产品进入成熟期后可以拥有较大的调价余地，不仅可以通过逐步降价保持企业的竞争力，而且可以从现有的目标市场上吸引潜在需求者，甚至可以争取到低收入阶层和对价格比较敏感的顾客。

③在新产品开发之初，由于资金、技术、资源、人力等条件的限制，企业很难以现有的规模满足所有的需求，利用高价可以限制需求的过快增长，缓解产品供不应求状况，并且可以利用高价获取的高额利润进行投资，逐步扩大生产规模，使之与需求状况相适应。

当然,撇脂定价策略也存在着某些缺点:

①高价产品的需求规模毕竟有限,过高的价格不利于市场开拓、增加销量,也不利于占领和稳定市场,容易导致新产品开发失败。

②高价高利会导致竞争者的大量涌入,仿制品、替代品迅速出现,从而迫使价格急剧下降。此时若无其他有效策略相配合,则企业苦心营造的高价优质形象可能会受到损害,失去一部分消费者。

③价格远远高于价值,在某种程度上损害了消费者利益,容易招致公众的反对和消费者抵制,甚至会被当作暴利加以取缔,诱发公共关系问题。

从根本上看,撇脂定价是一种追求短期利润最大化的定价策略,若处置不当,则会影响企业的长期发展。因此,在实践当中,特别是在消费者日益成熟、购买行为日趋理性的今天,采用这一定价策略必须谨慎。

采用渗透价格的好处是:低价可以使产品尽快为市场所接受,并借助大批量销售来降低成本,获得长期稳定的市场地位;同时,微利阻止了竞争者的进入,增强了自身的市场竞争力。不足是:企业只能获取微利,也不利于企业产品树立优质的形象。

虽然与撇脂定价或渗透定价法相比,适中定价法缺乏主动进攻性,但并不是说正确执行它就非常容易或一点也不重要。适中定价没有必要将价格定得与竞争者一样或者接近平均水平。从原则上讲,它甚至可以是市场上最高的或最低的价格。东芝笔记本电脑具有高清晰度的显示器和可靠的性能,认知价值很高,所以虽然产品比同类产品昂贵,市场占有率仍然很高。与撇脂价格和渗透价格类似,适中价格也是参考产品的经济价值决定的。当大多数潜在的购买者认为产品的价值与价格相当时,纵使价格很高也属适中价格。

6)根据上述分析结果,确定新产品采用的定价策略。

对于企业来说,撇脂策略和渗透策略何者为优,不能一概而论,需要综合考虑市场需求、竞争、供给、市场潜力、价格弹性、产品特性、企业发展战略等因素才能确定。在定价实务中,往往要突破许多理论上的限制,通过对选定的目标市场进行大量调研和科学分析来制定价格。

实训项目二:价格调整策略训练

1)说明企业需进行价格调整的原因。

企业为某种产品制定出价格以后,并不意味着大功告成。随着市场营销环境的变化,企业必须对现行价格予以适当的调整。

调整价格,可采用削价及提价策略。企业产品价格调整的动力既可能来自于内部,也可能来自于外部。倘若企业利用自身的产品或成本优势,主动地对价格予以调整,将价格作为竞争的利器,这称为主动调整价格。有时,价格的调整出于应付竞争的需要,即竞争对手主动调整价格,而企业也相应地被动调整价格。无论是主动调整,还是被动调整,其形式不外乎是削价和提价两种。

2)分析如何采用调高价格策略。①分析造成企业调高价格的原因:

提价确实能够增加企业的利润率,但却会引起竞争力下降、消费者不满、经销商抱怨,甚至还会受到政府的干预和同行的指责,从而对企业产生不利影响。虽然如此,在实际中仍然存在着较多的提价现象。其主要原因是:

a. 成本上涨。这是所有产品价格上涨的主要原因。成本的增加或者是由于原材料价格上涨,或者是由于生产或管理费用提高而引起的。企业为了保证利润率不致因此而降低,便采取提价策略。

b. 通货膨胀。在通货膨胀条件下,即使企业仍能维持原价,但随着时间的推移,其利润的实际价值也呈下降趋势。为了减少损失,企业只好提价,将通货膨胀的压力转嫁给中间商和消费者。

c. 市场需求旺盛、产品供不应求。对于某些产品来说,在需求旺盛而生产规模又不能及时扩大而出现供不应求的情况下,可以通过提价来遏制需求,同时又可以取得高额利润,在缓解市场压力、使供求趋于平衡的同时,为扩大生产准备了条件。

d. 产品性能、质量提高。作为一种策略,企业可以利用涨价营造名牌形象,使消费者产生价高质优的心理定势,以提高企业知名度和产品声望。对于那些革新产品、贵重商品、生产规模受到限制而难以扩大的产品,这种效应表现得尤为明显。

e. 竞争需要。

②阐述调高价格的方式与技巧有哪些。

a. 公开真实成本。

b. 提高产品质量。

c. 增加产品服务。

d. 正确选择提价的时机。为了保证提价策略的顺利实现,提价时机可选择在这样几种情况下:

ⓐ产品在市场上处于优势地位;

ⓑ产品进入成长期;

ⓒ季节性商品达到销售旺季;

④竞争对手产品提价。

此外,在方式选择上,企业应尽可能多采用间接提价,把提价的不利因素减到最低程度,使提价不影响销量,而且能被潜在消费者普遍接受。同时,企业提价时应采取各种渠道向顾客说明提价的原因,配之以产品策略和促销策略,并帮助顾客寻找节约途径,以减少顾客不满,维护企业形象,提高消费者信心,刺激消费者的需求和购买行为。

3)分析如何采用调低价格策略。

①分析促使企业调低价格的主要原因。

企业削价的原因很多,有企业外部需求及竞争等因素的变化,也有企业内部的战略转变、成本变化,还有国家政策、法令的制约和干预等。这些原因具体表现在以下几个方面:

a. 企业急需回笼大量现金。对现金产生迫切需求的原因既可能是其他产品销售不畅,也可能是为了筹集资金进行某些新活动,而资金借贷来源中断。此时,企业可以通过对某些需求的价格弹性大的产品予以大幅度削价,从而增加销售额,获取现金。

b. 企业通过削价来开拓新市场。一种产品的潜在顾客往往由于其消费水平的限制而阻碍了其转向现实顾客的可行性。在削价不会对原顾客产生影响的前提下,企业可以通过削价方式来扩大市场份额。不过,为了保证这一策略的成功,有时需要以产品改进策略相配合。

c. 企业决策者决定排斥现有市场的边际生产者。对于某些产品来说,各个企业的生产条件、生产成本不同,最低价格也会有所差异。那些以目前价格销售产品仅能保本的企业,在别的企业主动削价以后,会因为价格的被迫降低而得不到利润,只好停止生产。这无疑有利于主动削价的企业。

d. 企业生产能力过剩,产品供过于求,但是企业又无法通过产品改进和加强促销等工作来扩大销售。在这种情况下,企业必须考虑削价。

e. 企业决策者预期削价会扩大销售,由此可望获得更大的生产规模。特别是进入成熟期的产品,削价可以大幅度增进销售,从而在价格和生产规模之间形成良性循环,为企业获取更多的市场份额奠定基础。

f. 由于成本降低,费用减少,使企业削价成为可能。随着科学技术的进步和企业经营管理水平的提高,许多产品的单位产品成本和费用在不断下降,因此,企业拥有条件适当削价。

g. 企业决策者出于对中间商要求的考虑。以较低的价格购进货物不仅可以减少中间商的资金占用,而且为产品大量销售提供了一定的条件。因此,

企业削价有利于同中间商建立较良好的关系。

h. 政治、法律环境及经济形势的变化,迫使企业降价。政府为了实现物价总水平的下调,保护需求,鼓励消费,遏制垄断利润,往往通过政策和法令,采用规定毛利率和最高价格、限制价格变化方式、参与市场竞争等形式,使企业的价格水平下调。在紧缩通货的经济形势下或者在市场疲软、经济萧条时期,由于币值上升,价格总水平下降,企业产品价格也应随之降低,以适应消费者的购买力水平。此外,消费者运动的兴起也往往迫使产品价格下调。

②阐述调低价格策略有哪些方式和技巧?

a. 保持实际价格不变,提供优质服务,改进产品性能,提高产品质量。允许顾客分期付款;赊销;免费或优惠送货上门、技术培训、维修咨询;提高产品质量,改进产品性能,增加产品用途。

b. 保持实际价格不变,馈赠礼品。赠送样品和优惠券,实行有奖销售;给中间商提取推销奖金。

c. 削价销售。削价最直截了当的方式是将企业产品的目录价格或标价绝对下降,但企业更多的是采用各种折扣形式来降低价格。如数量折扣、现金折扣、回扣和津贴等形式。

由于这些方式具有较强的灵活性,在市场环境变化的时候,即使取消也不会引起消费者太大的反感,同时又是一种促销策略,因此在现代经营活动中运用越来越广泛。确定何时削价是调价策略的一个难点,通常要综合考虑企业实力、产品在市场生命周期所处的阶段、销售季节、消费者对产品的态度等因素。比如,进入衰退期的产品,由于消费者失去了消费兴趣,需求弹性变大、产品逐渐被市场淘汰,为了吸引对价格比较敏感的购买者和低收入需求者,维持一定的销量,削价就可能是惟一的选择。由于影响削价的因素较多,企业决策者必须审慎分析和判断,并根据削价的原因选择适当的方式和时机,制定最优的削价策略。

4)调查消费者对价格调整的反应。

不同市场的消费者对价格变动的反应是不同的,即使处在同一市场的消费者对价格变动的反应也可能不同。

消费者对价格变动的反应归纳为:

①在一定范围内的价格变动是可以被消费者接受的;提价幅度超过可接受价格的上限,则会引起消费者不满,产生抵触情绪而不愿购买企业产品;降价幅度低于下限,会导致消费者的种种疑虑,也对实际购买行为产生抑制作用。

②在产品知名度因广告而提高、收入增加、通货膨胀等条件下,消费者可接受价格上限会提高;在消费者对产品质量有明确认识、收入减少、价格连续下跌等条件下,下限会降低。

③消费者对某种产品削价的可能反应是:产品将马上因式样陈旧、质量低劣而被淘汰;企业遇到财务困难,很快将会停产或转产;价格还要进一步下降;产品成本降低了。而对于某种产品的提价则可能这样理解:很多人购买这种产品,我也应赶快购买,以免价格继续上涨;提价意味着产品质量的改进;企业将高价作为一种策略,以树立名牌形象;卖主想尽量取得更多利润;各种商品价格都在上涨,提价很正常。

5)调查竞争者对价格调整的反应。

虽然透彻地了解竞争者对价格变动的反应几乎不可能,但为了保证调价策略的成功,主动调价的企业又必须考虑竞争者的价格反应。没有估计竞争者反应的调价,往往难以成功,至少不会取得预期效果。

在实践中,为了减少因无法确知竞争者对价格变化的反应而带来的风险,企业在主动调价之前必须明确回答以下问题:

①本行业产品有何特点?本企业在行业中处于何种地位?

②主要竞争者是谁?竞争对手会怎样理解我方的价格调整?

③针对本企业的价格调整,竞争者会采取什么对策?这些对策是价格性的还是非价格性的?它们是否会联合做出反应?

④针对竞争者可能的反应,企业的对策又是什么?有哪几种可行的应对方案?

在细致分析的基础上,企业方可确定价格调整的幅度和时机。

6)企业对策。

竞争对手在实施价格调整策略之前,一般都要经过长时间的深思熟虑,仔细权衡调价的利害关系,但是,一旦调价成为现实,则这个过程相当迅速,并且在调价之前大多要采取保密措施,以保证发动价格竞争的突然性。企业在这种情况下,贸然跟进或无动于衷都是不对的,正确的做法是尽快迅速地对以下问题进行调查研究:

①竞争者调价的目的是什么?

②竞争者调价是长期的还是短期的?

③竞争者调价将对本企业的市场占有率、销售量、利润、声誉等方面有何影响?

④同行业的其他企业对竞争者调价行动有何反应?

⑤企业有几种反应方案？竞争者对企业每一个可能的反应又会有何反应？

在回答以上问题的基础上，企业还必须结合所经营的产品特性确定对策。一般说来，在同质产品市场上，如果竞争者削价，企业必须随之削价，否则大部分顾客将转向价格较低的竞争者；但是，面对竞争者的提价，本企业既可以跟进，也可以暂且观望。如果大多数企业都维持原价，最终迫使竞争者把价格降低，使竞争者涨价失败。

在异质产品市场上，由于每个企业的产品在质量、品牌、服务、包装、消费者偏好等方面有着明显的不同，所以面对竞争者的调价策略，企业有着较大的选择余地：第一，价格不变，任其自然。任顾客随价格变化而变化，靠顾客对产品的偏爱和忠诚度来抵御竞争者的价格进攻，待市场环境发生变化或出现某种有利时机，企业再做行动。第二，价格不变，加强非价格竞争。比如，企业加强广告攻势，增加销售网点，强化售后服务，提高产品质量，或者在包装、功能、用途等方面对产品进行改进。第三，部分或完全跟随竞争者的价格变动，采取较稳妥的策略，维持原来的市场格局，巩固取得的市场地位，在价格上与竞争对手一较高低。第四，以优越于竞争者的价格跟进，并结合非价格手段进行反击。比竞争者更大的幅度削价，比竞争者小的幅度提价，强化非价格竞争，形成产品差异，利用较强的经济实力或优越的市场地位，居高临下，给竞争者以毁灭性的打击。

7）重新审视价格调整。

18.3.3 制定价格策略训练的组织形式和控制要求

1）地点：模拟商场/实习超市。

2）课时：3学时。

3）组织形式：分成若干小组，每组4～6人；每两个小组为一个组合，分正反两方；正反两方分别代表商家和顾客，或主张提价方和主张降价方，或主张采用撇脂定价策略和主张采用渗透定价策略。

4）控制要求：正反两方要鲜明表达自己观点和理由，允许对方进行反驳；教师不直接干预学生的讨论，只根据每组的表现做好考评；以每组的综合表现作为每个学生的考证分。

案例：掌上电脑：风云突变

1998年10月，恒基伟业在京举行发布会，正式宣布其"商务A计划"。由

此,一场掌上电脑价格大战开始打响。

让更多的人买得起掌上电脑

恒基伟业此次降价的产品,均为其在市场上的畅销产品,销售量和消费者的认知都十分令人满意。恒基伟业为何要降价呢?对此,总裁张征宇说,目前,商务通用户已逾118万,但整个掌上电脑市场的规模还很大,预计当年全国销量将达180万台以上。市场经过初期的启蒙,普及的时机和条件已经成熟。为了让更多的消费者使用掌上电脑,恒基伟业觉得有义务有责任进行掌上电脑的普及工作,把价格降下来,让更多的人买得起掌上电脑,这是恒基伟业发动此次价格战的重要原因之一。

恒基伟业对此次价格战做了精心而充分的准备。有专家预测,商务通此次降价将有众多同类厂家在短期内迅速跟进。对此,恒基伟业已经在原材料、产品、渠道、服务上作了充分的准备,严阵以待。

打假手不软,让消费者得益

从1999年起恒基伟业所创造的市场奇迹,为众多厂商开辟了一块新兴市场,一时间掌上电脑品牌数量激增,快译通、好易通、名人、震旦……各路诸侯纷纷出马。众多厂商参与竞争本来对行业和消费者是有好处的,但有些厂商为了能迅速占领市场,将模仿成功者作为他们的首先选择方式,造成各种不规范行为的屡屡发生。为此,有人悲观地说,掌上电脑市场发展的结果将如同VCD一样。所以当"恒基"宣布降价时,引起了行业内外广泛的关注,有业内人士分析,本次降价将是对国内掌上电脑市场进行第二次洗牌。它将树立新的行业门槛,在生产者技术和企业实力上提出更高的要求。一方面避免了小作坊式的企业的进入,使一些试图捞一把就走的企业知难而退,减少了消费者莫名其妙的损失。另一方面,通过降价使现有市场中不合理产品大淘汰,使整个市场进行大规模调整,让消费者可以享受最好的性价比产品。一些生产规模小、成本高、性能差、服务不成体系的厂商将因此变得几乎没有市场生存空间,很多企业和产品将被淘汰出局,因此将会在一定的时间内出现"跳楼价"的甩货现象。再次"洗牌"后,商家有实力留下来和商务通进行竞争,由此而形成一个相对成熟和健康的竞争环境。

营造良好的市场竞争秩序

从经验和调查来看,价格战始终有三大特征:一是针对竞争对手采取价格行动;二是不惜血本地抛售;三是它的结果或是消灭竞争对手,或被对手吃掉。由于在市场竞争中第一品牌占有品牌、市场、渠道、产品、资金等诸多优势,可以凭借规模最大限度地降低生产和销售成本,因此其他品牌想要通过价格战

打掉第一品牌几乎是不可能的;也因此只有领导品牌才有能力来决定价格和行业标准,其他品牌无力挑起价格战,也无力承受价格战。恒基伟业就是凭借其第一品牌的规模和实力规范目前混乱的市场状况,营造一个良好的市场竞争秩序,将其他品牌淘汰出局。

目前,国外生产掌上电脑的著名厂商尚未进军国内市场,最重要的一点原因就是价格。而一旦入关,国外产品的优势就会体现出来,如果我们不尽早造就一个成熟的掌上电脑市场,必将面临严峻的威胁。恒基伟业这次通过大降价对国内掌上电脑市场进行第二次"洗牌",证明其认识到了这点。

案例思考题

(1)"恒基"为什么要降价? 其降价的依据是什么?

(2)你认为"恒基"降价是否为明智之举?

(3)消费者将如何看待"恒基"降价现象?

(4)竞争者对"恒基"降价将作如何反应? 并可能采取哪些策略?

(5)结合本章实训内容,说明企业是如何实施定价策略的。

参考文献

1　肖铁著.项目策划.成都:西南财经大学出版社,2001

2　[中国台湾]黄宪仁著.企业收款高手.广州:广东经济出版社,2004

3　[英]Graham Roberts Pheips 著.包晓闻,张英杰,任明华译.营销培训游戏.北京:中央编译出版社,2004

4　祁小永,王子健,曹淮扬编著.新销售业务管理.北京:企业管理出版社,2003

5　侯贵生主编.市场营销学概论.上海:复旦大学出版社,2004

6　[美]阿尔文·C·伯恩斯,罗那德·F·布什著.梅清豪等译.营销调研.北京:中国人民大学出版社,2001

7　张庚淼主编.市场营销调研.大连:东北财经大学出版社,2002

8　李同泽著.市场研究方法与技巧.北京:中国经济出版社,2002

9　韦箐,胡少平主编.营销调查.北京:经济管理出版社,2000

10　李宇军,龚江辉著.竞争性情报.北京:中国物价出版社,2002

11　王枝茂主编.市场调查与预测.北京:中国财政经济出版社,2002

12　[美]菲利普·科特勒著.梅汝和,梅清豪,张桁译.营销管理——分析、规划、执行、控制.上海:上海人民出版社,2000